明朝最後的那些事兒

上

歷史本身很精彩，
歷史可以寫得很好看！

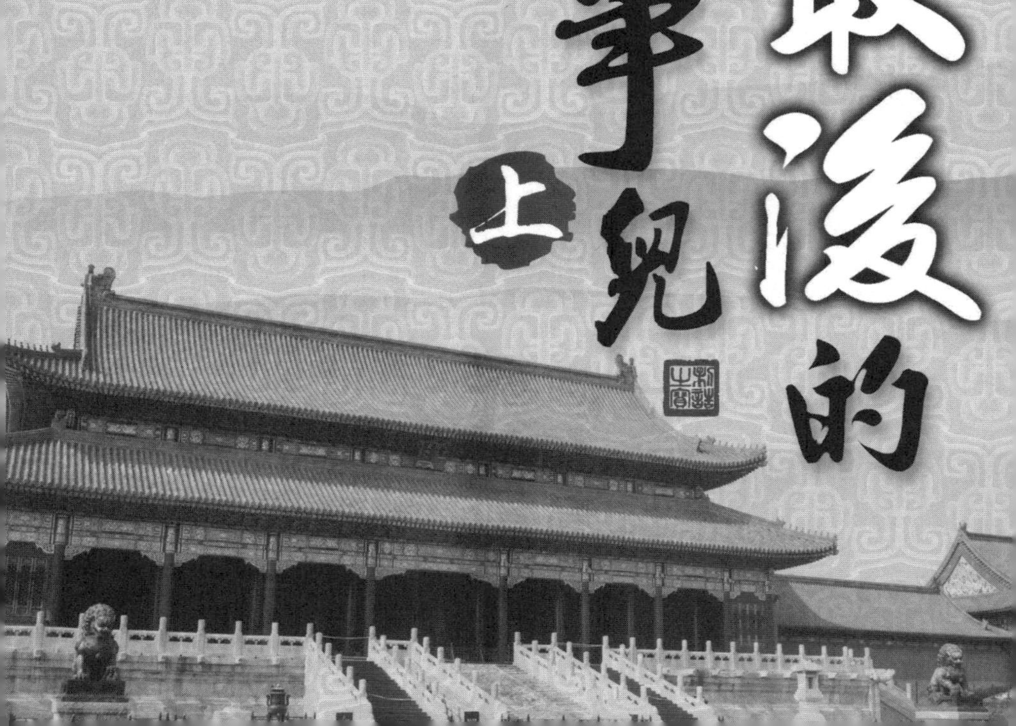

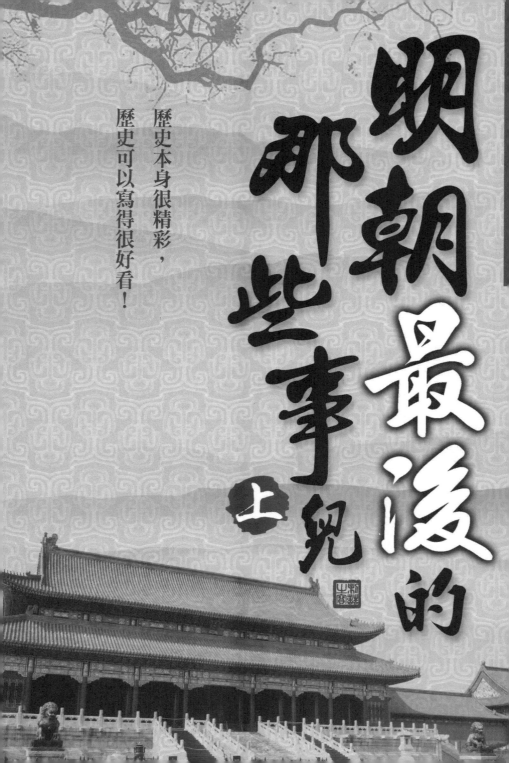

目錄

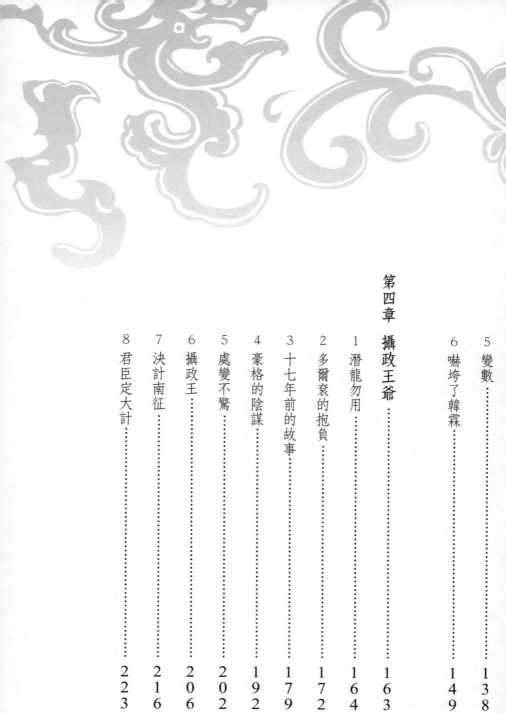

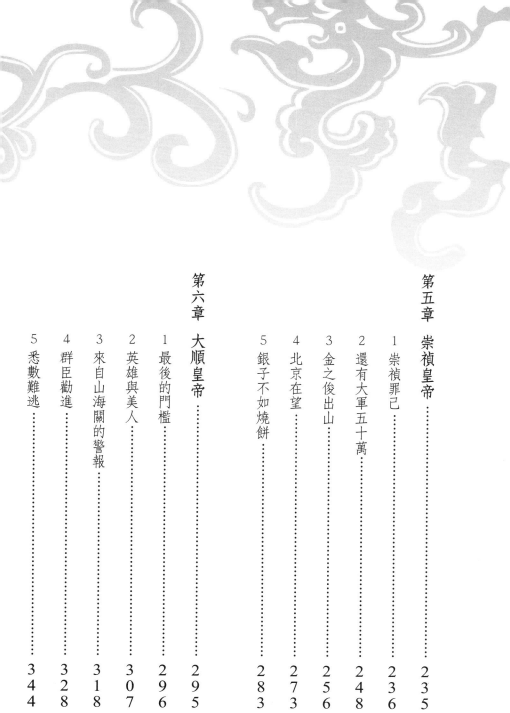

代序 從順字說起

果遲

大明崇禎十七年（西元一六四四年），中國歷史舞台上真是群星璀燦——凡是想玩政治的玩家，從天潢貴冑到山野匹夫，紛紛粉墨登場，竟先後出現五個皇帝，這就是：大明崇禎帝朱由檢、大清順治帝福臨、大順永昌帝李自成、大西大順帝張獻忠以及南明弘光帝朱由崧。他們中，若不以成敗論英雄，除了那個朱由崧，其餘個個稱得上是強者，中原問鼎，殺來殺去，最後剩了一個順治——其實是多爾袞。個中原因，先不要去管它，巧的是同一時期，竟出現了三個「順」字。

按「順」字從川從頁，與「逆」相反，應是順暢、順應之意。能人們看中這個字，用它來做自己的年號或國名，無非是想表示自己「順乎天而應乎人」，這皇帝當得名正言順，今後順順遂遂，可傳之萬代。不過，縱觀史籍，「順」字似不是一個吉祥的字眼兒，古往今來，用此字作年號或帝號、國號的大有人在，他們想「順」卻似乎都不太「順」。

據史載：較早取「順」字為年號的，有唐朝的史思明，他殺安慶緒自立後，一度改國號為「大燕」，建元「順天」，但不久即被自己的兒子史朝義殺了；這以後，金末的楊安兒在山東建元「天順」；五代的馬希範在長沙建元「應順」；大理國的段思聰在雲南建元「順德」等等等等，最後都是「鴉鴉烏」收場；直至元朝最後的一個皇帝妥懽貼睦爾——後來也被謚為「順帝」，因群雄並起，天下大亂，逃到大沙漠中也還是被人殺死；最有趣的是在宋朝，那個叫李順的四川農民起義軍首領，據說有人從他名字——「順」字中，竟看出他能做一百零八天皇帝，於是他真的造反了，也真的才一百多天便兵敗被擒；至大明，英宗朱祁鎮在復辟後改年號為「天順」，這以前他重用宦官王振，招至土木堡之變，自己被瓦剌捉走，七年後才重登大寶。他不思教訓，又重用石亨及宦官曹吉祥等人，殺忠臣于謙。未幾，石亨跋扈，曹吉祥謀反，鬧得政局反覆，人心惶惶，終英宗之世，國事似乎大不順；這以後，大野心家朱宸濠乘正德皇帝不理朝政，便在南昌造反，也建元「順德」，但這「順德」才叫了四十三天便叫王陽明給收拾了，自然說不上「順」。細心人還發現，大明的太祖朱元璋得國於元順帝，傳了二百七十六年，但大明的江山最終也失於帶「順」字的人：李自成建國大順，張獻忠建元大順，終於將崇禎皇帝逼得在煤山上了吊。可李自成、張獻忠也不是出天子的氣候，最後落得讓清朝的多爾袞「順」手牽羊。

要說六六大順，多爾袞倒真稱得上，故清世祖建元「順治」——這真是玩弄文字的人，最終也被文字嘲笑。

其實，順天是容易的，幾千年來，「天」已是一條坐在金鑾殿上的皇帝們都得穿的花短褲，好遮住那見不得人的地方。一旦改朝換代，失國者謂之「天意難回」；得國者則謂「受命於天」，堂哉皇哉，坐在寶座上自鳴得意，不會臉紅。

孔子曰，天何言哉，四時行焉，五穀生焉，天何言哉？

要說順天，真是只有天曉得。能人們見天不會說話，便一個個宣揚自己「順天」，下邊一句「應乎人」就不去管了。這麼多「順天」或「天順」的皇帝年號，幾曾見叫「順民」的？倒是個個都要民去順他，不然，赫然震怒，砍得你人頭滾滾，血流漂杵。

據說，李自成進北京時，曾下旨將乾清宮那「敬天法祖」的匾額改為「敬天愛民」，而且，早在進入河南時，便喊出「闖王來了不納糧」的口號，此話不知是他那個急功近利的副軍師李岩，出於宣傳的需要，還是闖王本人的「脫口秀」，反正一下就號召了不少的人，但這以後就沒有下文了，老百姓乾巴巴地等著，還來不及沐浴皇恩，他便被多爾袞追得四處逃命了。假設他能成功，從他進入北京前後的行為舉止看，一定比以往的皇帝好不到哪裡去。

要知道，李自成心裡也是念念不忘皇帝寶座的，就是在山海關被殺得大敗，臨撤出北京也不忘在武英殿舉行登基大典，要是他真的當了皇帝，你不納糧他和文武百官及三宮六院的后妃們吃什麼？何況他要比你吃得好。

倒是那個以異族入主中原的愛新覺羅氏還實在一點，他們雖不說「不納糧」，卻宣布「永不加賦」，據說，這一條規矩定得死，直到溥儀下台前，也沒有違背這祖訓，愛新覺羅氏也就因此在歷史舞台上，咿咿呀呀地唱了二百六十七年。

其實，老百姓心中是有桿秤的——不聽你怎麼說，但看你怎麼做，「順天」是空心湯圓，「順民」才名歸實至，其結果也就是民順他，因而天下太平。可是，古往今來，有幾個皇帝明白天意即民心？試翻廿五史，朝代更迭，花樣翻新，紅臉殺進，白臉殺出，到頭仍不過惡性循環。

千古興亡多少事，「興，百姓苦；亡，百姓苦。」

一

崇禎皇帝

1 想起了魏忠賢

崇禎皇爺真是亂了方寸——當群臣退下後，他竟下密旨，令心腹太監王承恩，悄悄地派人去收拾、掩埋魏忠賢的遺骨。

初冬的陽光，幽幽地照在他面前的金磚地上，起眼望去，天空是灰濛濛的，滾滾寒流，從西北不期而至，簷下鐵馬叮咚，階前雜草瑟瑟，紅牆黃瓦，層層疊疊，雖然巍峨壯麗，但久而不覺其雄，倒像是迷魂陣一般，道道宮牆，將宮殿劃成棋盤一般，大圈內套著小圈圈，他就被這些圈在九宮內，感到莫名的孤獨和不安。目下他喉頭枯澀，嗓子乾裂，想說又不知說什麼，真想向著宮牆大吼幾聲，出一出胸中的悶氣。

自鳴鐘一連響了四下，殿上仍死氣沉沉，遠遠低頭侍立的宮人，如幢幢鬼影，長長的身姿，在金磚上投下道道陰影。他不由攬鏡自照，只見自己那張臉是那麼蒼白，看不到一絲血色——才三十出頭的他，竟是如此的孱弱，病殃殃的，像是一個癆病鬼，一陣風也可吹倒。

皇帝長著一副弱不勝衣的身子骨，別人一定會想到酒和色上去。這可是天大的冤枉，崇禎皇爺一直自詡為堯舜之君，雖然他的爺爺萬曆帝，曾躲在深宮，創下一個皇帝可以幾十年不與朝臣見面的歷史紀錄；雖然他的父親即位才一個月便死了，身後且留下「三案」的是是非非；雖然他的哥哥天啟帝坐七年江山，只怕當了六年零十一個月的木匠，把紫禁城中，他看不順眼的門啊、窗啊都改造了一番。但崇禎皇爺初登大寶，便勵精圖治，撥亂反正，雷厲風行，幾乎讓他的臣子們耳目一新，以為中興有望，欣喜不已。

他御諱朱由檢，為大明高祖朱元璋的第十一代子孫。有崇拜姓名學的後人，從這個名字的字形上，看出他後運不佳，說分明預示了他必吊死在一棵樹上。事後諸葛們，說得有鼻子有眼，但若說這名字取得不好，這也不是他的錯。

據說，大明的第三個皇帝：成祖朱棣，在逼死了親侄子建文帝朱允炆，自己坐了江山之後，請道衍和尚——姚廣孝，為自己的後代取派名。姚廣孝，這個頗著傳奇色彩的和尚，還在朱棣當燕王時，便曾許給燕王一頂白帽子戴。如今，王的頭上終於有了白帽子，成了「皇」，成祖對他，就如同劉皇叔對諸葛亮。當下領旨，脫口說出十個字，道是：高瞻祁見祐，厚載翊常由。成祖嫌十個字少了，要他再擬，他又勉強說了十個字，道是：慈和怡伯仲，簡靜迪先猷。

於是，成祖的子孫名字的第一個字，便按這二十個字的順序取名，第二個字則用火、土、金、水、木為偏旁的字。於是，崇禎爺的列祖列宗便是仁宗高熾、宣宗瞻基、英宗祁鎮（景泰帝祁鈺）、憲宗見深、孝宗祐樘、武宗厚照（世宗厚熜）、穆宗載垕、神宗翊鈞以及他的父親、光宗常洛，和他的哥哥、哲宗由校。論起來，有明一代，雖歷時二百七十餘年，卻沒有大的作為，或值得大書特書的政績，實在無法與漢唐盛世比，太祖、太宗之外，就是史家所稱讚的所謂「仁宣之治」，但仁宗朱高熾的天下僅有一年，宣宗朱瞻基也才十年，大明百姓滿打滿除過了十一年順暢日子，接下來便是王小二過年，一年不如一年了，至崇禎這一代，哥哥由校英年不享，崇禎皇爺奉皇兄遺詔即位，此時，大明的江山，便如西山紅日，迅速向西方沉淪。

那麼，又是什麼原因便使得國運如此不佳呢？怪輔臣吧，崇禎即位十七年，十七年中內閣輔臣換了五十多個，就是被他殺了的輔臣也有好幾個，難道就沒有一個中用的？怪臣子吧，臣子可都是他親自選拔的，那麼怪誰呢？

朱子曰：虎兕出於柙，龜玉毀於櫝中，典守者不得辭其咎也——看來，也只能這麼解釋了。

崇禎皇爺不承認自己是亡國之君，但他絞盡腦汁，也想不出個所以然。於是，便不只一次地深刻反省。看來，那個姚廣孝確有些來頭，當初脫口便只報了十個字，成祖皇爺的子孫，傳到「由」字便要完，接下來的十個字，分明不是姚廣孝的本意，是成祖爺強他續下去的，天命呵，天命，天命豈可用強？

由此化開來，他又想到了皇室的旁支，成祖爺同母兄弟五個，除了長房朱標那一支早已絕嗣，秦王、晉王、周王也分明只能傳至第十代。不是嗎，開封的第十代周王恭枵、長安的第十代秦王存樞眼下已是完了，若流寇渡黃河，封在太原的第十代晉王求桂馬上就完，這不都是只傳到前十個字嗎？

想到此，他不由嚇出了一身冷汗——難道說，大明的氣數真的已盡？

不，朕絕不做亡國之君。

此刻，崇禎皇爺在反省，心腹太監王承恩也在反省：

十六年前，魏忠賢被皇上一道聖旨發往南京守皇陵，後又下旨逮解回京治罪。押解途中，夜宿河北省阜城縣新店鎮仕紳尤克簡家。夜已深了，尤家人及押解他的差官都已入睡，南運河的水就在不遠處流淌，陣陣濤聲，似輕輕歎息；四周萬籟俱寂，一燈如豆，幽幽地照著床上的不眠人。

他，挪動著身上的錚錚鐵鎖，聽著門外崗哨的腳步聲，明白此番回京，肯定凶多吉少，昔日威風八面的九千歲如何能夠安眠？

這時，左邊的廂房裡分明有人在哼一首小調：

聽初更，鼓正敲，心兒懊惱。
想當初，開夜宴，何等奢豪。
進羊羔，斟美酒，笙歌聒噪。
牙床上，錦繡衾，乍暖春宵。
萬不料，冰山倒，野店村醪。
聽濤聲，想前情，怎把愁腸掃？

夜將中，鼓咚咚，更聲陣陣。
夢才成，又驚醒，無限傷心。
想當初，勢傾朝，誰人不敬？
九卿拜門庭，宰相獻殷勤。
蟒玉朝天子，出巡擁旌旌。
如今勢去時衰也，寒月伴孤燈
……

哀歌唱徹五更寒。這分明是在唱輓歌啊，魏忠賢終於想通了：此時還不自己了斷，難道要等仇人來一刀一刀地割肉嗎？楊漣、左光斗輩雖然被他用鐵釘貫耳、土囊壓頭的酷刑整死了，可東林黨人仍遍布朝野，這些人是不會饒過他的。

想到此，他彷彿看見被他害死的好多冤魂，在京師上空徘徊，正在等著他的到來。他想，自己若是被逮到了詔獄，那裡的冤鬼會將他生吞活剝。那麼，還猶豫什麼？漫漫人生路，就如一場大賭博，但朝堂上的賭博可不同尋常，贏了貴不可言；輸了，可是要用頭顱去兌付籌碼。

於是，他取出腰間白綾，挽了一個圈，往床頭一掛，將頭伸了進去……

歲月悠悠，轉眼又是一十六年。當年魏忠賢是被下旨戮了屍的，人死了，腦袋仍被砍下，身子剁做了七八段，腸肚也被野狗拖得四處皆是，這個該殺千刀的九千歲，落下這個下場是罪有應得，可眼下皇上忽然想起了他，去哪裡找他的屍骨呢？

崇禎皇爺見王承恩在摸後腦殼，自己也覺有些莫名其妙——是的，我怎麼忽然想起這個人呢？

十七年前的那個夜晚，重病的大哥——熹宗朱由校已是彌留之際了，因無子嗣，身為信王爺的崇禎皇爺，奉皇嫂懿旨連夜入宮承繼皇帝位。

他是懷中揣著芝麻餅子進宮的，為的是在與群臣見面、正式登極前不吃宮中任何東西，這是他與尚是王妃的周氏——後來的皇后商量好的。坐在乾清宮龍椅上，秉燭達旦，身邊僅一個內穿重鎧、懷抱利刃的親信太監王承恩。

冷風拂面，燈光搖曳，窗紙上，映著一名仗劍的太監走過的身影，「咯噔，咯噔」，沉重的靴子聲叩擊著崇禎皇爺的心，他緊張極了。率性令王承恩將這名太監喊進來，索劍一觀，然後放在自己手邊，說這劍做得很精緻，就留在朕這裡吧，天明朕賞你。

那一刻，崇禎皇爺的心，幾乎要蹦到口裡了。還好，天色終於亮了，群臣進殿，向新君叩頭稱賀，君臣見面，名份定矣，崇禎皇爺這才稍稍放了心。

這時，宮中仍遍布客氏和魏忠賢的死黨，但崇禎皇爺卻不動聲色，他胸中有一部閹黨的名冊，得一個一個地收拾。先是將熹宗的乳母客氏攆出了咸安宮，攆到了浣衣局，這個女人是魏忠賢的貼心豆瓣；接著，又藉機將兵部尚書崔呈秀逮捕，此人是魏忠賢的乾兒子。朝臣們終於看出魏忠賢失勢了，一時牆倒眾人推，鼓破亂人捶——踩沉船的人真多啊。魏忠賢終於穩不住了，上疏請退，崇禎於是順水推舟，貶他去南京。

魏忠賢得勢之日，氣焰薰天，今日害文，明日害武，那些朝臣們見了他無不股顫，可要收拾他，也就這麼收拾了，崇禎皇爺覺得自己英明果斷，身手不凡。當年太祖爺在宮中立鐵牌，不准內監干政，並上書只准太監姓秦、姓趙、姓高，為的是讓子孫們永遠記住秦國的趙高，那個傾覆始皇千秋偉業的閹人。

今天，崇禎爺覺得太祖未免太小心了——太監有什麼可怕呢，不就是這麼回事嗎？想當初，主少國疑，臣民驚懼，他卻大刀闊斧，力挽狂瀾，撥亂反正，讓權閹授首，真是多大的險灘也過來了。

可以說，剷除魏忠賢奸黨，是崇禎皇爺執政以來也是以後的唯一大手筆，是他平生得意的第一大快事——他只頒了一道聖旨，要窮究閹黨。於是，崔呈秀等首惡被立刻處死，接下來，一十九人秋決，一十一人充軍，四十四人革職。猖狂一時的閹黨，便這麼秋風掃落葉般地完蛋了。

崇禎皇爺才坐了不到半年江山，便一手掃盡陰霾，烏雲散，見晴天，那時的大小臣工，誰不服崇禎皇爺的霹靂手段？

一次朝會，他曾不動聲色地詢問群臣：「堯與舜，誰最賢？」

臣子說：「堯善。」

他搖頭說：「堯不如舜，舜能誅四凶。」

以堯舜定位自己的人生目標，比魏忠賢的閹黨為共工、三苗一類的亂臣，崇禎皇爺其志大矣，萬不料今天，他又為「誅四凶」而後悔了。前東廠太監曹化淳私下向他啟奏說，若魏忠賢在，局面不會到今天這地步。

真的是這麼回事嗎？此舉是否「急病亂投醫」呢？

崇禎皇爺翦著雙手，在乾清宮繞室徘徊……

時為崇禎十六年冬十月。

2 官貪吏要錢

這真是一個多事之秋啊，御宇十六載的崇禎皇爺，已到了手腳並用仍無力支撐的地步了——清兵再次入寇是上年冬天，這已是第五次深入內地了。身為內閣首輔的周延儒調度乖方，飾敗為勝，畿輔遭蹂躪幾遍，崇禎皇爺無奈，詔趣天下兵馬勤王，可諸軍玩寇，遷延不進，清兵直待飽掠之後，才從容退兵。好容易勉強應付過東邊，崇禎皇爺剛想喘一口氣，不想稍一鬆懈，西邊卻一下不可收拾了。

其實，流寇之亂，始於他登極之初。時陝西大旱，白水賊王二等先起，其餘王嘉胤、王左桂、飛山虎、大紅狼等名號各異，皆是小股，以劫掠為主。隨剿隨滅，彼伏此起。至崇禎三年，流寇竟越剿越多，始有三十六營之說。其大股有闖王高迎祥、八大王張獻忠等。所謂李自成者，其時還是高迎祥手下一名上不得台盤的小小「闖將」也。

崇禎皇爺宵衣旰食，不敢稍懈。在他的督促下，官軍合力進剿，幾次大敗流寇於山西及川陝等地。所謂混世王、滿天星、姬關鎖、翻山動、掌世王等流寇，無不一一授首，但官軍未能痛殲窮寇，使得渠魁賊首的高迎祥、張獻忠、李自成等漏網。

崇禎七年春，陳奇瑜督師於延綏，困李自成等於陝西興安車廂峽。大雨兩月，騾馬乏芻多死，弓矢皆脫。李自成技窮，自縛請降，陳奇瑜竟不能識破奸謀，發他以免死牌，使得李自成得逃天譴。

崇禎八年，各股流寇大會滎陽，有老回回、曹操、革裡眼、高迎祥、張獻忠等共十三家七十二營，號數十萬之眾。官軍大股會剿，流寇乃分軍東犯，兵淩鳳陽，焚皇陵。

此時的崇禎皇爺，深感流寇已不是「癬疥小疾」了。不得不先後啟用大臣洪承疇、孫傳庭、盧象升、楊嗣昌、熊文燦等督師痛剿，終於在南陽一帶於高迎祥等以圍殲，殺流寇精銳幾盡。

崇禎九年七月，多年為患的高迎祥，終於被擒於周至，獻俘闕下，詔命淩遲處死。至崇禎十一年春，作惡多端的張獻忠降於熊文燦；而李自成僅剩十八騎，潛伏商洛山中，諜報甚至說他已自殺了。這樣，為患數年、流毒數省的流寇，幾乎是銷聲匿跡了。

不想就在這時，後金兵再次入寇，京畿戒嚴。洪承疇改任薊遼總督，重兵皆轉向遼東，流寇終於得以死灰復燃，於是張獻忠反於穀城，李自成得走河南，虎兕出柙，無人能制。不兩年，賊勢大振，乃破洛陽，殺皇叔福王朱常洛；戰項城，殺督師傅宗龍；攻襄城，殺總督汪喬年；三次包圍開封，丁啟睿、左良玉等數十萬大軍莫敢攖其鋒，戰輒敗。

崇禎皇爺無奈，赦前陝西巡撫孫傳庭於詔獄，親御文華殿嘉語慰勉，不但復故官，且進兵部尚書，加督師銜，趕赴開封解圍。可此時開封已無圍可解了——時已秋九月，天大雨，黃河水氾，巡撫高名衡想決開朱家寨口灌李自成軍，不想李自成亦決馬家河口灌城，兩口潰決，汴梁城中，百萬軍民皆為魚鼈。

崇禎皇爺氣急敗壞，屢次下詔催督，孫傳庭無奈，集諸將於關中，戰李自成於河洛，不想天大雨，道路泥濘，軍糧不濟，軍士皆以青柿子為食，且凍且餒，軍心渙散，終被李自成殺得大敗，這就是豫人所謂的「柿園之役」。

孫傳庭敗歸關中，募新兵，三家出壯丁一；且造火車三萬輛，上載火炮甲仗，行軍時可隨軍移動，戰時可聯絡拒馬，乃決計守潼關，扼上游。但旁觀者不識孫傳庭的苦心，反說他玩寇，在嚴詔催督下，不得已再議出師。他以總兵牛成虎為前鋒，李自成的降將高傑、白廣恩將左右，陳永福將中軍，出潼關、次閿鄉、屯汝州，擺出與李自成再決雌雄的架勢，但新募之兵，不習戰陣；而此時的李自成早已不是昔日的流寇了。

他自破襄陽，下宛洛，克梁宋，兵強馬壯，雄踞中州，也不再像過去一樣打一處棄一處，四流竄了，乃改襄陽為襄京，整編各部，分兵守土，設官理民，也不再稱奉天倡義大元帥了，而改稱「新順王」——這與過去稱「闖王」有著本質上的區別，分明打整精神，擺出架勢，要與崇禎皇爺爭江山了。

這以前孫傳庭巡撫陝西，曾一戰而生擒高迎祥，可以說，他是繼任闖王李自成的死對頭，但後來迮前督師楊昌嗣，被誣下獄，一關三年。眼下皇帝又起用他了，加官進爵，他能不感激涕零？但皇帝收功心切，責人以苛，既失於廟算，又不擇天時——那霪雨，淅瀝淅瀝，連下十餘天，道路泥濘不堪，軍士皆露宿，饑寒交迫。開先所造的進退自如的火車，此時陷於泥濘中，成了一堆廢物，李自成驅眾死戰，騎兵環火車砍殺，官軍大敗虧輸，一日夜狂奔四百里，死四萬餘人，輜重損失殆盡，孫傳庭單騎走閿鄉。

大順軍繳獲了孫傳庭的坐纛，冒充官軍，乘勝破潼關，白廣恩本是從大順軍叛過來的，仍復叛了過去，孫傳庭則不知所終。

李自成連陷渭華各州縣，所至披靡，西安守將開門請降，秦王朱存樞被俘。

百二雄關，不為我有，天下勁旅，盡屬他人，最可慮的是經過這些年的征戰，朝廷損失殆盡，眼下既無可恃之兵，更無可恃之將，眼睜睜望著流寇坐大。

崇禎想，這以前皇祖萬曆帝、皇兄天啟帝都不理政事，大小政務一統交由太監處理，卻也沒出什麼足以動搖大局的災禍；自己親政後，事事躬親，宵衣旰食，為何國家反日見其頹，大亂頻仍呢？難道自己反不如太監？

他又想，李自成不過驛卒出身，居然也想「應運弘猷」。據報，自攻下西安後，他更猖狂了，已改西安為長安，入居秦王府，國號大順，封左右輔弼，設六政府，建元頒朔，南面稱孤。一個流寇，牛襟馬裾，居然覬覦大寶，他配麼？可據陝西總督汪喬年報，他於前年正月，令米脂知縣邊大綬帶人挖開了李自成的祖墳。據邊大綬稱，墓開之時，墓中有一道黑氣沖天，李自成祖父李海骨黑如墨，額生白毛，達六七寸許；父李守忠骨節綠如銅青，生黃毛五六寸許，且墓內盤白蛇一條，頭角崭然，邊大綏乃斬蛇焚林，將骨殖聚火燒化。

現在想來，李自成縱然有些來歷，但既已掘其祖墳，洩其王氣，就應該不剿自敗了，為什麼還這麼猖狂呢？但反過來一想，前年張獻忠攻陷鳳陽，那個埋了太祖朱元璋的父輩的祖墳不也被高迎祥、張獻忠毀了麼？若套用前一思維，結果又如何呢，唉！

崇禎皇爺就流寇行將北犯一事，在文華殿與輔臣商討，整整一個上午，仍是眾說紛紜，莫衷一是。散朝後，他也不急著去後宮，就一人在乾清宮繞殿徘徊，萬般無奈，他決定請道士來扶乩，卜休咎。

當年的嘉靖爺就是這麼做的。時嚴嵩父子專權，朝臣多敢怒而不敢言，一日，嘉靖爺請道士扶乩，因乩言於嚴嵩父子不利，於是，嘉靖爺赫然震怒，乃罷嚴嵩，殺嚴世蕃。

這裡崇禎焚香沐浴，稟告過天地，並囑咐道士說：「眼下天下大亂，吾欲求真仙下降，直言得失，不必隱晦。」

道士默默有詞，請乩仙，好半天。手中的乩筆終於在沙盤上鬼使神差地動起來，且劃出了一首詩。

帝問天下事，官貪吏要錢。
八方七處亂，十炊九無煙。
黎民苦中苦，乾坤顛倒顛。
干戈從此起，休想太平年。

崇禎一看這詩，氣得嘴唇也烏了。他只想殺人，殺誰呢？臣子們個個謹慎，雖沒有建樹，卻也無可指摘，乃揮手令道士退下，放眼四顧，大殿空空，暮色蒼茫，孤家寡人，誰是可與語者？

回到坤寧宮，皇后率眾宮女跪在門口請安，臉上堆滿了笑，聲音也十分悅耳：「臣妾恭請皇上聖安。」

周后是個蘇州女子，德言工貌，無可挑剔，身為原配，是與皇上共過患難的——先帝山陵崩塌，時為信王的崇禎爺奉遺詔深夜入宮承大統，當時還是信王妃的皇后深恐凶多吉少，她一面不斷派人打探消息，一面便在信王府燒香拜佛，請菩薩保佑崇禎皇爺順利登基。但眼下崇禎望著她，頭看不順眼，腳看不順眼，總覺哪裡有毛病。

他「嗯」了一聲，拂袖入內，也不上前將皇后扶起。皇后雖覺委屈，但仍笑臉盈盈，自己在宮女攙扶下起來，跟著進入宮內，見皇上在御座上坐下，便令奏樂，他手一搖——免了；又令傳膳，他又手一搖——免了。

難道飯也可以不吃？皇后急了，乃勸道：「皇上龍體乃國之根本，應時刻注意調養的，再說——」

皇后還要滔滔不絕下說詞，他急了，只好點點頭說：「好吧，別說了。」

確實，飯不可不吃，但哪來的味口？沒奈何，只能「虛應故事」。

才吃到一半，內奏事處一個小黃門，手捧黃匣子已閃身在屏風邊，向這邊探頭探腦。崇禎一見，以為又是「來了好事」。他把頭偏過去，想不看，但一想，這也不是辦法，今天是初一，正應著那句「躲得過初一，躲不過十五」的俗話。只好把牙箸一丟，說：「拿上來吧。」

其實，一邊陪食的周皇后也看到了，她正要向這個小黃門使眼色，讓他走開，等下再來，可已經來不及了。

黃匣子打開，原來是從寧遠遞到的緊急塘報，說的是一件大好事：已改國號為「大清」的後金國大汗皇太極，正是如日中天之年，突然病死，此事就發生在上個月，即清兵退回去不久。

崇禎一口氣讀完這份以寧遠總兵吳三桂的名義上奏的緊急塘報，不由大大地鬆了一口氣——皇太極以努爾哈赤第八子即汗位，上有兄下有弟，覬覦大位的就不少，眼下諸子侄環伺，虎視眈眈，家族必有一番爭奪，少不得殺個七進七出，他想，就是有這麼一個人，能內安外攘，速定局面，也一時不敢犯邊，看來，關外是可以高枕無憂幾年了。

想到此，他的味口突然來了，乃重新操起牙箸，且一反常態地伸向了邊上的八珍鴨脯。

當皇上讀塘報時，周皇后正惴惴不安地望著皇上，留意他的神色。這些日子，皇上每接到從遠方遞來的塘報不是發無名火，便是繞室彷徨，有時還淚眼汪汪，不想今日讀完塘報，不但面有喜色且立刻就有了味口，周后知道這塘報一定是報了好事，於是一邊親自為皇上布菜、斟酒，一邊說：「皇上，可是李自成被官軍擒獲了？」

崇禎搖了搖頭，卻喜孜孜地說：「後金的憨王死了，包圍寧遠的兵也撤了，看來，後金將有內亂。」

其實，崇禎還有未盡之言，這就是上午的會議上，有人提出撤吳三桂的寧遠之兵，拱衛京師，但遭到大多數輔臣的反對。據他們說，撤寧遠守兵，等於是放棄關外大片國土，棄守封疆，這是要遭後人指責的，再說，寧遠一撤，後金兵勢必跟蹤而入，豈不是前門驅虎，後門進狼？不想眼下皇太極死了，皇太極死了，後金若內亂，寧遠兵是否可撤呢？

周皇后不知道皇帝的思路一下跑得那麼遠，她只知道，這些年後金兵直入直出，是鬧得舉國不安的重要原因之一，眼下後金有事，必無暇圖我，這難道不值得好好地慶賀一番？

於是，她在皇上面前的琥珀杯裡斟了滿滿的一杯酒，接著又在自己的杯裡篩了小半杯，然後先舉起了杯，說：「否極泰來，好事成雙，憨王已遭天譴，流寇定伏冥誅，這以後國泰民安、江山永固。為此，臣妾敬皇上一杯！」

崇禎欣然舉杯，但才舉到半途，突然又想起了流寇，皇后說好事成雙，流寇將伏冥誅，真的會這樣嗎？眼下流寇已席捲三秦，且紫電青霜，躍兵威於黃河邊上，一旦河水封凍，他們能不立刻就攻山西？據諜報說，李自成已挾百萬之眾，若這是確信，就是將寧遠兵撤回也不濟事，因為吳三桂的兵才五萬多人。想到此，才燃起的那點希望之火立刻又熄滅了，不由放下杯箸，癡癡地望著皇后，長長地歎了一口氣說：「唉，好事成雙，好事成雙，朕就怕禍不單行呢。」

3 御駕親征

輔臣會議沒有結果，九卿科道中，卻不乏肯出主意的人。就在崇禎皇爺為西事繞室彷徨、無計可施之際，左都御史李邦華卻在這時上了一疏，提出了一個乍看像是匪夷所思的建議：御駕親征。

御駕親征意在前方將士不肯用命，皇帝不得已只好親臨戰陣。這在以前是常有的事，成祖文皇帝就是在最後一次御駕親征時，崩於榆木川的。他的重孫子英宗睿皇帝以這位爺爺為榜樣，也來過一次御駕親征，結局卻很慘——竟遭土木堡之變，被瓦剌人俘虜了，這以後，御駕親征便不大被臣子們提起了。到了史稱「耽樂嬉遊、暱近群小」的武宗手上，宸濠反於南昌，雖然立刻就被王陽明平定，但武宗卻以此為藉口，也做了一次所謂「御駕親征」，但那不過是一場鬧劇，當時群臣諍諫，大家都認為皇上乃萬乘之尊，不宜輕出，所以，提御駕親征的差不多都被目為佞臣，備受孤立。然而，這個李邦華怎麼敢冒此大不韙？

崇禎皇爺卻心有靈犀——所謂御駕親征不就是皇帝離開京城的較為體面的說法嗎？天下勁旅，盡歸流寇，李自成就是不北伐，只要截斷漕運，京城也就不守自敗了，眼看朝中將相乏人，兵餉兩缺，何不遷都金陵，以江南的財賦為支撐，重整旗鼓，另募新兵，再圖恢復呢？

但他轉念一想，又覺此舉非同小可：且不說流寇尚未過黃河，皇帝就往南邊跑會被人笑話，就是丟下天壽山十二座皇陵不管，讓列祖列宗陰靈慘遭荼毒也是天大的罪名、洗涮不清了，再說，眼前這巍峨的紫禁城，玉砌雕欄、龍樓鳳閣也不能就這麼讓與流寇呀！

其難其慎，崇禎皇爺決定發交部議，心想，此議本由部臣提出，何不讓大家各抒己見？就在他提筆蘸滿朱墨，準備在李邦華的奏疏上批覆時，尚未落筆又猶豫了——他想起了這以前對後金的和議，想起了前兵部尚書陳新甲之死。

滿洲兵數次入寇，邊將望風披靡，到去年，崇禎已決計與滿洲人議和了，主持其事的便是時任兵部尚書的陳新甲——他是奉皇帝密詔，在極祕密的情況下，派人與皇太極談條件的。陳新甲出自前大學士楊昌嗣的推薦，性格也頗跟楊昌嗣相似，輕浮好動，不知利害。他不知自古至今，和議是最招人指責的，何況三軍將士在前方苦戰，皇帝卻在背後議和，傳出去，世人會如何看待他這個聖明之主？陳新甲不知自己擔著天大的干係，竟將此事向大學士謝升透露，於是一傳十，十傳百，舉朝譁然，紛紛對陳新甲提起彈劾，甚至追問到皇帝。

崇禎無以為詞，乃將陳新甲下獄問罪，獄中的陳新甲不知千錯萬錯，皇帝不錯的道理，竟連連上書，為自己鳴冤，且把奉旨議和的事及皇帝的密詔也捅出來了，這樣，他愈辯，愈離死期不遠了，最後的結果是懸首西市。

所謂「天之高，地之厚，君王之心猜不透。」此番李邦華從陳新甲之死中得到了教訓，說話拐起了彎子，明明主張遷都避賊，卻說成「御駕親征」，此事如果自己心裡沒底，貿然交議，會落下什麼結果呢？

想到此，本已提起的筆又放下了，眼睛望著殿上的盤龍金柱，一時逸興遄飛、雲裡霧裡，一時又心似鉛塊、愁腸崩斷……

幾經猶豫，他終於想通了：既然是說御駕親征，並沒有明說遷都，那麼，朕何不也裝糊塗，將這個啞謎拋出去，讓輔臣們猜呢？

對，仍是交輔臣討論，畢竟圈子小些，不會一下就鬧得沸沸揚揚。想到此，他再一次傳旨集輔臣會議，地點仍在文華殿。

有明一代，自洪武十三年太祖朱元璋以謀逆罪殺丞相胡唯庸，廢丞相制而興內閣制，雖說皇權歸一，但已是大開皇帝蔑視宰輔的先河，這以後若皇帝生性忮刻，內閣輔臣的日子多不好過，刑不上大夫成了一句空言，伴君如伴虎倒是不爭的事實，皇帝對臣子不滿意時，不但動不動就褪下褲子打屁股，且一旦天顏震怒，立刻叫你喋血西市。眼下的崇禎，更是將祖宗的惡習大而化之，他御極已十六年，十六年中，內閣大學士竟換了五十餘個，稍不如意便問罪，押赴菜市口的已不鮮見，罷黜的更是如過江之鯽，就在前不久，上一屆首輔周延儒就因謊報軍情、飾敗為勝，竟被賜死，而次輔、戶部尚書兼兵部尚書的吳甡竟在奉旨督師時，因延宕而被充軍。

時下輔臣為五人，陳演為首輔，依次為蔣德璟、魏藻德、李建泰、方岳貢。陳演於崇禎十三年以禮部侍郎拜東閣大學士，與他一同入閣的還有謝升。去年謝升因陳新甲的事被罷免，直至被削籍，至今年首輔周延儒被殺，吳甡被充軍，前面一下倒了三個，陳演便被推到首輔的位子上。他是四川井研人，天啟二年進士，才具平平，卻十分貪鄙，多年為宦，積攢了十分可觀的家私，眼下時局動盪，身為首輔，責任重大，但他早已萌生了退步抽身之念，凡事皆不願出頭，做一天和尚撞一天鐘。

眼下他率眾輔臣進入文華殿後，山呼已畢，便分立兩旁，一個個低著頭，眼睛瞅著自己的鼻尖，誰也不開口。皇帝見狀，只好先說道：「流寇已席捲三秦，行將犯闕，昨天議了大半天，迄無定論，眼下九卿中有人主張御駕親征，各位以為如何，你們繼續開議吧。」

眾臣一聽，不由一怔，相互看了一眼，又一齊把目光投向首輔。

陳演在昨天退朝後，便在朝房聽文武百官們說起此事。他想，孫傳庭雖敗，眼下擺在山西及宣大一線官軍仍有百萬之多，受繼任督師余應桂節制。余應桂若能收合餘燼，死守黃河天險，仍可與流寇一決雌雄，最不濟也可抵擋一陣子，怎麼就想起御駕親征呢，御駕親征可不是小事，一旦遭遇不測，失陷乘輿，這可是天大的罪名。可回頭一想，收合餘燼，死守黃河，余應桂能做到嗎？要知道，他所節制的所謂百餘萬官軍只是見於兵部名冊，實數只怕要打對折，能戰之兵又要打對折，疲兵弱卒、朽甲鈍戈，根本就上不了戰陣，何況將士離心，士卒不肯用命呢。

想到這些，陳演漸漸明白李邦華的所謂「御駕親征」其實就是遷都的另一種說法。比照利害，反覆思量，覺得處在這種情況下，遷都未嘗不是辦法，但不知皇帝是如何想的？當年瓦剌入侵，英宗被俘於土木堡，滿朝公卿無不惶然，大學士徐有貞提出遷都，兵部尚書于謙力排眾議，一邊尊郕王為帝，以絕也先之望，一邊調兵遣將，拒敵於九門，終於穩定局勢。後人評論此事，都說徐有貞主張遷都是誤國之舉。眼下流寇犯闕，自己若也贊成遷都，將來後人會如何評說呢？

待面君開議，他見皇帝裝糊塗，有話不肯明說，心想，皇帝不想擔名聲，自己身為首輔，便不怕擔責任？躊躕再三，終於想出以糊塗對糊塗的法子，乃匍伏奏道：「據臣所知，孫子兵法上說：主不可以怒而興師，將不可以慍而致戰。眼下賊勢雖眾，不過烏合，皇上以萬乘之尊，豈宜輕出？所謂隋珠彈雀，必為世人所輕。若有閃失，豈不動搖國本？臣鰓鰓過慮者，正基於此，親征之議，臣實在不敢苟同。」

陳演此說雖引經據典，卻很不合皇帝之意——原希望「遷都」二字能從臣子口中出來，若眾人都說好，皇上可得從善如流的美名；否則，追究起失陷神京的責任，拿一二個臣子問罪便得了。這些年，凡遇大事都是這麼辦的，這就是他自認英明之處。不想皇帝耍奸，臣子也耍奸，你說月亮是掛在樹上的銅盆，他便說這銅盆還真圓得可愛。看來，一番心思白用了，於是，不待陳演說完，他馬上長長地歎了一口氣說：「唉——若卿等果能深體朕意，出奇謀於廟堂之上，若將士果能疆場效命，奮勇當先，朕又何嘗樂意親征？」

這話兩個前提都是針對臣子的，恨鐵不成鋼已是溢於言表了，眾臣不由悚然，次輔蔣德璟尚在猶豫，一邊的魏藻德馬上接言了。

魏藻德為京郊通州人，是崇禎十三年庚辰科的狀元。說起他這個狀元，來得十分僥倖——在文華殿殿試時，崇禎召集前四十名進士問道：時下內外交訌，何以報仇雪恥？別人尚在思索，他卻立刻以「知恥」二字對。不想這二字很合崇禎之意，立刻將他拔為第一，才三年工夫，竟擢詹事府少詹事，今年五月，內閣改組，更拜東閣大學士。在五名輔臣中，雖年紀最輕，卻自恃口才便捷，常常想別人之未敢想，說別人之不敢說。眼下一聽皇上口氣，像是對首輔不滿——他畢竟年輕，聽不出一開始皇帝便在玩弄文字遊戲，而首輔是在裝糊塗，於是立刻出班奏道：「流寇猖獗，幾成蔓延之勢，為剿賊，我皇上這些年宵旰憂勞，統籌兼顧，往往能洞悉流寇奸謀，料敵於千里之外。叵料諸將遷延，屢屢玩寇縱敵；疆臣意存僥倖，飾敗為功，才導致局面不可收拾。眼下在前線督師的除了余應桂，尚有巡撫蔡懋德、巡按御史汪宗友奉旨防河，至於總兵、副將，則數不勝數，若收合餘燼，拼死一戰，局面並不難收拾。所以，臣以為若御駕親臨，天威鎮懾，賞罰立見，諸將敢不用命？就是地方按撫，也絕不敢遇事推諉，如此君臣一心，軍威振奮，又何愁巨寇不滅？」

魏藻德此議，雖仍未能「深體朕意」，且明顯是紙上談兵，不想卻歪打正著，皇帝正想點頭，不想一邊的李建泰卻不買帳——他早已看出所謂御駕親征其實就是遷都，五個輔臣有三個家在南方，遷都正好跟著走，他是山西曲沃人，曲沃在晉南，距潼關不過一日之程。為宦多年，他已家資巨萬，大順軍若渡河，曲沃首當其衝，所以，別人可一走了之，他卻必須「保家衛國」。於是立即爭道：「臣以為，御駕親征之說，斷不可行。」

崇禎一怔，不由白了李建泰一眼，說：「卿為何阻朕親征？」

李建泰振振有詞地說：「皇上安危，關係社稷，斷不可輕出，此其一；京師為國之根本，神京若失，舉國震動，此其二；西郊天壽山為十二祖陵所在，一旦不守，必辱及祖陵，此其三。諺曰：龍不離淵，虎不離山。皇上若為浮言所蔽，萬乘輕出，正如蛟龍失水，猛虎離山，能不慎之又慎？」

李建泰的三不可，崇禎最怕的是第三條，因為棄祖陵於不顧是大不孝，可李建泰卻偏偏搬出這個大題目。但他雖然惱怒，卻又不便發作，正在發怔，不想一邊的魏藻德卻不能容忍了，因為李建泰說了親征是「為浮言所蔽」，這不是指著和尚罵禿驢嗎？於是立刻反駁道：「皇上所說御駕親征，本為親臨前線，督師破賊，何來不守神京一說，李建泰純出臆測，出言輕率，跡近離間，誠不知是何居心？」

李建泰當然不能讓魏藻德這麼說他，立刻針鋒相對地爭起來。兩人各說各理，互不相上下，另一輔臣方岳貢也加入進來，他是主張親征的，居然也說出一番附和魏藻德的道理，崇禎看他們爭吵得激烈，卻並未接觸實質，不由焦急起來，乃一拍御案，狠狠地說：「流寇行將飲馬黃河，你們說來說去，卻仍漫無邊際，言不及義，朕問你們，什麼時候才能議出一個一致意見呢，難道要坐等流寇揮戈北上，直犯京師嗎？」

陳演見狀，只好再次出班奏道：「臣以為眼下流寇雖然猖獗，立刻揮戈北上，卻勢有未能。」

崇禎冷笑一聲，道：「此說有何根據？」

陳演說：「因為流寇雖掩有關中，卻還立足未穩，加之河西諸郡尚為朝廷所有，流寇不無後顧之憂；再說，關中富庶，秦王宮室壯麗，流寇乃胸無大志之鼠輩，能不迷戀子女玉帛，流連忘返於錦繡叢中？所以，臣以為關中之失，有如給流寇設一陷阱，流寇入此溫柔鄉中，必不能自拔，而皇上從容布置，定可擒猛虎於阱中。」

崇禎一聽，覺得也言之成理，這時，開始便想發言卻被魏藻德搶了先的蔣德璟也來了勁，竟出班奏道：「臣以為首輔確一言中的。想我皇明立極近三百年，仁澤深而人心固，元氣盛而國脈安，李自成不過一跳樑小丑，豈能動我國本？我君臣若上下一心，憂勤惕勵，誠不難克敵致勝，迅奏膚功。」

此說雖更加「漫無邊際，言不及義」，但比陳演的話更動聽，崇禎於是點了點頭，局面雖緩和下來，但仍說不出眾人認可的好主意。就這樣繞了半天彎子又回到了原地，看看太陽偏西仍然沒有結果，就連如何對前線統帥指陳方略、密授機宜，並增撥糧餉以紓前方緩急的措施也定不下來。

崇禎不覺倦了，乃揮了揮手，讓他們跪安退出。

輔臣們如蒙大赦，在陳演的帶領下，立刻魚貫退出。崇禎呆呆地望著他們的背影從自己眼中消失，忽覺言有未盡，心想，怎麼就讓他們走了呢，遷都不成便要死守，剛才不是還沒有議及守的具體方略嗎？這班人也是，朕忘了，他們也樂得不提，這像什麼輔弼之臣呢，倒是更像在混日子呢。

本想立刻傳旨將他們召回來，但轉念一想，召回來又有什麼用，眼前的輔臣就像是一班蠢笨的蠹魚，書蠹、祿蠹，光會吃，不會爬，殺了沒血，剮了沒皮，牽著不走，拖起倒行，和他們議戰守，等於是問道於盲。

然而，輔弼無人，股肱乏力，聖明天子，又倚恃何人？

心力交瘁之餘，只覺百念俱灰，後宮也不想去，乃默默地枯坐。一邊的王承恩見皇爺並沒有起駕回宮之意，明白皇上心境不好，不敢招惹，只呆呆地陪在一邊。御案上雖碼放了一疊待批的奏疏，皇帝卻並沒有翻動的意思，只雙目直視，正對殿門，似枯僧入定，物我兩忘。

然而，王承恩哪知道，心如槁木死灰的皇爺，此時已神遊太虛了——他似是而非，於朦朧中，坐上了宮中代步的肩輿，但走的不是往常走的那條路，往常從乾清宮回皇后住的坤寧宮便捷得很——坤寧宮就緊挨著乾清宮，不過一箭之地，可今天抬他的肩輿卻是橫出，從邊上的翊坤宮、啟祥宮直轉到了咸安宮。咸安宮在天啟朝是奉聖夫人客氏的住所，自從崇禎皇爺剷除閹黨，糞除後宮，客氏被他攆到了浣衣局，旋即母子伏誅，這咸安宮便一直閒置著。前些日子，彷彿聽宮監在一起竊竊私語，謂咸安宮白日鬧鬼，到傍晚無人敢經過。今天，抬轎的小豎怎麼將他抬到這鬧鬼的地方來了呢？

正要喝問，就在這時，只見前面果然颳起了一陣冷風，煞時之間，陰氣森森，寒入骨髓，那一班宮監一下逃得無影無蹤，他只好下轎步行，可眼前雲遮霧罩，不知路在何方，朦朧之中，似有無數鬼影在遊走，擋住了皇爺的去路，此時皇爺毛髮倒豎，心膽俱裂，正無計可施之際，忽見鬼影中，走出一個身著戎裝之人，手中寶劍一揮，眾小鬼立刻四散逃走。皇爺心喜，正想開口動問，卻見此人俯身下拜，開口奏道：「臣袁崇煥救駕來遲，望皇上恕罪！」

崇禎一聽「袁崇煥」三字，冷汗一下綻了出來，口中慌不擇言地說：「袁，袁，你不在遼東為朕守邊，怎麼來此？」

袁崇煥匍伏奏道：「皇上已將臣綁赴西市，凌遲處死，臣何能再為皇上守邊？」

崇禎定了定神，歎了一口氣說：「袁，袁愛卿，朕知你確實蒙冤，但朕也是箭在弦上，不得不發，你就不要怪朕罷，你的陰魂若能為朕守住遼東，朕一定為你平反昭雪。」

袁崇煥卻仰天長歎道：「大勢去矣，皇明危在旦夕，臣縱能守住遼東，又有何用？」

崇禎說：「不錯，眼下確是東西告急，南北被兵，不過你若能守住遼東，朕不也可騰出一隻手來對付流寇嗎？」

不想袁崇煥磕頭如搗蒜，且哭且奏道：「來不及了，流寇行將犯闕，金兵即將入侵，皇上縱有三頭六臂，也無力隻手支天。」

崇禎雖底氣不足，卻仍嘴硬，他說：「卿當年在寧遠，不是以區區萬餘人馬，擋住了後金十三萬人馬的進攻、且炮傷努爾哈赤麼？眼下三晉及宣大尚有雄師百萬，為何就擋不住流寇呢？」

袁崇煥冷笑說：「皇上也念區區微勞乎，何當初濫刑，莫予毒也？」

崇禎強辯說：「當初後金圍城，手忙腳亂，情急之中，朕不得細察，此所謂非常之時，必用非常之手段。」

袁崇煥又冷笑說：「皇上啊皇上，十六年來，你孜孜兀兀，察察為明，自認賞罰分明，其實刑章顛倒，忍令謀臣扼腕，志士寒心，終致今日，將相無人，雄師百萬之說，豈非掩耳盜鈴？」

崇禎一聽此言，理屈詞窮，不由下座來扶袁崇煥，且說：「事已至此，朕知過矣，望愛卿以江山社稷為重，助朕一把。」

袁崇煥連連冷笑說：「皇上皇上，悔之晚矣。」

說完站了起來，飄然而去。

崇禎見狀，正想上前去拉袁崇煥，不想就在這時，只見殿後忽然轉出魏忠賢和客氏，一把拖住崇禎，大聲嚷道：「朱由檢，你這皇帝是我們扶持上來的，你不該翻臉無情，誅滅我們。」

崇禎大吃一驚，一邊手之舞之地抵擋，一邊大聲叫道：「袁愛卿，袁愛卿，快來救朕！」

一邊呆立的王承恩聞言大吃一驚，側過身子一看，皇帝已俯伏御案，正口角流涎，白日做夢，不由輕輕搖著皇上的肩膀，大聲叫道：「皇爺甦醒，皇爺甦醒！」

崇禎終於醒來了，抬頭一看，自己竟在乾清宮的御座上打盹，而殿外紅日西墜，黃昏已近，那層層殿闕，漸漸被沉沉暮靄包圍……

於是傳旨，擺駕坤寧宮。

坐上肩輿，悠悠晃盪中的崇禎，仍在回想夢中的事：袁崇煥已被朕凌遲處死十四年了，罪名是謀反和通敵。議罪之初，朝臣中不少人為他辯護，認為他無辜，眼下想來，當初袁崇煥若真的通敵，怎麼會炮傷努爾哈赤，並在寧遠兩次取得勝利呢？

4 募捐

走不成，守也沒有守的具體布置，崇禎只能寄希望於陳演的那個溫柔陷阱，夢想李自成會陷在阱中，不能自拔，自己則守株待兔可也。

而這時的李自成，卻一刻也沒有閒著，更沒有留戀關中的子女玉帛。他佔領長安後，為解決後顧之憂，先將兵鋒指向河西走廊——派出數路大軍，連下蘭州、張掖、甘州，縱兵殺居民四萬七千餘人，第八代肅王朱識鋐闔府死於難；不久，又北上榆林，攻克延安府，盛陳儀衛，往米脂祭掃祖墓……

警耗噩音，就如簷前飛揚的雪花，一片一片，綿綿密密，讓皇爺手足如冰，心寒似鐵，就在他坐臥不安之際，兵部又遞到山西來的塘報，據巡撫蔡懋德說，流寇的遊騎已在黃河邊上徘徊，而晉省兵餉兩缺，眼看封凍在即，若流寇乘機渡河，後果可想而知……

崇禎看到這裡，一顆心已蹦到了口裡，手也跟著抖了起來，竟連連頓足說：「糟了糟了。」

此時侍立一邊的王承恩，不知塘報內容，見皇爺動怒，不由抬頭來望，崇禎於是將手中的塘報向王承恩懷中一塞，劈面問道：「嗯，那個余應桂到哪裡去了？」

這一問問得好突兀，虧王承恩思維不亂，他瞥了塘報一眼，立刻明白皇爺所指，只好低聲奏道：「據奴才所知，他一直在介休、霍州之間徘徊。」

崇禎火了，狠狠地說：「朕的旨意是讓他防河，他不去河津、蒲州督戰，卻待在介休、霍州做什麼？」

王承恩心想，余應桂雖掛了個右僉都御史、三邊總督銜，晉、冀各軍受他節制，但出師時，皇帝僅遣京軍千人隨行，發御用銀萬兩、銀花四百、銀牌二百充賞功之用，至於前方將士欠餉已達八個月，帶兵的數次飛章催餉，急如星火，皇上卻沒有答覆。兵法上說，無糧不聚兵。余應桂手中無糧無餉，豈能張空拳以往？但皇上怒火正旺，只好十二分小心地回奏道：「介休、霍州都在汾河邊上，要說防河，他是在防汾河。」

「胡說。」崇禎一拍御案，「二千五百里河防，平陽居中，不守黃河守汾河，豈不是本末倒置？若平陽不守，太原孤立，山西豈不全完了？」

這是誰都想得到的，而且，山西為京師屏障，山西若有閃失，下一步便輪到北京城了。皇上既然不走，便要籌兵籌餉，以應前線，這軍餉已是再不能拖了。但說到錢，王承恩便知個中艱難，只好垂手侍立，默不作聲。

崇禎在御座上一個勁地嘆氣，又下座踱步，王承恩終於忍不住，試探地問道：「前天部臣金之俊不是上了個奏章麼，皇上還一直留中未發呢。」

「金之俊？他說什麼？」崇禎抬起頭，似乎滿眼茫然。

國事蜩螗，眾說紛紜，今天這個臣子奏一本，明天那個臣子上一疏，有些奏議不合皇帝之意，但又找不出反駁的理由，便先擱在那裡冷處理，這便是「留中」。留中的奏疏，往往是皇帝印象最深的，因為大多踩了皇爺的痛腳，犯了皇爺大忌，怎麼會忘記呢？王承恩明白皇爺是裝佯，但既然由自己提起，只好囁嚅著，小心提醒道：「他好像是請皇上發，發內帑，輸軍餉。」

內帑就是皇帝的私房錢，由自己親自管著，有別於歸戶部管的國庫，所以名曰「內帑」。其實，貴為天子，富有四海，當了皇帝，天下都是你的，還分什麼內外，存什麼私房？可明朝皇帝有私房錢。他們不愧是朱元璋的子孫，朱元璋是窮叫化出身，應著了民間那句俗話——叫化子做官窮怕了，所以，就是當了皇帝也不忘存私房。眼下國庫空虛，但皇帝的內庫卻豐盈得很。當前方軍書頻催，說軍士們饑寒交迫，要求迅速指撥的餉，而皇帝卻仍一再推諉時，金之俊看不過了，乃於前不久斗膽提出此議。崇禎覽奏氣不過，將它扔在一邊沒有理睬。眼下聽王承恩一說，不由冷笑道：「這個金之俊，眼睛只瞅著銀子，兵部侍郎不管兵，卻管到戶部的事了，一個心思在錢字上做文章，見人拉屎喉嚨癢，一旦內帑也空了，看他還有什麼說的？再說，這劉流寇是打國仗嘛！」

崇禎皇爺下面的話沒有說出口，但王承恩明白，那就是既然是打國仗，人人有份，怎麼單要皇爺私家掏腰包呢？

王承恩見皇爺生氣了，嚇得趕緊低頭不作聲。可崇禎卻氣仍未消。他想，金之俊這篇奏疏一定有來頭，朝臣們眼紅內帑已不是一日兩日了，私下議論一定很多，他們有朋黨，朋黨相爭，各立門戶，為突出自己，隨便拿一件事便大做文章。看來，殺幾個大臣並不能壓住，這班該死的傢伙。想到此，他不由狠狠地說：「朝政就是讓朋黨弄得不可收拾的。金之俊此議有背景，他不但是東林黨人，還是袁崇煥的同年兼好友，此舉是有意重翻舊案，為袁宗煥鳴冤叫屈。」

袁崇煥是因謀反罪被處死的，而金之俊只提發內帑，真是風馬牛不相及。皇帝此說，實在牽強，但既已扯上袁崇煥，王承恩就更不敢作聲了。

崇禎繼續想心事。金之俊之議，雖不動心，但還有一道和金之俊一同奏上來的、兵科給事中曾應麟的奏疏，卻讓他印象殊深。在這份奏疏中，曾應麟主張勸令富紳報名捐輸。說不患寡，而患不均；不患貧，而患不安。富紳衣租食稅，吸百姓膏血，眼下國家有難，富紳應該拿點錢出來充作軍餉。何況流寇打的就是「均貧富」的旗號，富紳們不主動出錢助朝廷，難道真要等流寇來「均貧富」？

這些話當時他未在意，眼下細細一想，卻不由怦然心動。心想，眼看著流寇要過黃河了，大臣們仍一個個無動於衷，前門珠市口照舊逛，八大胡同照常去，天天笙歌，日日美酒，全不以國事為意，一說起糧餉，還眼紅內帑。他們若不做官，哪能有這潑天富貴？曾應麟說得好，他們衣租食稅，吸百姓膏血，此番應該讓他們也出一點血。想到此，他不由頓了頓足，望著王承恩歎了一口氣說：「也罷，事已至此，也不能不這樣了。」

王承恩還以為皇上這「不能不這樣」是指發內帑，不由連連點頭。

崇禎主意定下來，馬上令王承恩去把曾應麟那份已存檔的奏議翻出來，再仔細看了一遍，然後坐在御座上，閉目沉思。

王承恩直到看了曾應麟的奏疏才明白，搞了半天，皇上是想向臣子募捐——自己不出血，讓臣子出血。

八年前的崇禎八年，便有一個叫李璡的武生上書，也是主張令江南富紳報名助餉。可皇帝將此事付與輔臣商討時，馬上遭到輔臣們反對，大學士錢士升甚至認為這是致亂之由。說富紳是地方貧民衣食之源，眼下流寇播亂秦、晉、楚、豫，獨江南稍安，此議一出，那些流氓、無賴便會與富紳為難，這無異於驅天下之民為賊。經他這麼一說，崇禎當時的決心就動搖了。

現在想來，自己為什麼沒有堅持呢？這個錢士升只因出身江南巨室，便為富紳說話，想盡理由來搪塞朕，這班臣子，真是沒有一個好東西！

崇禎皇爺一想起往事便恨得咬牙切齒。面前雖是個太監，他也很想傾訴，乃把曾應麟的奏疏念了一些與王承恩聽。曾應麟在這奏疏上說：富紳們有錢，只要他拿出十分之一，便可保住另外的十分之九，何樂而不為？不然，流寇來了，舉室罄盡，連命都不保。

崇禎一邊念，一邊用手指頭戳著奏疏上的字，狠狠地說：「當年李璡上書時，朕本想採納的，就因錢士升反對而未果。那個錢士升是個一點也不明事體的人，當初東林黨人被魏忠賢陷害追贓時，他肯破產助東林，可到了國家有難時，卻不主張出錢，你說他還有半點忠君愛國之心嗎？倒是這個曾應麟說的像人話。」

王承恩心想，曾應麟這話有道理，流寇得勢後便要均貧富，大臣及富紳們守著金山銀海有什麼活路？所以，這仗半為皇上打，也半為富人打，皇帝不出你們出也應該。但回頭一想，一般的京官其實窮得很，有錢的只是大官，若報名認捐，該先從輔臣捐起。於是，他把這看法向皇帝說了，崇禎一聽，立刻記起那一班無用的蠹魚，心想，是呀，國家有難，不能讓他們乾脫身。

於是，他又急急傳旨，召見輔臣。召見之先，他在肚內尋思，幾次會議都無結果，這回應該改變策略，募捐不比遷都，是堂哉皇哉的事，雖用不著拐彎抹角，但既然要人家往外拿銀子，總要讓他們嘗嘗甜頭。

這邊皇帝在動心思，那邊輔臣們也在用腦子。一連幾次內閣會議，都沒有結果，內閣五個大學士都有些惴惴然，生恐一旦天顏震怒，自己將蒙不測之禍，所以，上朝前便在心裡告誡自己，召對時千萬要小心。

不想上得朝來，天顏和悅，見面就下旨令輔臣免跪拜。輔臣們不知何來這「浩蕩皇恩」，正驚懼間，皇帝卻突然立起身，走下御座，向著一邊木然鵠立的輔臣們深深地一揖到底。

這可真是非常之人，行非常之禮啊！但太突兀了，令輔臣們手足無措，都說受當不起。不想皇帝卻誠懇地說：「應該應該，朕以國事託付諸位先生，諸位先生就是朕的老師，學生見了老師，怎麼能失禮呢？」

輔臣們聽了，更是惶恐不安，你望著我，我望著你，連舌頭也不會打轉了。皇帝回到座位上，又說：「流寇席捲河西諸郡，並北上延安、榆林，他們的後顧之憂沒有了，飲馬黃河已是早晚的事，大家可都知道？」

那份塘報，皇帝已批轉輔臣們傳閱了，所以，眾人忙磕頭奏道：「臣等都已知道了。」

輔臣們答了這一句後便像啞了一樣，因為接下來的應對之方，卻很難說得出皇上愛聽的，或是能對得起皇帝那個大禮的。這樣，氣氛便由驚惶失措轉入沉悶。

崇禎演了半天戲，卻達不到預期的效果，心裡不快，不由垮下臉來，掃了眾臣一眼，又在首輔陳演臉上停下來，說：「流寇自得了關中，並沒有留戀子女玉帛，而是立馬揮戈、四處焚掠。看來，先生的廟算是差之毫釐，失之千里。」

陳演一聽皇帝舊事重提，明白不能再裝聾作啞，只好出班訕訕地奏道：「是，微臣當初料事確實欠缺。不過之所以這樣說，也是慮及國家財力有所不濟，暫時不能大興討伐之師。」

這「財力有所不濟」正是皇帝今日要議的題目，於是馬上堵他說：「財力不濟，總要想方設法，今日之事，不是朝廷興不興師，而是流寇要過黃河了，難道就讓他打過來不成？」

一見首輔開口就碰釘子，李建泰、蔣德璟等人更加十二分小心。這就給時時想表現自己的魏藻德機會了，於是立刻出班奏道：「皇上責備的是。國事蜩螗，做臣子的不應只求退身自保，而應盡忠竭智，解君父之憂。」

皇帝的責備已讓陳演難堪了，而魏藻德此話讓身為首輔的他更不受用，於是沒好氣地說：「朝堂議政，盡可暢所欲言，魏大人如有良策，何不早說？」

不想魏藻德竟從容不迫地奏對道：「臣以為，眼下形勢非無可恃之兵，而是無可恃之將，像余應桂等輩，既不能身先士卒，激勵將士，又不能料敵決策，洞察奸謀，且黃河不守守汾河，蒲州不保保太原，輕棄重鎮險關，致使門戶洞開，予流寇以可乘之機，實在太令人失望。」

皇帝聽了連連點頭。可陳演卻十分反感，因為當初派余應桂督師是陳演的主張，魏藻德此議分明是指責自己，他於是反駁道：「臣以為此說未免責人太苛。朝廷散處在山西、直隸、山東等地，雖仍有上百萬大軍，但欠餉已達八個月，余應桂屢有奏疏上呈，催取糧餉，並說再不指撥的餉，軍隊有譁變之虞，可朝廷卻一直不能予其以接濟，他縱有三頭六臂，也不能張空拳以往。」

這一說，就又回到開先那「財力有所不濟」的老題目上了。大家沉默了好一會兒，還是崇禎皇帝先開口：「財力有限，難道就沒有別的辦法可想了？」

魏藻德終於聽出皇帝的弦外之音，趕緊說：「臣以為，時局孔艱，正臣子報國之時，前人多有毀家紓難之義舉，身為臣子，自應效法前人。這以前已有人上書，主張內外臣工，捐輸助餉，臣以為此舉不妨一試。」

這正是皇帝想要說的，正不知如何開口，不意魏藻德竟先說出來，不由嘉許地望了魏藻德一眼，連連點頭。

陳演卻著實吃了一驚。他明白，魏藻德出這樣的主意是向著老臣們來的，他自己才做了幾年官，入閣更只有幾個月，若報名認捐，就是不出一文錢，別人也無法評比。而自己就不行，身為首輔，為宦多年，若捐輸助餉，當拔頭籌，三萬五萬皇帝會嫌少；十萬八萬，別人會說該，自己可不是冤大頭了？尋思無計，左右為難，只好故作深沉地奏道：「捐輸助餉，這不是什麼好辦法，記得早在崇禎八年，便有人提出此議，輔臣錢士升……」

一聽陳演提起錢士升，崇禎的火一下躥了出來，立刻打斷他的話說：「時勢不同，境界各異，已往之事，不要再提。」

說著，他便訴苦，說國庫空虛，就是內帑也已罄盡，有人還眼紅內帑，以為內庫有個聚寶盆，取之不盡，用之不竭，須知金山銀海，也有盡時。說著說著，口氣便不順了……

「局勢危急，已旦夕不保，諸位束手無策，既不肯為國分憂，又坐擁多金，忍令軍士饑寒，城池失陷。朕問你們，一旦流寇得志，能不肆意掠奪？諸位想圖一日之安，其能得乎？」

說著，他又用指關節連連敲著御案，痛心地說：「朕以為諸君如此吝嗇，無異於齎盜兵而濟寇糧！」

陳演聽皇帝這麼一說，知道自己話不得體，於是垂手侍立，再不作聲。

不想崇禎之言，卻對中李建泰的心事——這些日子，李建泰一直在看塘報，關心流寇是否渡河，流寇仇視富人，每攻下一地，殺富濟貧，這是不爭的事實。心想，一旦流寇渡河，自家首先遭劫，與其贈與流寇，莫如慷慨捐輸，說不定還可撈本，眼下見魏藻德之議深受皇上賞識，立刻也磕頭附議道：「臣以為非常之時，必有非常之舉，捐輸一說，未嘗不可一試，臣家薄有田產，臣願散盡家資，紓國家之難。」

五個輔臣，首輔因召對不稱旨而受斥責，有兩個主張捐輸助餉，蔣德璟和方岳貢一看形勢不妙，只好也跟著贊成。他們見李建泰是變賣田產，便知這中間大有轉寰的餘地，於是也說，願領頭認捐，充實國庫。

崇禎見四個輔臣都支持自己的意見，於是，那炯炯目光向陳演一瞥，說：「好，好，難得大家都能體恤時艱，若輔臣都能效法諸位，何愁流寇不滅？」

陳演見自己陷入孤立，不由著忙，但他畢竟在內閣混了多年，稱得上老奸巨猾，於是說：「微臣之所以遲疑，乃是怕此議一出，百官不能自安。既然眾臣如此急公好義，慷慨解囊，微臣豈甘落後，何況國難當頭，毀家紓難，乃是作臣子的本份，微臣又豈能趨避？」

一聽陳演也肯出血了，崇禎雖仍不滿意，但還是點頭讚揚。

這次輔臣會議，開始雖有些磕磕碰碰，結局卻還是很完美，這是崇禎希望看到的。心想，自己這個揖作得也不虧，只要輔臣帶了頭，其他人便好說了。

5 國丈不捐太監捐

不料第二天，除了魏藻德拿出了一百兩銀子，其他人卻不見動靜。他讓內監去各家催問，內監回報說是輔臣們正在籌措，好幾家在自家府門口黏上了告白：「此屋急售」。崇禎一聽，這才明白，這就是陳演那老雜毛說的「毀家紓難」。宰相當了這麼些年，就是捐個三萬五萬，也不至於要賣房子？看來，輔臣在耍花招，自己那個揖也白作了。

皇帝越想越氣，把幾個輔臣恨得牙癢癢的，真想再次大開殺戒，但轉念一想，總要師出有名，再說，也不能把輔臣殺盡呀！

王承恩一直待在身邊，皇爺臉色的變化，全看在眼中，這個結果，他已料到了，見皇帝在歎息，於是，在邊上輕輕地咳了一聲。皇帝回頭望見他，乃不無感歎地說：「叵料這班輔臣個個都是大奸巨猾，國家到了這個地步，他們還要玩花樣，真讓朕寒心。」

王承恩跪下來，期期艾艾地說：「奴才以為，不到萬不得已，皇上是絕不會走這步棋的，但這班人罔知大體，急公好義者極少，一提到錢，便如鈍刀子割肉，極不痛快。所以，要想其事速成，不如另外找人帶頭示範。」

崇禎一聽，不由連連點頭，又說：「魏藻德倒是帶了頭，拿出了一百兩銀子。他是個新進，才做了三年小京官，十分清苦，入閣只幾個月，能一下拿出一百兩，已是難為他了，不過，畢竟太少，做不得榜樣。若是有人能一下拿出十萬八萬，朕不怕其他人不跟著來，真到了那時，朕就是抄他的家也師出有名了。」

王承恩猶豫了半天，說：「據奴才看來，這個帶頭人還是有的，但要看皇上能否能下這個決心？」

崇禎說：「事情已到了這個地步，朕還有什麼決心下不了的呢，你且說，這人是誰？」

王承恩說：「這個，這個人，應是勳臣國戚，且是皇上最親近的，只要這人肯出錢，就不怕其他人有所藉口。」

崇禎想，最親近的，除了國丈周奎，再無二人能及。周奎以蘇州布衣，不但得賜府第、田莊，封伯爵，且連兒子也襲了錦衣尉千戶的世職，何由得此？不就因為他是皇后的父親嗎，若是他肯帶這個頭，別人還有何話說？

想到此，他立刻傳旨，將周奎的嘉定伯晉為嘉定侯，讓太監徐高去周府宣旨，並轉述皇帝求助之意。

徐高是坤寧宮的管事太監，皇后身邊的人，在周奎府常來常往，熟門熟路。一到周府，進門便向周奎賀喜，周奎尚不知何意，徐高懷中取出朱諭，口稱：「有旨。」

女兒正位東宮，為當今國母，十幾年來，周府已是烈火烹油，鮮花著錦，皇恩懋賞，常不旋踵而至。今天一聽「有旨」，以為又是好事來了，當下排下香案，鋪上大紅氍毹，跪聽聖旨。

旨意十分簡明扼要，只三言兩語，嘉定伯成了嘉定侯。這雖是好事，卻好得有些出乎意料——既非帝后萬壽，又非國有大慶，這封侯有些突兀。看來皮褲套棉褲，必然有緣故。

「老皇親，大喜大喜！」徐高落座，又一次向周奎道喜。

周奎心中有事，遜謝過後，開口說道：「雨露大恩，真無以為報，但不知其他戚臣，是何封賞？」

徐高因要下說詞，於是先含糊其詞說：「老皇親是當今國丈，其他勳戚怎能與老皇親比。」這麼說，此次封賞，唯他獨有，周奎不由狐疑。不想緊接著，徐高便委委婉婉，把皇上求助之意，說了出來。又說：「榮辱與共，休戚相關，無過如皇親國戚，所以，老皇親應帶好這個頭，三萬五萬不嫌少，八萬十萬不算多，暫借皇上，以應前方軍需。」

周奎一聽，不由愕然。他已聽說輔臣們在賣房子的事了，但他沒有去想這事與自己的關係，不料接著皇帝便會拿自己開刀，只是稍用了些手段而已。這以前，他以國丈之尊，得皇家的好處多到說不清，但從來只有進的，卻不曾有出血的時候。而今天這個侯爵卻要用銀子買，且開口就是五萬十萬。他想，只要皇上仍在當政，女兒仍在受寵，這侯爵遲早是要封的，將來太子即了位，連國公也可巴望，為什麼要急在一時呢，須知五萬兩白銀可不是小數哩，碼起來，能成座小山。想到此，他連連搓著手說：「這，這，徐公公，老臣近來手頭十分拮据，日常開支也難以為繼，哪來如許巨款？」

說著便訴艱難——年荒歲歉，連京郊一帶的租子也收不上來；時局不靖，京師店舖生意清淡，老本也虧了……

言下之意，似是要皇上補貼一些才好。

徐高奉旨來周府時，在路上就把要說的話想好了，眼下見周奎哭窮，便說：「老皇親的難處，皇上不是不知，只是眼下國庫支絀，皇上不得不焉。好幾個閣老都在賣屋典產呢，望老皇親能急公好義，傾大力以急國難。只要滅了流寇，還怕皇上不加倍奉還？須知為皇上分憂，也是為皇后分憂。」

不想這周奎是個水晶猴子，一毛也不肯拔，任徐高費盡唇舌，他就是不肯點頭。徐高不由有氣，告辭時，仰天一聲長歎說：「唉，昨天的塘報說，流寇前鋒已飲馬黃河，可朝廷要糧沒糧，要餉沒餉，連老皇親也如此鄙吝，這個國家也就完了。流寇一來，老皇親想過太平日子只怕也難哩。」

周奎不由一怔，心想：皇后照顧娘家，每有賞賜，都是這徐高送來的，再哭窮也瞞不過他。於是，換上笑臉，將徐高挽留下來，討價還價，答應出一萬兩。徐高雖仍嫌少，但一想，這樣總算回去有個交代。

周奎家有錢，這是皇帝清楚的。眼下一聽只出一萬，且費了不少唇舌，不由勃然變色，狠狠地說：「他這是打發叫化子麼？他以為他的底子，朕不明白？」

說著手一揮，令徐高退下，自己則坐在御座上生悶氣。

回到坤寧宮，徐高知道無法隱瞞，於是點點滴滴，細奏皇后知道。周皇后一聽，才知皇上差遣徐高所為何事。心想，父親也是太吝嗇了些，皇上不被流寇逼到這個地步，會出此下策嗎？再說，只有國有，才能家有，大河有水小河滿，大河無水小河乾，這話用在周家，真是再切貼不過了。

左思右想，乃將徐高喚在一邊，細細叮囑，令他再去一趟周府，傳皇后懿旨，說皇后願助五千兩，請國丈無論如何，也要湊成兩萬之數。

原來皇后也有體己錢，就存在娘家，由國丈替她在外放帳生息，眼下有皇后發話，只在她名下扣除就是。

周奎得了懿旨，知道不能再推諉，但卻把這一肚皮的氣，轉向了徐高，於是上了一個表章，說自己體恤時艱，願一次報效一萬三千兩——開先說的一萬那是買侯爵，這裡皇后暗助五千，他倒落下二千，還不甘心，奏疏後又添一條尾巴，說外間人言藉藉，謂為國家出力，不能內外有別，只責輔臣、勳戚，言外之意，便是內監也該出血。

望著老丈人上的這個本章，崇禎真有幾分哭笑不得，但看在皇后面上，他又不好怪罪。但老丈人最後一句倒是提醒了他：不能只責輔臣勳戚。是的，內廷太監們個個富得流油，怎麼能讓他們一毛不拔且在邊上看熱鬧呢？

內廷分二十四個衙門，這在成祖朱棣手中便已初具規模。其中包括十二監、四司、八局，皆由宦官充任。其實，太監只是最高一級宦官的稱呼，其餘稱少監、監丞，直至最下級的烏木牌、手巾、小火者之類。十二監中，每監設掌印太監一人，為正四品，其餘司為正五品，局為正六品，職有專司，與外廷無異。別看這班人身體殘缺，人事不全，但一旦攀到了太監的位置，便不可小看了，尤其是司禮監掌印太監，代皇帝批答文書，口含天憲，有「真宰相」一說，內外各衙門都得向他進貢，一年下來，至少有七、八十萬兩的進項。

崇禎雖殺了魏忠賢，卻不能不用太監。眼下他為集資，輔臣靠不住，勳戚靠不住，老丈人不說，他也想到了太監。

「聽說，前門一十五家珠寶店，有三家是王之心開的？」皇帝突然發問。

王承恩一聽，立刻明白皇帝的用意。

王之心是東廠的掌印太監，東廠是人見人怕的活地獄，誰都願用銀子塞窟窿。皇帝殺魏忠賢後，先是命曹化淳、後是任王之心提督東廠。十幾年來，王之心心腸一點也不比魏忠賢軟，今日抓他，明日擺布你，因而攢下大筆家私，不但在京郊廣置田產，且在前門開有好幾家店舖，這些自然都瞞不過皇帝。眼下皇帝突然問起王之心，王承恩便明白皇帝的心思了，他也不想為王之心遮瞞，跪奏道：「王之心提督東廠多年，應該有些積蓄。」

「那，王德化呢？」皇帝又問。

王德化是司禮監掌印太監，是王承恩的頂頭上司。所以，說到他王承恩便不能不小心了，但皇帝口氣咄咄逼人，容不得他稍有猶豫，只好含糊地說：「比較起王之心，只怕要差些。」

話才落音，皇帝卻冷笑著說：「哼，朕看也差不多。」

話說到這個份上，身為司禮監秉筆太監之一的王承恩便不能置身事外了。於是跪奏道：「為國盡力，責無旁貸，奴才回家後，將積極籌措，定要一盡棉薄。」

崇禎不由嘉許地點頭。

傍晚，王承恩特地在皇上跟前告假，回到了地壇附近的家中，不想前腳進屋，王之心便跟著走了進來。

「老兄在皇上跟前出的好主意啊。」

王之心見面便是揶揄的口吻。他和王承恩同出大太監曹化淳門下，算是同出荊門的師兄弟，常來常往，十分隨便。

王承恩一怔，明白王之心的耳報神最多，上自皇宮內苑，下自平民百姓，都在他的監視之中，於是心一橫說：「事已至此，誰也不能袖手，東主爺還是明智一些為妙。」

「東主爺」是對東廠掌印太監的尊稱。

王之心冷笑說：「哼，皇上也是雷公打豆腐，專揀軟的欺。」

王承恩說：「可不，這回連周皇親也要出血。」

王之心又「嗤」了一聲說：「老兄，別打哈哈了，別人信我也會信嗎？周奎那老雜毛花一萬兩買了個侯爵，又打著捐輸的幌子訛了皇后三千兩呢。」

王承恩說：「他是國丈，可惜你不是。」

王之心冷笑著說：「都是這樣，一個大明也就快玩完了。」

王承恩說：「別人望它完還有一說，東主爺說這話，好像還有比眼下更好的去處？」

王之心黑著臉說：「哼，可不要把話說絕了，此處不留爺，還有留爺處。」

王承恩愕然一驚，說：「東主爺，這話可只在我這裡面說得。」

王之心自己也意識到什麼，忙換上一副笑臉，嘻嘻地說：「不說了，大兄弟，我是來與你商量的。我打算出三萬，成嗎？」

王承恩有些懷疑自己的耳朵，王之心是隻鐵公雞，也是一毛不拔的，他不相信他肯出這個數。不想王之心又說：「哼，皇上欽定逆案，有意疏遠我們內臣，可眼下國家有難，那一班咬文嚼字的酸丁卻個個當起縮頭烏龜來，我們可要皇上看看，究竟是誰能為國紓難，所以，我打算出三萬，你那宗主爺也出三萬，你那師傅曹老爺出兩萬，這總成了吧？只是我看你在皇上跟前說了大話，拿什麼銀子去繳帳，欺君之罪可不是兒戲。」

「宗主爺」是對司禮監掌印太監的尊稱。

王承恩聽說連王德化、曹化淳也出到了三萬、二萬，不由說：「我可不能跟他二位比。我打算將房子賣了，也湊個三兩千。」

王之心吃了一驚，說：「那你置令尊令堂於何地？」

王承恩說：「他們不習慣京師喧嘩，早就吵著要回老家。」

王之心又「嗤」了一聲，說：「老弟，人家到了你這地步，財早發得不想發了，哪像你。依我看，你褲襠裡那勞什子也冤枉吃一刀了。」

王承恩最忌諱的就是這事。同是太監，我沒有你也沒有，在一起閒談，並不迴避這事，可王承恩卻不願別人提。六歲那年，老祖母病了，家裡揭不開鍋，父親將他按在炕上，一刀下去，那做男人的本錢便從此丟失了，他昏死在那裡，醒來後也不想活了，可一家人圍著他，眼裡充滿了祈求、希望，他憎恨他們，恨不得拿刀將他們統統殺了。

這以後，他進宮了，一步步做到了皇爺跟前的秉筆太監，這是世人豔羨不已的位置，他卻視此為浮雲，別人弄權納賄，在外大置其產，遙遙華胄，奕奕高居，他卻是富貴叢中的匆匆過客，宮中陋習，太監與宮女結為假夫妻，謂之「對食」，或稱「菜戶」，像魏忠賢和客氏，居然還敷衍出爭風吃醋的醜聞，人說盲者不忘視，跛者不忘履，他卻心如古井，波瀾不生。

今天，刑餘之人，寵辱不驚，難道就可以沒有廉恥？不知羞恥的王之心，居然還將此作話由，他不由勃然作色了，怒吼道：「東主爺，你還有什麼話？」

王之心不由一驚。自提督東廠以來，威風八面，上自宰相、尚書，下至平頭百姓，多少人死在他的手裡，他也說不清了，可一見王承恩那個樣子，卻也不無忌憚——司禮監八個秉筆太監，王承恩最受信任，比掌印的王德化更能「日近天顏」，今日他可不是來得罪人的，於是換上笑臉，說：「老兄台，你吼什麼吼？我知你手頭不寬裕，是來幫你的，當官的總不打送禮的吧？」

說著，從靴統子裡掏呀掏，居然掏出了三張各一千兩的銀票，往案上一拍說：「房子留著吧，將來老了，當不得差了，總不能去睡階沿吧？」

王承恩不由困惑了。太監做到了提督東廠，正四品的掌印官，是不需回過頭來再巴結他這個五品下屬的，他不由抬起頭，掩不住一臉的困惑：「什麼意思？」

「巴結你啊。」

「我可沒有那麼大的面子。」

「不要你的面子，只要你的嘴巴，今後不要多我們的事，行不？」

王承恩更加不解了，自己能多他們的什麼事呢？而且哪個「我們」？

王之心看出了他的困惑，說：「這是宗主爺還有曹老爺的意思，知道你不會弄錢，大家幫補你一點，他兩位的面子，你總不能駁回吧？」

這是王德化、曹化淳的意思？王承恩更加不解了。王承恩雖起家信王府，但最先是拜在曹化淳的門下，王德化和王之心是他的師兄弟，眼下既然起動了這兩位，他的確不敢得罪，且也得罪不起，只好說：「無功受祿我不幹，你們放心，我不會多你們的事。」

王之心一邊將銀票往王承恩口袋中塞，一邊笑嘻嘻地說：「老兄台，你是個聰明人，有些事何必要我說穿呢？」

王之心說完這句，也不等王承恩再問什麼，便南京城隍、北京土地地胡扯，再也不說一句正經話了，卻把個悶葫蘆丟給了王承恩。

王承恩雖不能推卻王之心那三千兩銀票，卻也不願就此塞責，結果還是把房子賣了，加上王之心那三千，湊成六千之數，捐了出來。

崇禎見此情形，不由歎息說：「外廷官員，反不如內廷中官。」

二

白龍魚服

1 弔亡

皇上欲富紳報名捐輸，結果是輔臣不及勳戚，勳戚不如太監，這樣相互評比，鬧得滿城風雨，扯碎一塘荷葉，也不過聚了十餘萬兩銀子，皇帝眼看勺水無益大海，只好終日繞室彷徨。

兵部侍郎金之俊眼看結果不佳，心中很是失望，加之前一天做了一個怪夢，不由一人悄悄來到廣渠門內的廣東義園。

十四年前，原籍廣東東莞的兵部尚書兼左副都御史袁崇煥，因犯謀逆大罪，被崇禎皇帝下旨凌遲處死，凌遲又名魚鱗剮，是要挨一千刀的。當他被押赴菜市口行刑時，九城的居民，因聽說此人是勾結滿韃子來進攻北京的，無不義憤填膺，爭相用錢向行刑的劊子手購買他的肉，一錢銀子買一片肉，可憐袁崇煥須臾之間，只剩一付骨架，被扔在大街上，無人理睬。袁的親屬中，母老子幼，且被充軍三千里，還有誰來顧及這一把骸骨？虧同鄉不忍，有余姓廣東人乘夜半無人之時，將這一副遭世人唾棄的骨架，運到廣東義園悄悄掩埋，自然連墓碑也沒有豎一塊。

袁崇煥中進士在萬曆四十七年，那一科的主考為陝西蒲城的韓爌，同年中便有金之俊。金之俊後來與袁崇煥成了好朋友，袁崇煥雖是書生，卻喜談兵，且很有見地，天啟年間，曾奉調協守遼東，因迕魏忠賢而去職，待崇禎改元，他在眾人的舉薦下，出掌遼東軍務，當時的金之俊，對這個同年佩服之餘，且寄託了無比的希望，不想才年餘功夫，袁崇煥卻落下這個結局。

想當初，努爾哈赤以七大恨告天，興兵伐明，舉朝震駭，薩爾滸一役，明軍四路大軍皆敗，經略楊鎬因而被處死。這以後，袁應泰、王化貞皆敗在努爾哈赤手下，遂有「女真不滿萬，滿萬不可敵」一說，可以書生從軍的袁崇煥一到遼東，立刻改變了這局面，寧遠一戰，他以區區萬餘兵力，戰努爾哈赤十三萬大軍，不但大獲全勝，且炮傷努爾哈赤，後來皇太極再次犯寧錦，袁崇煥又取得寧錦大捷，從此，滿洲再不敢小覷寧遠，一提袁崇煥的名字就怕。

但袁崇煥雖勇於戰陣，卻疏於事上，尤其是說話不計後果，處事專權武斷，終於招致皇帝的疑忌——初次召見時，竟誇下海口，說五年可滅滿洲，不料後來戰事遷延，皇太極竟捨關外不攻而繞道攻京師，一見京師被兵，崇禎不由慌了手腳，廷議時，兵部尚書梁成棟為推卸責任，便怪邊臣玩寇，加之袁崇煥這以前數次請皇帝發內帑濟軍，觸犯了皇帝的大忌，在率兵勤王時，又請放援兵入城，幾件事加在一起，崇禎心裡不由疑雲密布，恰巧就在這時，有從敵營逃回的太監揭發，說袁崇煥通敵，其實，皇太極慣用《三國》，這分明是照搬《群英會》故事，可是，卻足以啟動皇帝的殺心，於是，皇帝召見袁崇煥於平台，突然下旨將他逮捕，下於詔獄。

當時，朝士中不少人上書為袁崇煥辯冤，金之俊便是其中之一。但袁崇煥以蓋世勳名，無端被冤，如果不是他有錯，難道是皇帝有錯嗎，自古至今，哪見皇帝認錯的呢？何況崇禎鐵腕冰容，自認精明而有決斷，一錯便要錯到底。所以，這些為他辯冤的奏疏統統被皇帝擱置了，就是袁崇煥手下大將祖大壽上書，願以自己的戰功，為袁崇煥贖罪也被拒絕了。

無辜的袁崇煥，被押赴菜市口處死時，甚至連朝東跪的資格也沒有——原來京師殺人是頗有講究的，菜市口地處宣武門外，每次行刑，犯人從刑部大牢提出，必由此門而出，故宣武門又稱死門；犯人每提到此地，行刑時必朝東而跪，因為東邊就是虎坊橋，朝東受刑，取「落入虎口」之意。而凌遲處死的人，就連這資格也沒有，因為罪至凌遲，必是謀逆大案，據說，這種人靈魂骯髒，連虎也不願吃他，袁崇煥被判凌遲，於是就連朝東跪也不准。

時為大理寺卿的金之俊是明白這些的，他不忍去送行，只能默默地在府中為這位同年好友設靈位默哀。這以後好多天，他愁眉難展，每從菜市口經過，都不敢延宕，總是低頭疾走而過。

不想那天，竟夢見袁崇煥來看他，並託他營葬老母。他想，袁崇煥的老母充軍福建，年邁之人，遭此大變，哪能受得顛連，只怕挨不到發配之所便死了，眼下流寇猖獗，連漕運都斷了，自己的父母陷在南邊也不通消息，又有什麼能力為他的老母營葬呢？看來只能稍待時機了。

廣東義園說是在廣渠門內，其實卻靠近左安門邊的龍潭湖，在九陌紅塵的帝都，數這裡最荒涼，到處是墳山墓地，到處是糞池菜園，白楊枯塚，鬼火狐鳴，才到黃昏，這裡就無人光顧。

想起隔一道城牆的廣渠門外，曾經就是袁崇煥領兵殺敵的戰場，那一回皇太極帶十餘萬鐵騎包圍了京師，他帶領萬餘健兒，在這一帶與數倍於己的清兵拼殺，反反覆覆，終於使滿洲鐵騎，不能越雷池半步。可當年風雲叱咤的英雄，如今卻靜靜地躺在這裡，荒草萋萋，與野兔為鄰，老母遠在萬里之外為奴，死不能歸葬故鄉，這就是忠臣的下場啊！

五載離家別路悠，送君寒浸寶刀頭。
欲知肺腑同生死，何用安危問去留。
策杖只因圖雪恥，橫戈原不為封侯。
故園親侶如相問，愧我邊塵尚未收

猛然，金之俊記起這首《邊關送別》，這是袁崇煥於崇禎元年再度出山，督師遼東時，為宴別諸同年、親友的即興之作，當時真是躊躇滿志，豪情激盪，大有馬革裹屍的慷慨，然而誰能料到，燦燦華章，竟成讖語——詩作者沒能畢命疆場，卻是喋血西市，那「寒浸寶刀頭」之句，顯然早已預示了結局。

正一人默默地掉淚，就在這時，猛聽得身後有人在叫他的名字：「豈凡兄，豈凡兄！」

金之俊吃了一驚，以為白日遇鬼，回頭一看，只見兵科給事中曾應麟正越過座座荒丘，向他走過來。

原來幾天前，負責調運糧餉的金之俊，接到了在山西督師的余應桂的一封信——因欠餉太多，余應桂已是捉襟見肘了，他的奏疏上話雖說得委婉，但在寫給金之俊這個同年的信中，卻無話不談，他說，皇上若再不能指撥的餉以濟軍需，他不但無力應付流寇，只怕就是手中這點兵也會反水。信是與曾應麟同看的。二人本是密友，常在一起相聚，茶餘飯後，臧否人物，月旦古今，原是無話不談的。看了余應桂的信，曾應麟深感事態嚴重，左思右想，乃寫了一道奏疏，主張勸令富紳捐輸，不想寫成之後，在徵求意見時，金之俊卻大搖其頭，認為多此一舉，於是，二人之間，有過爭論。

曾應麟說：「兵糧兩缺，如之奈何？」

金之俊連連冷笑說：「老弟真認為皇上拿錢不出？」

曾應麟明白金之俊是指內帑。但出仕才幾年的他，只知國庫之外，皇帝尚有私庫，卻不知究竟有多少，他知金之俊在戶部任過司員，不由問道：「難道還有假？」

金之俊連連點頭：「俗話說，河裡無魚市上有。眼下呢，國庫雖空，內庫卻是照舊豐盈。你想想，流寇攻洛陽，洛陽的守兵缺餉已大半年了，因而無人願守城。可流寇破洛陽後，從福王府一下就起出白銀三千萬兩，福王雖是神廟愛子，但說到天上去，也不能跟當今皇上比闊呀。」

說起這些，金之俊不由感慨系之：自太祖至今，個個皇帝愛錢，皇莊遍布天下，佔盡了良田美地，單據弘治二年一次統計，畿內就有五處皇莊，共地一萬二千八百餘頃。其後歷年增添，到嘉靖時，竟增加到三百八十多處，單直隸一省，就達二十餘萬頃，皇莊的租穀不入國庫，全到了皇帝名下，到皇祖萬曆爺登極，其貪財好貨，竟到了令人難以置信的地步——這位爺居深宮，二十幾年不上朝，不與大臣見面，大事不究，小事不管，卻一個心思派太監去各地撈錢，還想出了許多生財之道，諸如墳山、草場，礦稅、鹽稅等，所有生財之道，名目繁多，都壟斷到自己名下，要說，這些收入本應該進國庫的，由國家統籌統分，但國家爭皇帝不過，於是國窮皇帝富。這些年，內憂外患，國庫是寅支卯糧，皇帝卻仍是只進不出。眼下若說皇帝沒有錢，還有誰有錢呢？

算完這筆細帳，金之俊便冷笑著說：「老兄台主張勸捐，這主意以前不是沒人提出過，後來遭輔臣反對未果，據小弟揣測，輔臣之所以反對，只怕也是認為這捐應自上做起——皇上口口聲聲責他人齎盜兵而濟寇糧，要別人急公好義，自己為什麼不能率先垂範呢？」

曾應麟見他如此一說，便主張金之俊也上一道奏疏，請皇上帶頭發內帑濟軍，皇上帶了頭，富紳就沒得說的，非出不可。可金之俊說歸說，卻遲遲不肯動筆，後來，是曾應麟氣不過，將筆捺在他手上，把紙鋪好，十分勉強他才寫成。

當下二人決定，兩張奏疏都呈遞上去，看皇上採信哪個。不想皇上雖採納了他的主張，結果卻是如此不理想，因金之俊沒有上朝，曾應麟以為他尚不知消息，一時滿腹牢騷，乃快快地尋他說話。

來到宣武門外金侍郎府，門丁告訴他說：老爺吃過午飯才出去，是一人走的，說是去廣渠門訪友。曾應麟於是轉身就往這邊來，幾乎是步金之俊的後塵，一路跟到這裡。

眼看曾應麟近前，金之俊迎著他的目光，說：「你是來告訴我關於捐輸的事嗎，我已早知結果了。」

曾應麟說：「真沒料到我們費盡心機，結果卻是鴉鴉烏。」

金之俊倒顯得比曾應麟冷靜，他說：「你知道當初我為什麼遲遲不想寫這道奏疏嗎？」

曾應麟說：「你是料定皇上不會採納？」

金之俊搖頭說：「不是，我只是想，就是採納了，皇上發內帑，大臣捐家私，聚座金山銀山，也緩不濟急——自孫傳庭一敗，朝廷元氣喪盡，眼下余應桂手中那點兵，疲癃殘疾，哪怕個個用銀子包起來，也不是李自成的對手。所以，三十六路伐西岐的老辦法行不通了，流寇就要北上了，一旦兵臨城下，我們逃也無處逃，要趕快想萬全之策。」

曾應麟一聽，頗有急迫之感，忙說：「你那萬全之策是什麼，何不先說出來讓我聽聽。」

金之俊仰望藍天，似是自言自語地說：「聽內閣的人透露，這以前有人主張御駕親征，我私下揣摩，此人的思路與我暗合，皇上既已議到此事了，何以中途又放下這頭議那頭呢。」

曾應麟說：「你說余應桂的兵疲癃殘疾，不是李自成的對手，卻又主張御駕親征，御駕親征還不是要靠余應桂，既是殘缺之師，又豈能保護御駕，這不是南轅北轍嗎？」

金之俊說：「你聽我說完好不好？對了，所謂御駕親征，正是你說的南轅北轍，口說是西征打流寇，其實就是南下留都。但遷都避賊說出來不好聽，做臣子的怕傷了皇上的自尊心，便說成御駕親征，你想想，皇上只要離開了京師，是去打長安還是走南京，這腳不是長在自己身上嗎？」

於是，金之俊便與曾應麟分析形勢：強兵勁卒，都歸流寇，關中形勝，盡屬他人，朝廷不但將相乏人，且兵餉兩缺，眼下流寇已掃清後路，只等黃河冰凍，立刻就會過來，北方久被兵燹，民窮財盡，將怠兵疲，無力與流寇周旋，不遷都何以拒賊？只有避開流寇鋒芒，遷都南京，憑長江的天險，流寇一時不能南犯，朝廷得以暫時喘息，然後以江南的財賦為支撐，重整旗鼓，再練新軍，徐圖恢復，有何不可？

曾應麟聽他說得有理有據，不覺茅塞頓開，但一想起個中難處，不由又連連搖頭：「按說，眼下也只有這步棋，只是個中其難其慎，很不好進言。你想想，當年瓦剌入侵，徐有貞主張南遷，後人評論此事，都說徐有貞誤國，眼下雖說你的遷都與徐有貞的遷都時勢不同，境界各異，但別人哪能分得清，所以，這畏敵避戰的罪名你就擔定了，難道你就不顧及自己的名聲？」

金之俊說：「我當然清楚個中的難處。不過，俗話說得好，家貧莫當長子，國難莫做大臣，你我既已做了大臣，袁元素不是有榜樣在前頭麼？」

元素就是袁崇煥的字，一見金之俊提到他，曾應麟不由感慨系之，看來金之俊來為袁崇煥上墳，不為無因。國家到了這個地步，做為臣子，連身家性命也早置之度外了，又豈能顧惜這一身羽毛呢？想到此，他不由望著金之俊身後的墳塋，長長地歎了一口氣：「袁元素，袁元素，一劃又是十四年了，當初明明是個冤案，皇上怎麼就忍心下狠手呢？」

雖然轉移了話題，金之俊語氣卻更沉重了，他說：「不要說了，皇上就是這性格，要用這人時，升官也快──袁元素開始只在福建邵武當縣令，幾年時間便升任右僉都御史，督師遼東；要殺這人也容易，隨便羅列一下，便十惡不赦。袁元素一死，邊關無將，滿洲越來越猖獗，朝廷為禦邊，不得不加徵遼餉、練餉，苛索太繁，民不堪命，於是，就鋌而走險，終於釀成今天這不可收拾的局面。若上下相安，天下太平，李自成、張獻忠再如何鼓動，百姓能信他的嗎？沒有外患，何來內亂，這一切互為因果，於我大明真是禍不單行！」

曾就麟說：「但願皇上果能採納遷都之議，遷都後能改弦更張。」

金之俊長長地歎了一口氣說：「這就要看天意了。」

這時，太陽漸漸躲進雲層了，曾應麟覺得身上陡增寒氣，起眼一望，沿龍潭湖一線，前後左右，普山普嶺，成片成片的小土丘，沒有墓碑，沒有華表，有的只是白楊荒塚，衰草斜陽，靜靜地陪伴著地下的孤魂，北風其涼，嗚嗚有聲，幽幽的，猶如一聲聲鬼哭。

身在繁華的帝都，卻面對這樣的場面，曾應麟思前想後，不由默默地在心裡說，千堆墳，萬堆墳，不知屈死了多少人。他們長眠地下，生前含冤莫訴，死後更說不上半點哀榮，氣化清風血化泥，在世間沒有留下任何痕跡，但是，有誰就能否認他們生前，沒有驚天地而泣鬼神的功績呢？

他想，局勢再這麼發展下去，不久的將來，我們便也會在這裡相聚了。

2 君臣際會

回來的路上，金之俊心情漸趨平和。走著走著，不覺就到了珠市口。雖時局動盪，大難將至，帝都卻仍一如既往，尤其是前門棋盤街一帶，店鋪生意十分紅火，人來人往，摩肩接踵，就像什麼事也沒發生一樣。看看到了虎坊橋，二人正準備分手，就在這時，只聽旁邊三義軒茶樓傳來一片悅耳的琴聲，並伴有吳濃軟語清唱：

西湖煙水茫茫，百頃風潭，十里荷香。宜雨宜晴，宜西施淡抹濃妝。尾尾相銜畫舫，盡歡聲無日不笙簧。蜂狂蝶浪，歲稔時康。真乃上有天堂，下有蘇杭。

金之俊是吳江人，傾耳細聽鄉音，搖頭說：「好一個歲稔時康，真是不知有漢，遑論魏晉了。」

正想拉著曾應麟快步離開，不想茶樓裡走出一人，向金之俊拱手招呼道：「金大人，久違了。」

金之俊一怔，脫口而出道：「龍，龍——」

那人見金之俊一下叫不出自己名字，便呵呵笑道：「龍之驤。」

金之俊一拍腦袋，抱歉地拱手道：「唉呀呀，龍先生，一別數年，可是久違了。」

說著，激動地抓住龍之驤的手，一時不知說什麼才好。

還是龍之驤沉著，他一手挽住金之俊，又回頭向曾應麟點頭打招呼，並說：「鄙人正和舍弟一邊喝茶聽曲，一邊臨窗看外面行人，不想遠遠地就瞧見二位大人往這邊來，乃特地下樓等著，真是有緣得很，進去坐坐吧。」

說著，便在前頭領路，將金之俊和曾應麟引上二樓。二樓臨街一邊全是雅座，各間用木屏風隔開。龍之驤將他二人讓到裡間，剛一步跨進，裡邊一人立刻站起向金之俊打招呼道：「金大人，還認得鄙人否？」

就在上樓的一瞬間，金之俊已把往事全回憶起來了，此時忙說：「二先生，你我名字諧音，龍之駿，怎麼會忘呢，這些年來，每回思往事，拙荊還念叨不已呢。」

說著，便訴說他回京後，曾幾次尋找他們兄弟的住處，此番相見，真是天意，一定要請他們到寒舍一敘。拳拳之情，溢於言表，不想龍之驤卻一笑而罷。

三人互道契闊，把個曾應麟暫且閃在一邊。藉這機會，曾應麟仔細將這龍氏兄弟打量一番，不由吃了一驚——二人年紀在三十上下，都長得一表堂堂，穿著也十分華麗。開先打招呼的這位身材十分高大，也較單瘦，面目清癯，皮膚白皙，三綹鬚，丹鳳眼，目光炯炯有神，舉手投足之間，有一種超凡脫俗的氣質；而那位二先生雖也不同流俗，卻又屬於另一類人物，他個頭略矮，身材略胖，皮膚也較黑，但聲若洪鐘，目光如電，動作孔武威猛。曾應麟想，這二人不似中原人物，金之俊如何認得他們呢？

正詫異間，金之俊已向龍之驤介紹起自己的朋友了。龍之驤聽說後，又抱拳向曾應麟拱手說：「哎呀呀，正和舍弟在拜讀曾大人的妙文呢。」

說著，抄起手邊一張邸報向曾應麟揚了揚，說：「曾大人指陳時弊，不但洞若觀火，且文筆犀利，鄙人兄弟佩服不已。」

曾應麟知道那是一張宮門抄，上面就有自己的勸捐文章，開始他本無心坐茶館的，此時不由興趣盎然。

龍之驤將他二人讓到東邊坐了，這時茶博士上來唱諾，龍之驤吩咐道：「金大人是吳江人，你就上碧螺春好了，曾大人請自點。」

曾應麟是山東淄博人，於茶道一向不太講究，便說：「隨便隨便。」

龍之驤又點了幾樣點心，茶博士答應著下去。這時，唱曲的小女子和拉琴的老頭還木然地待在那裡，龍之駿從懷中掏出一塊碎銀子扔給拉琴的，又揚了揚手，將他們打發走了，四人於是靜心說話。

「聽吳女唱北曲，龍先生好雅興。」金之俊先開頭，話題卻是從剛才唱的小曲始，又說，「這詞曲的作者好像是個女真人？」

龍之驤連連點頭說：「不錯，此曲作者奧敦周卿，為金人，父親降元後官至德興府元帥，本人也官至侍御史，他在漢人中間，名聲不顯，但在女真人眼中，卻是很有名氣的。」

一提起女真人，金之俊不由說：「女真人確實小看不得，這些年居然一連數次侵入內地，關東一路，烽燧連連，二位的生意恐怕是越來越不好做了。」

龍之驤尚未開言，龍之駿卻於一邊笑道：「東路固然連年告警，西邊未嘗就不。這年頭莫說生意人，就是像金大人這等為官做宦的，日子只怕也好不到哪裡去。」

這麼一說，四人都搖頭歎息。

龍之駿瞥了曾應麟一眼說：「年初大清辮子兵才退，年末流寇又要來，這皇明的江山真是應了那句扶起東邊，垮了西邊的俗語，眼下滿朝公卿都瘖然無聲，虧得還有曾大人這樣的頂樑柱子在嘔心瀝血，為皇上獻計獻策。」

曾應麟不知二人底細，只好勉強應道：「哪裡哪裡，曾某不過是盡人事以聽天命而已。」

龍之驤放下茶盅，用頗為誠懇的語氣說：「真不知堂堂大明，三百年宏基偉業，根深柢固，何以就不能奈何這一班流寇？」

金之俊此時正一肚皮牢騷，無處發洩。要在往常，京師緹騎密布，酒樓茶肆更是番子手活動的場所，上至官員貴戚，下至平民百姓，誰也不敢對朝政妄加評論，可眼下不同了，所謂山雨欲來風滿樓——做官的個個如鍋底螞蟻，就是錦衣衛、東廠也收斂了，他們都在觀望，都在思考自己的將來，還有誰願再管這鳥事？但儘管如此，金之俊還是四處望了一眼，二樓雅座不多，外面散座下棋的、玩鳥的、鬥蛐蛐的，還有談生意的、拉皮條的，各就各位，我行我素，誰也沒去關心他們，這才放心歎了一口氣說：「怎麼說呢，龍先生，眼下情形，比起五年前我們見面時是更不堪了。」

說著，就把西邊的消息略為透露了一些。

一聽流寇即將渡黃河而朝廷無兵可派，龍氏兄弟不由露出吃驚的神態，龍之駿睜大眼睛說：「想不到才三兩年工夫，流寇便已養成大氣候了。」

龍之驤說：「官兵打不過滿洲人還有一說，滿洲人太強大了，但流寇為烏合之眾，胸無大志，只是四處流竄，殺人放火搶東西，只要官軍認真對待，從根子上治起，應該很容易土崩瓦解。」

金之俊勉強笑了笑，說：「怎麼說呢，你我都不是當事人，事非經過不知難。」

龍之駿低聲說：「官家莫非怕流寇那句『闖王來了不納糧』麼？」

金之俊吃驚地望了四周一眼，輕輕一拍桌子道：「可不是嘛，單憑這句話，就可抵百萬甲兵——豫省的饑民就是奔它去的。」

龍之驤微笑著，脫口說道：「張三有馬不會騎，李四會騎沒有馬——要是我，局面絕不會弄到這一步。」

這口吻，真有治大國若烹小鮮的氣概，金之俊不由一怔，他沒有聽出龍之驤此言暗藏玄機，卻認為有些輕率，不由告誡道：「治國不比經商，其難其慎，不是旁觀者能想像的，所以有人說，世事如棋局，不下的才是高手，這真是至理名言，不知大先生以為然否？」

龍之驤卻用指關節敲著桌面，自信地說：「不然，治國經商，圖功圖利，事雖有輕重，道理卻一樣，因為面對的都是百姓，要說個中玄機奧妙，無非是誠信二字，不要以為百姓好欺，要知道，他們才是真正的天，天心順了，天下太平，天心不順，還不天下大亂？」

龍之駿也說：「是呀，以天下之財，治天下之事，放寬些子，讓利於民，又有何不可？」

是啊，堂堂大明，袞袞公卿，誰不知天意即民心呢，既然是以天下之財治天下之事，怎麼就不能對百姓放寬些子呢？但話說到這份上，身為臣子的金之俊，面對一個局外人，不能不有所顧忌——再說下去，可要犯上。但胸中這股鬱悶之氣難平，須知眼前的大明，良田沃土為皇室、為豪強兼併，國家賦稅流失，為擺脫困境，不得不加重一般孤苦無告的小民的負擔。張居正任首輔時，曾在全國進行過的那次土地大清查，竟查出隱瞞漏稅的土地達三百萬頃，「小民稅存而產去，大戶有田而無糧。」張居正乃狠心整治，國庫正日見豐盈，不料張居正死，一切又舊病復發。正課之外，萬曆末年加徵遼餉，每畝徵銀二厘，不久增加到九厘；待流寇起，又加徵剿餉；到崇禎十二年又加徵練餉，三項徵銀高達二千餘萬兩，超過正課五倍有餘。此外還加徵關稅、鹽稅、雜稅，一年又是好幾百萬兩。這些都得攤到窮人頭上，富人卻「產無賦，身無徭，田無糧，廛無稅。」貧富懸殊，苦樂不均，上頭卻又絲毫也不肯「放寬些子」，老百姓再安份守紀，可被你逼得沒有活路了，看不到一絲希望了，不反又待如何？想起這些，尤其是想起剛才和曾應麟說的話，金之俊只能長長地歎了一口氣，說：「唉，事關皇明聖德，不說也罷。」

龍氏兄弟卻沒有這麼多的顧慮，只見龍之駿微微一笑，說：「朝廷不能警省，不能放寬些子，反加緊凌逼，這不是為叢驅雀，為淵驅魚？或者說，是把個江山拱手送人？」

龍之驤也微笑著，似是滿有把握地說：「據鄙人看，大明這江山是遲早要送人的了，不送與流寇，便是送與滿洲人，金先生，若真是滿洲人來坐江山，是否因他們是夷人，就名不正言不順呢？」

金之俊此時正在氣頭上，竟也不顧利害，說：「這時局，誰也說不準，若真是女真人當復興，前面不是沒有榜樣，五胡亂華、金元禍宋，夷人的皇帝做得有模有樣，現成的例子多的是，有什麼順不順呢？孟夫子不早就說了嗎？舜，東夷之人也；文王，西夷之人也，得志行乎中國，若合符節。既然孟夫子說他們合符節，女真人自然也合符節。」

一聽金之俊這麼說，龍氏兄弟不由開心地大笑。龍之驤笑畢說：「當然，滿洲人未必有此大志，據鄙人所知，他們還一直想與朝廷講和，只因朝廷不願相讓罷了。」

金之俊尚在抿茶，未及開言，曾應麟先說：「皇上並非不願與關外議和，只是和有和的難處，下不了這個決心。」

龍之駿說：「這有什麼難的，說穿了，無非是皇上不肯放下架子罷了。就說當初，清國的老憨王以七大恨伐明，爭的並不是什麼大事，殺滿洲二祖那只是誤會，至於什麼助世仇葉赫；造成清國老女改嫁；移動界碑；聽信葉赫，寫信辱罵等等，都不過是些小事，只要皇上能謙虛些子，公正回覆，稍作讓步，不就沒事嗎，打又打人家不過，卻要裝面子，竟不該人家國書上自稱皇帝，要把人家女真作蠻夷看待，不能以朝廷對朝廷，皇帝對皇帝，卻讓地方官去與人家談，這能談出個什麼結果呢？」

努爾哈赤以七大恨伐明，具體是哪七恨，一般的官員是不知情的；就是國書上相互的稱謂之爭，也不是一般人能知個中細節的，眼下居然從一個商人口中，閒閒道出，曾應麟不由大吃一驚，更加堅定了自己的看法，他不知金之俊與這龍氏兄弟是什麼關係，見之間的話題漸漸放開，再下去可能犯忌，便連連向金之俊使眼色，示意此地不可久留。閒聊了半天，金之俊雖然託詞起身，卻一手挽著龍之駿的手說：「二位，此番你們不必再推辭了，請一定去寒舍一敘。」

龍之駿卻談興正濃，拉住金之俊不肯放手。一邊的龍之驤已看出曾應麟的不安，便邊向弟弟使眼色，邊連連拱手說：「舍弟年輕，放言無忌，請二位大人海涵，改日有空，再來拜府。」

金之俊雖殷勤邀請，無奈他們執意推辭，雙方客氣了半天，龍氏兄弟仍是說改日再登門拜府。

「豈凡兄，你怎麼會有這樣的朋友？」離開茶樓後，曾應麟不由滿腹狐疑地問道，「這龍氏兄弟不像是做生意買賣的人。」

「鄙人也一直是這麼看的。」金之俊點點頭說，「不過，不是商人又是什麼人呢？要知道，他們不必在我面前說假話呀。」

說著，他便說起認識龍氏兄弟的經過，那是在四年前的春間。

崇禎十二年秋，時任國子監司業的金之俊得到父親重病的消息，趕緊請假帶妻小回南。前一年，各路流寇被洪承疇剿降略盡，獨李自成率殘賊數十人潛伏於商洛山，一時銷聲匿跡，朝廷總算稍稍鬆了一口氣。不想就在這時，後金兵又一次入寇了——皇太極命多爾袞、賴塔率兵分別從牆子嶺、青山關深入畿內，沿涿州順太行山南侵，先陷大名、真定等地，又沿運河進入山東，陷濟南，俘德王，先後佔領五十多座城池，擄掠子女玉帛無數，至第二年春天才撤回盛京。經此一鬧，中原一路幾無淨土。金之俊一行南下才到通州便遇了難題，按計劃，他是欲在通州走水路沿運河南下，但就在這時得知消息，說數萬後金兵，正押著擄獲的戰利品，沿運河北上，青縣、滄州一線，烽燧連天，除了逃難的人群，便是各路勤王之師，一般的商旅誰敢穿戰場而過？於是，他只好臨時改道起旱路，出良鄉、房山經涿州直趨真定，不想才走了不三百里便遇上了土匪，那一回，若不是龍氏兄弟拔刀相助，他一家老小的命全丟了。

那天，他們一行人：他、夫人和十二歲的兒子、八歲的女兒，另外就是一名叫葛陸的僕人，在通州西關雇了一輛大車，夫人帶兒女坐車，他和葛陸各騎一匹駑馬，出涿州直奔定興，想在天黑前趕到那裡。

按常規，這一帶說到哪裡去也亂不了，因為尚在順天府的範圍內，京畿要地，防範嚴謹。但眼下這裡卻到處都是兵燹之象，有些地方，逃難的尚未回來，十幾里無人煙。為了能見上父親一面，金之俊也顧不得危險了。先是在涿州南關連升店，店主家是北京人，很厚道，見他們一家子老的老小的小，便一個勁勸他留下，等有了大隊商旅後結伴走，但車主卻認為沒事，不願等。於是，他們一早就離開了涿州。

走了三十多里，來在一十字路口。因肚中有些饑餓了，只好停下打尖。這裡是太行山腳下，拒馬河與易水在此地交匯，山多路狹，很是險峻。往前是定興、保定；右拐是淶水、易州，左拐去新城、霸州。都是大路，往日這一帶十分繁華的，尤其在這十字路口，原來大樹下有一家客店，樹下一排排桌椅，供過往行人歇息，大堂上更是散滿行客，熱火朝天。但這一切皆因大兵經過而消失了，眼下僅空屋三間，卻不見人跡。

他們正一邊吃著乾糧一邊歎息，就在這時，只聽一陣馬蹄聲，十分急速。他們一驚，趕緊起身，只見灰塵起處，有四匹馬急馳而來，為首兩人，才二十四五歲的樣子，身材魁梧，衣著華麗，腰間各挎一把腰刀，面皮較黑的那個還背了一把彈弓，緊隨其後的是兩名伴當，也帶著刀劍，樣子有些不尷不尬。他們見了金之俊等人，其中那個身材略單瘦的便勒住馬頭，於馬上向金之俊拱手道：「客官，請問去保定府的大道是筆直向前還是右拐。」

金之俊心想：看來，他們與自己是同一個方向，他們一行四人，年輕力壯，若肯與我們為伴，也相互有個照應。想到此正要回話，不想一邊的車夫卻先開言說道：「保定府在西南，過了前面的山包要往右拐。」

金之俊心想，去保定本是沿大路筆直走，往右拐是去易縣。正要糾正，卻瞥見車夫在向他使眼色，一時不明就裡，還要分辯，車夫卻說，這一帶我熟得很，信我的沒錯。這一行人見他這樣說，便也不疑，竟真的往前去了。

待他們轉身，車夫卻不待他動問先冷笑著說：「大人，這一夥人有些不地道。」

金之俊說：「你憑什麼說他們不地道？」

車夫說：「他們操京師口音，如果是北京人，去保定府還要問路嗎？從前門出城，筆直往南，府對府，三百五，這是三歲孩子都知道的。」

金之俊說：「那也不盡然，看打扮，這是一夥富家子弟，且騎的是一色的口外良駒，或許是沒出過遠門的。」

車夫說：「正是這話，眼下兵荒馬亂，沒有急事是不會出門的。那麼，以他們的身分，應該請有嚮導，跟有下人，怎麼隨便一路瞎撞？」

金之俊一聽，覺得有理，心想，車夫果真是老江湖，五湖四海的人都會過，所以，看人能入木三分，那麼，這是一夥什麼人呢？

車夫說：「他們只怕問路是假，摸我們的虛實是真，您未必沒發現，就在這人向您問話時，那個黑胖子一雙眼卻向著我們的車上嘀溜溜亂轉？」

這時，僕人葛陸也於一邊說：「是的是的，那人似乎是生了一雙賊眼。」

金之俊一聽這話，背上不由發起痲來，心想，自己一家一室全在這裡，若是有個三長兩短，那豈不是滅門之禍？有此一想，臉上就變了顏色。這時，張氏夫人也聽到了，不由埋怨他在涿州時，不該沒聽店主的勸告，卻急於趕路。

車夫見此情形，便又說：「不要慌，我自有辦法。」

說著，就急匆匆上路，說若不走，只怕這夥人會轉回來。

金之俊進也不是，退也不是，有些亂了方寸，見車夫說有辦法，便只好由他。一行向南走了約兩里路，車夫不走大路了，卻往左一拐，將車子拐到了一條小路上。

金之俊一見小路險峻，兩邊石山聳立，樹木濃蔭，忙說：「怎麼不走大道走小路呢？」

車夫說：「大人，如果那夥人果真是向著我們來的，那麼眼下他們必然拐回從後面追上來了，我們改走小路，不正好避開他們嗎？」

僕人葛陸也於一邊說有理，金之俊就不好再反對，策馬緊跟著車子，徐徐而行，心中卻像揣了一頭小鹿，惴惴不安。又走了約五里，來在一條乾涸的河灘上，只見背靠大山，前面白茫茫一片，是齊人高的蘆葦，正揚花吐絮，中間一條小路，直沒入葦蒿中，金之俊於馬上見此情形，不由勒住馬頭道：「怎麼越走越不像路了，葛陸，你去前面探探。」

這葛陸平日常在他面前誇口，說自己有功夫，眼下卻不知是膽怯，還是畏難。只拍著胸部說：「沒事沒事，過了這河灘便是大路。」

金之俊見陸葛不聽使喚，不由生氣，正準備罵人，忽聽葦蒿中一聲呼哨，隨即鑽出了五六個頭裹黑布袱子的人，一個個手持刀叉，直向他們撲來。

葛陸見此情形，叫聲「不好！」撥轉馬頭就跑。

可這夥人比他還快，只見跑在前面的一個黑漢手一揚，手中魚叉「忽」地一聲，直往前飛，那葛陸只慘叫一聲，身子就像一段木樁，背著那把魚叉，一下從馬上栽下來，倒地不動了。

可憐金之俊一介書生，不但手無縛雞之力，且也手無寸鐵，見此情形，只能連連催促車夫道：

「快走，快打馬走。」

不想這車夫卻哈哈大笑起來，笑畢竟從車廂下抽出一把短刀，指著金之俊道：「走，走到哪裡去？為了你們這一家子，老子可沒少用心思。」

金之俊這才明白通州西關外的車馬店是一家黑店，自己遇上了土匪。這時，車內傳來妻小的哭嚎聲，他要走不敢，不由下馬跪地哀求道：「好漢，車中東西全部歸你，只留下一家子性命如何？」

不想車夫卻怒聲喝道：「哼，東西要，命也要。你們做官的，沒有一個是好東西。留一個活口就是禍。」

說著，揚著刀一步步向他逼來。

金之俊磕頭如搗蒜，車夫卻無半點憐憫之意。他見此情形，只能閉目受死。就在這時，只聽「呼」地一聲，接著便是一聲慘叫，他驚詫不已，忙睜開雙眼，卻見車夫直挺挺地倒在自己腳下，口中正一股股往外直冒血泡。再一看四周，只見剛才遇見的四個騎馬人果真趕來了，眼下他們揚著刀，正在追殺這幫強盜。

這幫強盜開先那麼凶狠，如今卻被這四人殺得落荒而逃，有兩個跑得慢的，已倒在血泊中了。四人趕殺了一陣，這邊加車夫共七個強盜，死了三個，餘下的逃得沒了蹤影。金之俊雖鬆了一口氣，但仍慌得不行——殺退了那幫，這幫難道會好一些？他從地上爬起來，車中妻小哭聲哀哀，他只好扶著車槓，口中說著安慰話，手和腳卻像篩糠似的抖個不停。

那四人只追了半里地便停下了，這時他們慢慢走攏來，開先問路的那人策馬走近，向金之俊拱手道：「客官受驚了。」

金之俊見他口氣和善，絲毫無有惡意，趕緊又趴在地上，連連磕頭道：「謝列位救命之恩！」

那人一見他下拜，連忙下馬將他扶起說：「起來，起來。不要嚇著了孩子。」

可金之俊還是朝他拜了幾拜，口中自是說不完的感謝話。

這時，那個較黑、較胖的人也手持彈弓走攏來，笑呵呵地指著倒地死去的車夫說：「客官，就憑著問路時那一問一答，我大哥就看出這傢伙不是良善之輩，所以我們根本就沒信他的，而是未走多遠就又返回跟上來了，還虧這粒小小的彈子，不然，你的命可就完了。」

金之俊又連連向這人拱手，並動問列位恩人姓名。這時，開先那人告訴他，他們是兄弟二人，他叫龍之驤，弟弟叫龍之駿，祖籍撫順，世代做藥材生意，因而南北兩京皆有他家的分號。此番他們準備去南京分店，平時都是走的水路，因後金兵南侵，只好改走旱路。

金之俊於是也自報家門，並說起了自己南下的目的。龍之驤見他是官身，又多添一份敬意，於是相約同行，車夫已死，由龍之驤的僕人趕車，一行人向保定進發。

這以後，他們由保定而真定，轉道山東德州。這時，後金兵已退走，運河中有運漕糧的空船南下，龍氏兄弟在德州還有事，於是決定分手，龍氏兄弟直看到金之俊上了船才離開。

中途相救，千餘里生死相隨，一路上龍氏兄弟和他天南地北，談得十分投機。在金之俊眼中，龍氏兄弟雖是商人，不但無半點市儈氣息，見識甚至遠勝衣冠之士。尤其是龍之驤，無論批評政治，指陳時弊，都有著十分精闢的見解，有時甚至令金之俊佩服不已；而龍之駿卻十分豪爽，處事乾脆俐落，頗有大將之風。

臨分手時，金之俊和龍之驤兄弟都有些依依難捨，因見他說老父病危，龍之駿竟解開包袱，從中拿出了一大支吉林山參，說是敬奉令尊大人——須知此時朝廷為遏制金國，已不准從滿洲來的一切土特產入關，也不准鐵器及可資軍用的物品出境。由此，本來價值不菲的人參，在關內一下又漲了許多倍，金之俊不過一窮京官，哪有力量問津，拿著這一大支山參，一時感激涕零。

「不過，話說回來，我對他們兄弟是知無不言，可他們兄弟對我卻似言猶未盡。之駿率直些，但也有好些話才到嘴邊又噈回去了。」面對好友，追述往事，金之俊雖不勝動情，但仍說出了自己的疑慮。

「祖籍撫順？」曾應麟聽他說完，不由喃喃地說，「這麼說，他們應是從關外來的，或者，是漢軍包衣。」

「我也是這麼認為。」金之俊說，「後來，我回京了。因記著人家的好處，曾好幾次親自去京師藥材鋪打聽，奇怪的是幾乎所有的藥材店，雖撫順籍的不乏其人，但都異口同聲，不知有姓龍的兄弟。」

「他們為什麼要在你的面前說假話呢？」曾應麟問。

金之俊搖搖頭說：「這正是我要問的，他們兄弟有大恩於我，可為什麼要說假話呢？」

3 無心救駕

不說曾應麟的狐疑，這裡龍氏兄弟離開茶樓後，龍之驤不由反思說：「十五弟，我們是否說話太唐突了，把人家嚇著了呢？」

龍之駿卻笑了笑說：「哥，這也沒什麼，依我看，金先生是個渾厚人，我們與他且有救命之恩，而這個姓曾的也不像什麼奸猾之徒，還怕他們將我們賣了麼？」

龍之驤搖搖頭說：「雖然如此，但他們畢竟是大明皇帝的臣子呀，能不忠於自己的皇上？」

龍之駿點點頭，卻說：「沒事，我們明天就走了，再說，他們眼下已被流寇逼得火燒眉毛了，誰還有心思惦記我們。」

不想一言未了，只見大街上，突然出現了大隊兵丁，手執明晃晃的刀槍，騎著高頭大馬，街上行人讓路稍有遲疑，便被馬上人狠狠地用鞭抽打。

龍之驤一見，不由拉著弟弟退到街簷下，說：「十五弟，你看，他們防範還是很嚴的，你我小心一點沒錯。」

龍之駿說：「這不像是針對我們來的，再說，我們明天就走，一出都門，誰奈我何？」

二人說著，不覺來到朝陽門內大街竹竿胡同口，那裡確有一家藥店，門面十分寬敞，有一個小夥計正站在門口，朝這邊張望，一見他二人，小夥計趕緊迎上來，朝龍之驤使了個眼色，二人見狀，腳步加快了，筆直進店，來到上房，只見花格門口立著一中年人，像是帳房先生，一見他們，忙躬身請安說：「二位爺去了哪裡，在下正要派人滿大街去找呢。」

龍之驤也不回答他，只問道：「有事嗎？」

那人湊近前，低聲說：「不知為什麼，好好的，突然就有大批頭戴紅纓帽，穿九城兵馬司號衣的兵士在巡街，緊接著，九張城門閉了八張，僅留崇文門供官家的人出入，守門的盤查極認真，沒有兵部或九門提督衙門的路引，任何人不得通行。」

龍之驥點點頭說：「緹騎巡街，我們都看見了，這畢竟是京城嘛，何況眼下流寇正猖狂著，還不一尺風二尺浪的，看來我們明天只怕出不了城。」

帳房先生說：「在下正耽心這事呢，家裡不正等二位爺回去嗎，如果一連幾天都是這樣怎麼辦呢？」

龍之駿不滿地說：「才一點小事，你就死猴子啦？」

帳房先生趕緊陪著小心說：「十五爺責備的是，這不，在下已派人去小李家了，還沒有消息。」

龍之驥說：「小李家，小李是幹什麼的？能有什麼神通？」

帳房先生期期艾艾地說：「回爺的話，這小李是新任兵部尚書張縉彥的書僮，平日要從他口中打探一些要緊的事不難，但要他去弄一張兵部路引還是有些難的，據他說，兵部空白路引與關防並不放在一起。不過爺放心，到了這關頭，無非多使錢唄。」

龍之驥一聽這話，不由有些焦躁起來，乃一個勁地踱起了方步，龍之駿卻盤腿坐在太師椅上，虎著臉不作聲，帳房先生見狀，只好待在一邊，也不敢多話。

大約等了兩個時辰，才聽見前面有人說話，帳房先生一聽，忙高興地說：「來了來了，在下去看看。」

口中說著，卻待龍之驥點頭後才移步，龍氏兄弟又等了好半天，才見帳房先生快快地回來，龍之驥迫不及待地問道：「如何？」

帳房先生說：「小李說，因為有確鑿消息，說大批流寇奸細混入京城，所以皇帝有旨，九城戒嚴，搜查奸細，明天一大早，九門提督及巡城御史還要帶兵挨家挨戶搜查，凡是外地來京的，都有可能被抓起，眼下嚴禁出入，不是公差，不能出城。正因為此，弄一張兵部路引很難，他要我們寬展時日。」

龍之驤聞言尚在沉思，一邊的龍之駿立刻嚷道：「這不是屁話，城門總要開的，寬展時日，城門開了，還要他那勞什子何用？」

帳房先生被罵，不敢作聲，只把眼來瞧龍之驤。龍之驤顯得比弟弟冷靜得多，他凝眉思索半天，忽然抬頭向弟弟說：「十五弟，不要發火，這樣吧，我們直接去找金先生。」

一聽去找金之俊，龍之駿不由說：「剛才人家誠心相邀，你又不去，這麼貿然前去，人家一旦起了疑心呢？」

帳房先生雖不知金先生是誰，但他顯然擔著天大的干係，乃跟著勸諫說：「二位爺不要這麼性急，小李這麼說，無非是多要錢，說不定接著便會有好消息來呢。」

龍之驤卻顯得很生氣，冷笑著對帳房先生說：「那個什麼小李今後不要再找他了，銀子花了不少，可要他應急時，卻端架子，這種人我最恨。」

帳房先生忙不迭地認錯。龍之驤不理他，卻回頭對弟弟說：「找金先生無妨的，我料定他會幫這個忙，就是幫不上，至少也不會壞事。」

金之俊與曾應麟分手後，一人回到府中，用過晚餐，早已是掌燈時候了，正在庭中桂樹下散步，萬萬沒有料到，就在這時，龍氏兄弟來訪。

望著跟在門房後面的二人，金之俊喜出望外，趕緊上來與他們抱拳見禮，又要親自去將夫人請出來見面，不想龍之驤卻一把拉住他說：「別，別打擾夫人了，我們只說一件事就走。」

金之俊也猜測到了什麼，忙向一邊的門房使個眼色，門房趕緊躬身退出，臨走時還反手將二門帶關。

金之俊將二人帶到書房，要將他們讓到上首坐下，正推讓間，不想龍之駿因穿著寬袍大袖，舉手時，竟「叮噹」一聲，袖中掉出一把小巧的流星錘，拖著一把細細的鐵鍊，白晃晃的，砸在地上，龍之駿慌忙彎腰拾起，重新包緊納入袖中。

一邊的龍之驤見狀一下變了臉色，急忙來望金之俊，不想金之俊卻顯得十分平淡，竟寬解地說：「二先生真不愧是習武之人，出門拜客也帶著防身利器，不過，來我這裡用不著。」

龍之驤顯然仍有些不安，他躊躇半晌，終於開口說道：「舍弟就是這性格，說他也不聽的。」

這時，正好僕人上茶來了，金之俊忙起身端茶敬客，龍之驤也起身互敬，於是，這事就帶過去了。

重新坐下，龍之驤期期艾艾地說：「金大人，這個時候了，鄙人本不想前來打擾的，不想出了一點小小的意外，所以——」

金之俊一聽，忙說：「看大先生說的，你我已不是初交了，且是共過患難的，想當初二先生於千鈞一髮之際，救鄙人一命，那真是天高地厚之恩，金某正思有所報答呢，今天二位有什麼難處，只要金某能做到，但說無妨。」

龍之駿這時總算插上了嘴，他說：「以往之事，算不得什麼，請不要再提，今天是我們有事要求金大人呢。」

金之俊說：「究竟是什麼事呢？」

龍之驤說：「我們在通州有一大筆生意，原本定在明天趕去通州驗貨的，不想事出突然，原來直進直入的城門，眼下卻有些不便了，若延宕失約，這筆生意豈不泡湯了？」

金之俊一聽，不由沉吟——剛才他也聽家裡人說了，地保傳鑼，說流寇已混入京城，眼下京營兵馬司正滿城查奸細，眼前這二人，行為有些不尷不尬，按理說這個忙幫不得。

剛想開口說難，不料才抬頭，正好與龍之驤目光相遇，只見對方雙目炯炯，向他一瞥，就如一道電光掃來，竟是那麼威嚴鎮定，有凜然不可犯之勢，他不由把想說的話嚥了回去，轉念一想，這龍氏兄弟雖然行縱詭祕，但鋼腸俠骨，分明是有大智大勇的人，且舉止瀟灑，一身富貴氣，流寇的營壘中，哪能尋出這等人物呢？

想到此，不由一笑，說：「不要急不要急，這事說小不小，說大不大，你們總算找對人了，是只去通州嗎？」

龍之駿說：「是的，只要到了通州就好辦了。」

金之俊又問：「就走，還是明天走？」

龍之驤望了弟弟一眼，說：「連夜奔通州當然求之不得。」

金之俊聞言，乃伸手從從書案上取出一個木盒子，打開來，從中取出一紙空白路引，隔著茶几遞過來，說：「真是巧得很，二位若是還要去更遠的地方，須各省通關放行的路引，鄙人或許幫忙不到，但只要出這座城門，卻是舉手之勞。」

說著，望了壁上的自鳴鐘一眼，說：「眼下才酉時二刻，還不到閉城的時候，快走還來得及。」

龍之驤不由喜出望外，連聲稱謝。

原來金之俊負責糧餉的徵集調運，漕糧從南邊運來，終點站就在通州，他因此常派手下人去點驗漕糧，為圖方便，便在兵部領了一大疊去通州的空白路引，隨用隨填。金之俊說完這些，龍之驤將路引收在懷中，便和弟弟起身告辭。金之俊將他們一直送到大門口，互囑珍重而別。

這裡龍氏兄弟離開金府，走到大街拐角處，龍之驤說：「十五弟，你說我看人如何？」

龍之駿佩服地點點頭，又說：「不過，他剛才還是猶豫了一下。」

龍之驤說：「這也難怪，咱們行蹤確有些詭祕，尤其是你又把兵器露出來了，很像是劫皇槓的響馬，而人家畢竟是朝廷官員。」

龍之駿不由哈哈大笑。正邊走邊笑談間，忽聽身後小巷傳來一陣急促的腳步聲，龍之駿一驚，忙又將袖中鐵錘取出，並就地一轉，擺開了架勢。

來人終於追上來了，他手中提著上寫「金府」二字的燈籠，一邊疾走一邊氣喘吁吁地說：「二位留步，我家大老爺還有未盡之言。」

龍之驤已看清來人是金府門丁，忙示意弟弟將鐵錘收起，回頭問道：「金大人還有何吩咐？」

門丁說：「我家大老爺說，二位雖有路引，但夜間出城，怕守城的生疑，盤問時出差錯，故叫小人送二位出城，小人是常隨我家大老爺出城的，守城門的將爺大多認識。」

龍之驤不由感動，說：「你家大老爺真是太周到了。」

於是，二人回藥店取了東西，又牽來馬匹，在金府門丁的關照下出城，一路之上，順順遂遂。二人乃快馬加鞭，直往通州，通州東關早有一隊「商人」在等候，他們略事盤桓，便整隊上路，浩浩蕩蕩，朝東北疾進……

這真是：白龍魚服，偏遇上俠肝義膽；君臣際遇，造物主刻意安排——此時此刻，官運不佳的金之俊豈能知道，就是自己這一番舉動，竟為今後的仕途，留下大片迴旋的空間，他竟因此得遇明主，大展胸中所學呢！

4 文武百官，個個該殺

崇禎十六年終於在一驚一乍中，勉強應付過去了，度日如年的崇禎皇爺，指望天心出現轉機，希望在來年。

不想大年初一便兆頭不好——一年一度御皇極殿受百官朝賀，原是不可或缺的大典，只因皇爺自己心急，提早臨朝，大臣們不知消息，景陽鐘敲響半天，卻才來一個執金吾，令鳴鐘不停，宮門不閉，可仍不見大臣們前來，這可是一元復始的喜慶日子啊！

直到辰牌已過，大臣們才聞訊趕來，待到「淨鞭三下響，文武兩邊排」時，崇禎皇爺枯坐龍椅上，已等了整整一個時辰了。

因文官們多住西城，從西華門進，朝班卻在東邊；武將們多住東城，從東華門進，朝班卻在西邊。此時天顏直視，因遲到而戰戰兢兢的官員們，只好匍伏著，從石階下爬過，互換位置。望著東西不分、文武顛倒的官員，崇禎皇爺怒不可遏，但法不責眾。於是傳旨，免了朝班，備鑾駕去太廟朝賀。不想這時御馬監卻沒有做準備，臨時調用大臣們騎來的馬，這些馬認生，不服駕馭，於是，皇極門前，亂糟糟一片。

崇禎皇爺心急如焚，坐立不安，好像連時間也凝固了，心中狠狠地咒罵著這班顢頇的官員，咒他們早死，統統死光。忍無可忍之際，乃手蘸著茶水，在龍案上寫了幾個大字，示意立在身邊的王承恩來看。

王承恩湊近前，見是「文武百官，個個該殺」八個大字。大年初一，皇帝竟動殺心，王承恩想，這個時候了，殺這些人又有什麼作用？於是毫無表情地退在一邊。

八個字寫在這朱漆龍案上，只幾下就收縮成幾個小水團，看不出字跡了，王承恩不由歎了一口氣。

崇禎皇爺煩極了，索性哪裡也不去了。抬頭望天，天氣陰霾，日月慘澹，震屋揚沙，咫尺不見。年前因天象險惡，欽天監曾有過奏章，道是：此主暴兵至，城破，臣民無福，皇上宜自修省。

崇禎皇爺寄望於年後，年後也是如此，可見天心仍沒有半點回轉之意啊，皇帝又如何修省？

這裡崇禎皇爺搜索枯腸，想盡良方，這邊李自成卻不願等了——挨過年關，還在大年初三日，便派手下大將劉宗敏一馬當先殺過黃河，李自成也隨後動身，率大軍號五十萬，自禹門過黃河，一路浩浩蕩蕩，矛頭直指晉南重鎮平陽府。轉眼之間，那一班守土有責的文臣武將不是逃便是降，形勢十分不妙。

接二連三的塘報，一份比一份更令崇禎皇爺心驚肉跳，簡直目不暇接了。

這天，李自成向大明朝廷挑戰的檄文，終於送到了崇禎皇爺的龍案前。

其文略謂：

……爾明朝久席泰寧，浸弛綱紀，君非甚暗，孤立而煬蔽恆多；臣盡營私，比黨而公忠絕少。賂通宮府，朝廷之威福日移；利入戚紳，閭左之脂膏盡竭。公侯皆食肉紈絝，而倚為腹心；宦官悉吃糠犬豚，而借其耳目。獄囚壘壘，士無報禮之思；徵斂重重，民有偕亡之恨……

這檄文詞句，如陣陣石雨，一齊砸在崇禎皇爺的頭上，直砸得他眼前金星直冒，馬上追問此檄文由何人送來。據通政使司官員稱，這檄文是由兵部轉送來的。又追問兵部，據說，送文件的是一個商人，當時便將他扣起盤問。據這人說，他在正定府遇到一人，病在旅館中，此人出了十兩銀子，請他將此信帶到京師，在兵部衙門投遞。兵部尚書張縉彥說，他也看了檄文，文中雖指斥乘輿，大逆不道，但事關重大，他不敢壅於上聞，只好如實轉達。

崇禎一聽，更是氣憤不已，下旨將那送信人殺了，氣仍未消。回到後宮，又將那檄文展開細看，越看越氣。

「公侯皆食肉紈絝，宦官悉吃糠犬豚。」他坐在龍椅上，口中默默地背誦檄文中的話，心想，這話雖出自賊人之口，卻也有些道理。這些年，皇恩浩蕩，覃恩普敷，滿朝文武，誰也沒少得好處，可一旦國家有難，這些人卻沒有一個人能為朕解憂。朝堂議政，雁陣兩行，一個個衣冠靴帽，指天劃地，唾沫橫飛，說得頭頭是道；到頭來卻是徒託空言，毫無實際。出師討賊，賊未來時，謊報戰功，賊人來時，不是逃便是降，一個比一個無恥，就是此番勸捐，費盡心思，折騰了許久，結果卻是鴉鴉烏。越想越氣，竟然就對著左右，連連拍著御案罵道：「無恥，真正無恥已極！」

身邊的幾個小太監吃了一驚，忙一齊跪伏在地，磕頭道：「皇上恕罪。」

崇禎一驚，不耐煩地一揮手說：「去，去，去，不關你們的事。」

小太監們嚇得一個個往外開溜。

此時王之心正欲進殿，這情景，早被他看得清清楚楚，心想此時皇爺心境不佳，進還是不進呢？正在猶豫，崇禎已於御座上看得真切，乃問道：「王之心，你可有事？」

王之心無法迴避，忙進來跪伏在地，奏道：「皇上，奴才有要事上奏。」

王之心提督東廠，是皇帝的耳目，手下探事的不但密布京城，且緹騎四出，雖里閭間小事，也瞞不過他的眼睛，眼下崇禎一聽「有要事」，忙說：「要事何不早說？」

王之心磕頭奏道：「是，啟稟皇爺，奴才得報，奉旨督師的余應桂畏敵怯戰，聞警即奔，巡撫蔡懋德更是棄河防不守，坐失戎機。眼下河東、河津、絳州一線無一兵一卒守衛，賊來可長驅直入。」

崇禎一聽，又氣又急，不由語無倫次地說：「這，這，這個余應桂、蔡懋德真不是東西，朕要將他們撤職、砍頭。」

王之心忙奏道：「皇上，奴才以為，光撤職殺頭也不是辦法。看來，前方將帥無人監督不行。如果余應桂、蔡懋德等人身邊有人監督，便不會出現如此欺瞞、玩寇的局面。」

王之心說的，正是眼下崇禎想的。這以前，先帝便有派宦官監軍的先例。這辦法可追溯到唐朝——肅宗時就有宦官魚朝恩為「觀軍容使」，這是首開臣子靠不住靠宦官的先例，史家對此都曾痛下針砭，自己登極之初，一度下旨撤銷監軍的宦官，當時大臣們無不稱讚這是英明之舉，可今天看來，文武百官既然如此靠不住，那麼，當初撤監軍之舉有欠考慮。想到此，他不由點頭說：「你的意思朕清楚，看來，這監軍還是非派不可。」

一聽皇上終於鬆口了，王之心忙連連磕頭說：「皇上聖明。」

崇禎說：「這樣吧，你先與王德化商量一下，從知兵的內監中，遴選十數人，然後把名單報朕圈定。」

王之心一聽這話，又重重地磕了一個頭，十分響亮地答了一聲「是，奴才領旨。」

王之心走了不到半個時辰，就和王德化、曹化淳等人把名單擬好呈了上來。崇禎草草看了名單，隨意圈點了一下，便交與王承恩擬旨。

王承恩一看，皇帝圈的是：擬派高起潛總監關薊寧遠；盧唯寧總監通德臨津；方正化總監真定保定；杜勳總監宣府；杜之秩總監居庸關，其餘還有一大批職位稍低的太監，他們分別監視順德、彰德、大名、廣平、衛輝等地——這班人全是二王的親信。

王承恩一看這份名單，心中便明白王德化等人的用意了。他們為此已花了三千兩銀子，自己難道就真的被塞住了嘴巴嗎？

左思右想，他拿著皇帝的圈點的名單，就是不想挪步。崇禎見他這個樣子，忙催促道：「你怎麼還不去？」

王承恩猶豫了半天，終於忍不住跪下奏道：「奴才以為，此事有些不妥。」

崇禎不由焦急地說：「用中官督師，本是權宜之計，置此情形之下，朕也拿不出萬全之策。」

王承恩說：「奴才以為，形勢固然緊急，但用人還宜慎重。總要確實是知兵的人，派出去監軍才不致僨事。」

崇禎說：「這份名單是王德化與王之心共同草擬的，據他們說，這上面的人都很稱職，你怎麼說他們不知兵呢？」

王承恩心中明白，這名單上的人，可說是沒有一個知兵的，但他不好一筆抹殺，只好吞吞吐吐地說：「據奴才所知，杜勳就不知兵，他一直在尚膳監掌印，就是當初內操時，他也以種種理由拒不赴操，不要說熟悉兵法、陣法，就是十八樣兵器，他只怕也認不全。」

崇禎一聽，本想伸手將名單收回重新圈定，但不知什麼原因，又揮了揮手說：「唉，這本是矮子裡面選將軍，強的也強不到哪裡去。算了算了，朕用他監軍，無非就是做耳目，不知兵也無所謂，行軍布陣，不是還有大將、總兵麼？」

王承恩本想把話挑明說，但又不敢。他明白，二王在宮中遍布耳目，自己這以前的一舉一動，便有人一五一十傳到二王耳中，此番若力爭，必招致報復，他們心狠手辣，自己可眾寡不敵，想到此，他只好把要說的話嚥了下去，轉身去擬旨。

崇禎望著他的背影，心中其實明白，王承恩說的是正理，但此時此刻，他實在拿不出好辦法。

5 首輔怕擔責任

皇上一連派出十多名太監出任監軍，這道上諭隨即見於邸抄，朝士們讀了，便一齊搖頭。

皇上派監軍，是怕臣子不盡心，可這一班閹官到了前方，自恃口含天憲，目中無人，不懂裝懂，無事生非，不但干擾長官用事，且納賄營私，欺上瞞下，久而久之，他們有的竟被監視對象收買，跟著一起謊報軍情，飾敗為勝，跟著一起克扣軍餉，彼此分肥。皇帝無法，又加派監視監軍，想收螳螂、黃雀之效，但貓不捕鼠，主人徒喚奈何——多派監軍，只是一種惡性循環。所以，這以前早有人指出，皇上派監軍，不但未起監督作用，且增加一個克扣軍餉的人。話語警心，怎奈皇帝始終不納，眼下軍餉已近於枯竭，還向前方派出克扣軍餉的人，這不是在病人身上抽血嗎？

但他們也明白，皇上也是到了死馬當作活馬醫的地步了，你要想他收回成命，除非你能拿出回天手段，左中允李明睿的遷都之議，終於在這個時候拿出來了。

上一回李邦華說得遮遮掩掩，謂請「御駕親征」，李明睿這回可是明說：皇上宜暫避留都，或者遣太子先行監國。

皇帝一口氣讀完這道奏疏，怦然心動。看來，事急燃眉，臣子們也不願再繞彎子打啞謎了，公然明明白白說出「遷都」二字，軍事沒有指望，要兵無兵，要餉沒餉，是該考慮遷都了，乃下旨召見李明睿於乾清宮。

「遷都之議，茲事體大，卿寫稿時，可與他人說起？」君臣相見，崇禎四顧無人，便低聲說起了自己的疑慮。

李明睿也明白個中厲害，忙奏道：「其難其慎，臣也深知，但流寇已經渡河，我軍無敢攖其鋒者，大患將至，不南遷無可救急。」

「誠如卿言。」崇禎連連點頭，卻又抬頭望了一下灰濛濛的窗外，說，「就不知天意如何？」

李明睿重重地磕了一個頭，說：「天心難料，此事唯我皇上朕躬獨斷，不然，只恐食臍無及。」

崇禎歎了一口氣，終於吐露真情：「朕年前便有此意，因無人贊襄，才延至今日。卿意與朕相合，就只怕他人不與朕同心，到時人言藉藉，舉朝洶洶，豈不反而僨事。」

李明睿心想，事已至此，皇上怎麼還是這樣畏首畏尾、優柔寡斷？於是連連磕頭奏道：「事已至此，皇上應捨棄他念，早做決斷，或遣太子監國，或鑾駕南遷留都。不然，若流寇切斷南下之路，豈不悔之晚矣。」

崇禎沉吟半晌，還是拿不定主意。乃說：「待朕再仔細想想。你先不要說出去，若輕易說出來，擾亂人心，到時朕可要治你的罪。」

李明睿明白此話的份量，只好長歎一聲，磕頭退下。

其實，自從年前李邦華提出御駕親征時，崇禎皇爺便一直在考慮遷都，上次錯就錯在沒有明說，陳演這個老滑頭於是抓住話頭，說一些甜言蜜語搪塞，什麼萬乘之尊，不宜輕出，主不可怒而興師，將不可以慍而致戰；又說關中的子女玉帛，是流寇的陷阱等等，不想流寇不入陷阱，卻直渡黃河；瓦剌入侵時，有于謙那樣的能臣，挽狂瀾於既倒，你陳演能做于謙嗎？

遷都，只有遷都，才可爭取時候，才有迴旋餘地。皇帝心中默念著，好容易才打定主意，但轉身一望，滿目輝煌，那龍樓鳳閣，雕樑畫棟，竟都是帶不走的，心又軟了，心想，遷都固然是好辦法，只是萬一將來有人提及此事，這避敵而逃、喪失皇都及祖先陵墓的名聲卻不好聽。

想來想去，又想起李明睿不過一左中允，才六品官也，人微言輕，不是能擔責任的人，遷都事大，須一個無論聲望與地位都相當的人出來說話才可，這樣，他自然又想到了首輔陳演。

陳演以吏部尚書拜中極殿大學士，朕對他榮恩高厚，可他既吝於財貨，報名認捐時，一文不捨，在議「御駕親征」時，又與朕裝糊塗，真是太令朕失望了，此番可不能讓他滑過去，非讓他擔責任不可。

打定了主意，他立刻單獨召見陳演。

這些天，陳演心中都有些忐忑。其實，年前皇帝搞報名捐輸，當時只要腦子稍稍轉一下彎便不難過關。你想，皇帝再怎麼也不會逼得輔臣們傾家蕩產，可自己一時糊塗，進退失據，竟敗在魏藻德這個小八臘子手下。皇帝一高興，竟讓魏藻德以戶部尚書兼禮部尚書，一時官符如火，風光無限，他不才出了一百兩銀子嗎？眼下皇帝又單獨召見自己，這是為何事呢？一路走來，一直找不出答案，但卻提醒自己，奏對時可要小心。

「陳先生，國事至此，如之奈何。」在養心殿東暖閣，陳演磕頭請安後，皇帝又一次自降身分，竟賜陳演坐，又一次口稱「先生」。

陳演有些受寵若驚，不想才謝恩坐下，皇帝馬上提出了這個令人難以回答的話題。囁嚅半天，心想，這世界千穿萬穿，奉承話不穿，於是，搬出了一頂大大的高帽子：「皇上請放寬心，想我太祖高皇帝驅逐韃虜而得天下，歷朝得國之正，無過於大明者。且歷代皇考，深仁厚澤，上應天命，下合民心，流寇雖起，不過跳樑小丑，螻蟻鼠輩，唯我君臣同心，政簡刑清，則流寇可自息。」

半年前皇帝還在做夢時，確愛聽人吹糖人，可李自成的神速進軍，已把他的惡夢驚醒了，今天一聽這話，如同聽瘋子講故事一般，哭也不是，笑又實在笑不出來，眼看陳演又在與自己打哈哈，不由虎起臉，用責備的口氣說：「得了，時至今日，陳先生猶說這些，未必自己不認為空泛？」

陳演一怔，自己也覺得確實言不及義，不覺惶然。單獨召對，無可推諉，皇帝那炯炯的目光一直在盯著他，容不得有半點猶豫，說吧，可又實在說不出什麼，想起自己當年兩榜題名，金殿對策，那是何等從容，今日怎麼就無言以對呢？手忙腳亂，才一瞬間，就汗流浹背了。

皇帝把陳演的窘態看在眼中，算是把他的五臟六腑全看透了，好在並不指望從他那裡討得救國之方，便也不在意，見他實在無話可說，便說：「眼下流寇已過黃河，平陽首當其衝，一旦三晉不守，流寇可直逼京師，朕手中兵餉兩缺，卿士中有人主張南遷，先生以為然否？」

陳演一聽，如被困火焰山的孫猴子得到了芭蕉扇，忙一邊磕頭一邊朗聲奏道：「遷都之事，臣其實籌之於胸久矣，唯茲事體大，微臣不敢貿然啟奏。」

崇禎對這句話十分受用，心想你原來也在想遷都，那是好事，於是，連連點頭，鼓勵他說：「先生本是朕之股肱，倚信如左右手，眼下朕舉步維艱，束手無策，先生既有良謀，何不早說？」說著，不讓他再說話，便揮手讓陳演跪安退出，回家把請南遷留都的奏疏，早早寫好奏報上來。

陳演開始只圖脫身，見有人提議，便贊成算了，沒料到皇上還會有此一說。心想，這不是讓我頂臭屎盆子嗎，有人上疏主張撤寧遠之兵以衛京師，有人還認為不妥，言詞激烈的甚至說，祖宗寸土，不能讓人，棄守封疆，罪莫大焉。眼下流寇才過黃河，距京師尚有數千里，若就遷都，棄祖塋於不顧，豈不更是不忠不孝？看來，皇帝已動了逃的心思，只卻想找大臣頂缸，我若是上了這個疏，傳出去必遭世人唾罵，說不定將來還會被追究責任；我是早就要退休的人，臨退時，還找一個罵名背著何苦？但開始已把話說出去了，要收回可不容易了，萬般無奈，只好奏道：「皇上且不要忙做決定，微臣已有言在先──茲事體大，不能不深思熟慮。」

崇禎馬上說：「先生還有什麼顧慮呢？豈不聞當斷不斷，反受其亂。若不乘山東一路尚無匪警，早早動身，到時可不悔之晚矣。」

崇禎說這話時忘了自己的身分，好像最後做決定的不是自己，倒是陳演似的。老奸巨猾的陳演頓了頓，一句話脫口而出：「皇上既有此念，何必謀及微臣，只須頒詔遍示臣下，從容布置便是。」

崇禎一聽，不由火了，說了半天，等於是對牛彈琴。看來，這老傢伙是要腳踩西瓜皮，一路滑到底了，於是「哼」了一聲，口氣頗為不順地說：「先生不是說茲事體大嗎？正因為茲事體大，必得有二三重臣出奏，朕才能對天下臣民有所交代。眼下朕之重臣，捨先生其誰也？所以，今日之事，非借重先生如椽之筆不可。」

這一來，陳演就再也無法裝糊塗了，於是心一橫，爬下座來，跪在御座前，磕頭如搗蒜，並且泣且奏道：「皇上所責極是。遷都之議，必得二三重臣共同出奏。臣老矣，所言未必稱旨，若貿然出奏，必殆人口實，致誤大事，所以臣奉令擬旨可，單銜出奏則萬萬不可，皇上若執意遷都，不如先商之於各勳臣貴戚，再集六部九卿會議，以便速定大局。」

崇禎聽他這麼一說，氣得手顫心搖，知自己一番心思白用了，於是揮揮手，令陳演跪安退下。

6 大將南征膽氣豪

望著陳演邁著蹣跚的步履一步步退出，崇禎心中已十分鄙視這老厭物了。心想，國家到了這個地步，要錢他一毛不拔，要擔責任他雙肩下垂。身為首輔，可不是擺看的，養著這種尸位素餐的人，豈不要敗壞風氣？

他翦著手繞柱徘徊，越想越氣，於是提筆寫了一張朱諭，立命陳演休致——眼看大明就要完了，此時不走，更待何時？可憐的崇禎皇爺豈知，陳演早就在尋退步抽身之計了，為等這張朱諭，只差沒有開口乞求。

這裡崇禎令陳演退休，那邊便有人將可能要遷都的消息傳出去了，一時朝野大譁，群臣紛紛上疏，好說歹說，各言其是。崇禎皇爺率性將兩派人全召集起來會議，並將李明睿的建議做個由頭，讓眾臣當面各抒己見。心想有話就講，有屁就放，免得背後亂說，到時九九歸一，總要議出個結果來。

於是，崇禎皇爺端坐養心殿御座，待群臣行禮畢，分列兩班，他目光炯炯地掃了眾臣一眼，開門見山地說：「眼下流寇猖獗，前鋒已渡黃河，余應桂督師，很不得力，眼看京師危急，有人建議朕南遷留都，各位以為如何？」

因建議是自己先提出來的，李明睿雖明知反對的很多，自己行將成為眾矢之的，但既然提出，便不能退縮了，於是，先出班磕頭奏道：「皇上聖明，據臣所知，目前以李自成為首的這股悍賊，十分猖獗，前鋒已於正月初三渡過黃河，朝廷守備空虛，兵餉兩缺，余應桂等督撫望風潰逃，三晉行將不守矣，若待流寇北上犯闕，豈不食臍無及？兵法上說，寧亡三城而悔，毋亡咸陽而悔。所以，臣敬請我皇上朕躬早斷，車駕暫避留都，待在江南站穩腳跟，然後再從容收拾未遲。」

李明睿說完，金之俊立刻站了出來——救亡圖存，就在此舉，他是早有此意，只是動作稍慢半拍，李明睿已著先鞭，眼下他只要看一下眾人的神色，傾耳聽一下眾人的耳語，便明白反對的居多，心想，這是最後一招了，此船過後再無舟，待流寇佔領山東，便要退也遲了，於是出班從容奏道：「據臣所知，眼下我軍擺在大同、宣府一線雖仍號稱百萬，但虛數居多，能戰者更是大打折扣，且敗兵孱將，朽甲鈍戈，無糧無餉，就如一堆散沙；以殘缺之師對氣焰方張之敵，掌兵者縱有魯陽揮戈之志，崆峒倚劍之雄，恐也摶沙乏術，無力回天。古人云：上智不處危以僥倖，中智能因危以為功，下智安於危以自亡。因此，臣以為時至今日，切不可心存僥倖，遷都之議，勢在必行。」

金之俊說完，曾應麟也馬上桴鼓相應，他認為縱不遷都，也應先遣太子南下監國。

有他們三人帶頭贊成，原來一些已看出這步棋卻有顧慮的，便也站出來說話了，好些人贊成遷都；而反對的卻在考慮，這就是形勢明擺著，若不遷都，你便要拿來出回天的手段來，可這些人卻只有嘴上功夫，既舞不動大刀，也指揮不了大軍，於是，只好搖頭嘆氣，不敢出聲。眼看就要成議，不想兵科都給事中光時亨突然出班，且出語驚人：「臣以為，主張遷都的都該一個個殺無赦！」

崇禎眼見主張遷都的佔了上風，正暗自得意，心想陳演老賊不願擔責任，有眾臣出面，朕便有交代了，不想半路殺出個程咬金，不由吃了一驚，望著光時亨，癡癡地說：「卿，卿何出此言？」

光時亨匍伏丹墀，雖煞有介事地顫抖著，卻言簡意賅：「皇上，今日之事，與安史之亂何異？太子監國，可是欲效唐肅宗故事乎？」

崇禎聞言，一下大夢初醒。

當年安祿山造反，唐玄宗倉皇奔蜀，兒子李亨乘機即位於靈武，是為肅宗。肅宗即了大位，玄宗便只能「蜀江水碧蜀山青，聖主朝朝暮暮情」了。眼下的崇禎皇爺經光時亨這麼一提醒，不由在心裡說：該死，朕只想到宮室壯麗，祖塋在茲，怎麼就沒有想到這事呢？朕四十歲不到，春秋鼎盛，可不能就當太上皇，況且太子還太嫩了些。

一時心潮起伏，坐立不安，眼睛狠狠地盯著李明睿與金之俊等遷都派，心想：李明睿眼下正伴讀東宮，金之俊與之往來密切，他們莫非在想擁立新君？想到此，便在心裡狠狠地罵道：真該死，你們原來另有所圖，虧光時亨提醒，要不，豈不跟著你們把自己賣了？

想到此，火氣又上來了，思想一下轉了一個大彎，乃揮手讓光時亨退下，卻把冷颼颼的目光，狠狠地盯著金之俊等人，連聲冷笑說：「哼，真是奇談怪論，紛紛出籠了，流寇尚在千里之外，這裡竟真的有人要逃，怪不得流寇說爾等為食肉紈絝，吃糠犬豚，這真是一言中的。試問爾等，我軍擺在宣大一線，尚有百萬之眾，數目確鑿，兵部有冊可查，大打折扣之說，從何說起？且明明都是百戰之師，又何所謂朽甲鈍戈，敗兵孱將？誠不知持此論者，是何居心？」

李明睿、金之俊等人一見皇上突然翻臉，不由大吃一驚，尤其是皇上那可怕的眼神，雄猜陰狠，刻薄寡恩，忙一齊匍伏丹墀，磕頭請罪。崇禎不理睬他們，音調卻明顯地高亢起來，似是向群臣慷慨激昂地演說：「今日藉此宣示內外臣工，朕上承祖宗之丕業，下臨億兆之臣民，十七年來，雖內憂外患，國運艱難，但朝乾夕惕，心中不敢稍有懈怠，且不說流寇上逆天意，必遭天譴，就是真的天意難回，朕也早已做了身殉社稷的準備，所以，凡動搖人心之議，不必再提，否則必遭重咎，到時莫謂朕言之不預也。」

既然皇帝話說到這種程度，做臣子的再說下去，就要掉腦袋了。於是，金之俊所謂的孤注一擲，終歸泡影——自年前議御駕親征，到今日議遷都，算是彎了一個大圈子後，又回到了原地。

慷慨激昂之後，冷眼瞅下面，臣子們似乎並未振奮，一個個呆頭呆腦地望著他，崇禎皇爺不由又洩氣了：都不能遷，寧遠的兵不能調，大話高調用在臣子身上也不起作用了，那麼，李自成能怕嗎？既然不遷都，便應速籌戰守，誰能出戰，以解朕憂？

他把兩班文武從左掃視到右，雖一個不漏，卻沒有一個起眼的，不由又想起這以前那一班督師和戰將——熊廷弼、袁崇煥、洪承疇、盧象升輩皆是運籌幃幄的帥才；祖大壽、曹文詔兄弟及猛如虎，虎大威等皆是百戰奇勳的大將，如今他們被殺的被殺，投降的投降，俘的俘，死的死，十餘年兵連禍結，內憂外患，國家元氣大傷，不但兵源枯竭，財源枯竭，相才、帥才更是寥寥。怪不得金之俊說，天下強兵勁卒，盡歸流寇，剩下的只是弱卒疲兵；滿朝文武，誰是那挑重擔者？長歎一聲，退朝退朝。

第二天，崇禎皇爺仍只能「徵詢輔臣」，陳演休致後，他對一班舊臣已十分不滿，決定改組內閣，乃下旨令工部尚書范景文、禮部侍郎丘瑜一同入閣，讓魏藻德任首輔。

「流寇若渡黃河，三晉危矣。余應桂等畏縮怯戰，朕已下旨將其撤職聽勘，眼下督師乏人，不知卿等以為誰可出任此職？」

面對已改組的內閣，崇禎口氣十分柔和，並用那柔軟溫馨的目光從左邊直望到右邊——去掉一個陳演，增加兩個新人，還頗有耳目一新之感。

魏藻德四十歲，中進士才四年，竟一步登天拜大學士，眼下又當上了首輔，召見時，望著跟在身後的次輔，無一不是白髮皤然、老氣橫秋的前輩，他真懷疑自己是不是在做夢。但舞龍頭固然榮耀，卻也有他的難處——原先跟在別人背後，想說便說，不想說可不出頭。眼下既為首輔，便要先有應對，不能裝聾作啞，處此兵凶戰危之地，自己不但不知兵，也沒親冒矢石的膽量，一聽召對，心裡便不由怦怦然，聽皇上發話，徵詢誰可任督師，誰可任督師呢？正猶猶豫豫著，不想身後的李建泰發話了。

這幾天李建泰心急如焚。流寇果然從河津渡河攻平陽，照這個速度，不出一月就可殺到他家門口。他家資豪富，不但良田萬頃，華屋千間，兼有老父老母在堂，一心想著保家衛國的他，此時終於權衡出輕重——保家衛國，「保家」可是放在前頭，若家鄉失陷，自己半生苦心經營便統統付於東流，但若想保家，除非自己領兵。主意打定，他不等魏藻德發言，先出班奏道：「國有大難，臣等豈敢不竭盡全力以紓主上之憂？年前臣有毀家紓難一說，臣家薄有資產，可資萬人數月糧餉，臣願盡散家財以佐軍用，並親提一旅之師西行討賊。」

崇禎一聽此說，不啻空谷足音，當下喜笑顏開，說：「若先生肯行，便如朕親行，朕願效古人故事，推轂親餞。」

其他閣員正不知所措，一聽李建泰敢接擔子，也一下輕鬆起來，都不由對他刮目相看，恭維話不知說了多少，就是首輔魏藻德，也低聲下氣，說了他不少好話。

接下來李建泰便提條件。崇禎先還在犯愁：人馬未動，糧草先行，若有人願出師，首先便會提出籌糧餉。不想李建泰竟說，散家財可資萬人數月之糧，這等於說他不會提糧草了，兩大難題，迎刃而解，這真是天大的喜事，李建泰簡直就是國家的柱石了，這以前自己怎麼就沒發現呢？真是只要不提錢，要什麼便答應什麼。

李建泰當下奏薦進士石嶐單騎走陝北，號召甘肅、寧夏之兵，外連羌族各部躡流寇的後路，又薦郭中傑為實授總兵督輔中軍，薦布衣羅天錦為行軍記室，並選定二十六日吉期出師。

這裡李建泰在下面說，崇禎皇爺就在御座上一一點頭，笑顏逐開，彷彿那滿天的陰霾一下散去了。

這天，崇禎皇爺御正陽門，行遣將禮。早在寅時，便命駙馬都尉萬煒刑烏牛、白馬，祭告太廟；卯時，崇禎皇爺御中極殿，親頒詔書及印綬；巳時，親御正陽門為李建泰餞行。此時旗幟鮮麗，金鼓齊鳴，法駕鹵薄自午門排至正陽門，文武百官一齊前來餞別，文東武西，列一十九席，御座居正中，陪侍的除勳臣貴戚外，內閣六部九卿及都察院掌印官，皆環列兩旁，鴻臚贊禮，御史糾儀。鼓樂聲中，崇禎皇爺親自斟酒三杯，說：「先生此去，如朕親臨。」

一邊的李建泰忙跪拜受賜。

禮畢，內監上前為李建泰掛紅簪花，鼓樂導尚方劍先行，李建泰匆匆告別，崇禎皇爺目送他的背影，直到消失……

返駕時，崇禎皇爺還在想著李建泰出師的事。這以前為剿賊，為禦侮，督師的大臣也派出好幾撥了，但這次他自認最隆重。他想，大明三百年基業，根深柢固，李自成算什麼東西？李建泰這一去，定能馬到成功。想到此，他不由默誦起嘉靖皇爺的御製詩：

大將南征膽氣豪，腰橫秋水雁翎刀。
風吹鼉鼓山河動，電閃旌旗日月高。
天上麒麟原有種，穴中螻蟻豈能逃。
太平待詔歸來日，朕與先生解戰袍。

他想，李建泰若奏凱回來，他是一定要為他「解戰袍」的。

可就在崇禎皇爺默誦這七律時，突然又起風了，大風從西北滾滾而至，揚沙撲面，送行的大臣紛紛閃避。金之俊與曾應麟也在迎行，見此大風，二人不由搖頭，心中說：這兆頭很是不好。

不想李建泰乘坐的轎子才出宣武門，那平日好好的轎槓又突然一下斷裂了，大轎一歪，差點把轎中人甩出來。

這一來，送行的百官也個個神色黯然……

二

大順皇帝

1 李岩執法

李自成終於進入太原城，並從容走進了晉王府。

早放棄抵抗的太原守軍已開往指定的地點聽候點編，晉王朱求桂被關進了晉王府的馬廄，就在城中仍人喊馬嘶、亂糟糟一片時，在眾將簇擁下，威風凜凜的大順皇帝已在晉王府巡視了。此刻，他用那隻獨眼打量著晉王府大殿上的陳設，又用那一雙長滿老繭的手，拍拍殿上的金漆盤龍大柱，問緊隨其後的天佑殿大學士牛金星說：「丞相，你是說，第一代晉王是朱元璋的第三子？」

牛金星連連點頭，籐長長，葉蔓蔓，說起了朱氏皇族譜系：朱元璋子孫蕃眾，達二十六子，僅高皇后馬氏就生有五子，太子朱標早死，皇太孫朱允炆的皇位被叔叔朱棣篡奪，長房朱標這一支沒有下梢；朱棣本來行四，先是被封在北京，號燕王，父親朱元璋死後，朱棣不甘心侄子做皇帝，乃發起所謂「靖難之役」，生生逼死了親侄子，自己做了二十一年皇帝，死後上尊號曰成祖；高皇后另三子分別封在長安、太原和開封，為秦王、晉王和周王，傳到眼下，秦、晉、周三王都已是第十代了。」

李自成一聽，心有所動，又問道：「那崇禎呢，他是第幾代？」

牛金星會意地一笑，說：「若從成祖算起，朱由檢恰好也是第十代。」

李自成的養子張鼐手扶佩劍立於一邊，聽到他們的對話後，忙與一邊的二品權將軍高一功說：「朱由檢也快要滅了，宋軍師的圖讖上說了，『十八子主神器』、『李代朱』，這是天意，所以，朱家傳十代自然要完。」

朱家傳十代就要完，眾人對這個話題都感興趣，牛金星於是又把姚廣孝為明成祖取派名的傳說講了一遍，眾人更是興味盎然——朱家失，李家得，咱們扶持闖王坐了天下，也就不枉弟兄們出生入死一場了。

就在眾人追著牛金星刨根問底時，高興之餘的李自成，卻因牛金星的話引發了聯想：朱元璋的子孫真不少啊，兒子便有二十六個，分封各地，親王、郡王，世襲罔替，根深柢固，就像道道藩籬，拱衛著朱氏朝廷，造反以來，被殺死的大小朱姓藩王都不知凡幾。可自己呢，年近四十，卻無子嗣，十五年來，頭枕刀把，懷抱死屍，出生入死，浴血苦戰，至於今日，應是九轉丹成了，今生今世，只有想不到的，沒有做不到的，而唯一不如人的地方，莫過於此，沒有子嗣，那又為誰辛苦？這些日子，從他身邊經過的美女也不少了，可一個個都肚子乾癟癟的，用磨石也壓不出一個響屁，他想，朱元璋不也是窮叫化出身麼，為什麼就能生出那麼多的兒子呢？

這時，侄子李錦走了進來，一邊向他拱手行禮，一邊向他報告說：「皇上，蔡懋德那小子是自殺的。」

蔡懋德是守太原的明朝巡撫。

「哦，你看清楚啦？」一聽對手死了，李自成不由有幾分失望。這個蔡懋德在駐防蒲州時，曾指揮那人數並不多的手下，在風陵關小挫他的大順軍，這是今年出師以來，第一次有人敢於阻遏他的馬蹄，他覺得不能放過這個狗官。

李錦見皇上有幾分不信，便繪聲繪色地向闖王談起了蔡懋德的死況，「他是在三立祠自縊的，陪他一起死的還有他的中軍應時盛，大概這小子因太瘦太輕，一時吊不死，這個應時盛只好脫下自己的盔甲覆在他身上，增加重量才使他斷氣。」

「他的家屬呢？」李自成又問。

「也一齊自殺了，包括他才十六歲的女兒。」這回是最先衝進巡撫衙門的三品左制將軍董學禮回答。

「唔，好。」李自成高興地揚了一下手，說，「便宜了這小子。」

二月初六圍太原，太原可是省城，城池高大堅固，原以為強攻可要費一番手腳，不想守將張雄竟事先通款，願做內應。初八日清晨，趁著大風揚沙天氣，劉宗敏按照張雄約定的地點，指揮部分大順軍從東南角爬城，首先攻入城內，張雄接著便大開四門，大順軍一擁而入。什麼省城，才兩天，便遍插大順軍旗，在風陵關尚死傷了好幾百人，堂堂省城，卻沒有傷亡一兵一卒。

巡撫死了，對頭沒了，終於，李自成想到了張榜安民的事，忙問道：「劉大將軍呢，他可在安排善後？」

「劉大將軍」是指二品權將軍、汝侯劉宗敏，他是僅次於闖王的二號人物。

李自成自認大順朝是水德興王，所以，他在去年大封功臣時，一口氣封九人為侯，爵號都是偏旁帶水的字，像劉宗敏封的是汝侯，侄子李錦封的是滋侯，那個留守長安的田見秀封的是澤侯——一個個無不水泱泱的。自去年孫傳庭敗亡，大順軍進入長安，李自成自認勝券在握，便天天與牛金星待在一起，商量籌建大順朝的大事，有關軍事則一統交與劉宗敏全權指揮，並讓侄子李錦、妻侄高一功及正副軍師一邊贊畫。此番拿下太原城既然十分順利，並未大動殺伐，那麼進城之後應該早早封刀安民，不然有可能妄殺無辜。

一言未了，只見劉宗敏大步從外面進來，身後跟了一大幫親兵，見了皇上也不行禮，卻氣呼呼地說：「娘的，這仗打不下去了。」

李自成吃了一驚，進入太原省城如此順暢，幾乎是兵不血刃，高興還來不及，劉宗敏怎麼說仗打不下去了呢？想起他一貫喳喳呼呼的作風，今日肯定是哪事未能盡如他意，於是，上前笑嘻嘻地拍著他的肚子，說：「好你個劉鐵匠，今天不是才開爐嗎，這風箱裡的氣鼓得真足啊，怎麼打不下去了？」

劉宗敏本是鐵匠出身，但眼下卻已是二品權將軍，所以，他這鐵匠只有李自成能叫，別人是不敢叫的，眾人聽皇上叫鐵匠，都呵呵大笑起來，劉宗敏見眾人都在望他笑，雖不好發脾氣，卻一屁股坐在李自成開先坐的椅子上，手按佩劍，白了李自成一眼，話語中仍帶氣地說：「李岩那小八蠟子真不是玩意兒，給他個棒槌就認真（針）。」

李自成見自己的位子被他佔了，只好又尋把椅子坐下，並詫異地說：「怎麼，副軍師得罪你啦？怎麼會呢，李任之可是個有分寸的人，自從出任行軍監督，辦事一絲不苟，朕正想嘉獎他呢。」

不想劉宗敏卻仍氣嘟嘟地打斷他的話說：「哼，一絲不苟，也要看人下菜碟兒，要是那班降官降將——」

他正要再說下去，李自成卻在向他使眼色，回頭一望，只見李自成身後左右，正站著一班文臣，像喻上猷、陸之祺、顧君恩輩，都是新降的明朝官員，自己出言不慎，有可能傷人一大片，只好把要說的話嚥下去，卻把頭一偏，在一旁生悶氣。

這樣，李自成仍不明究竟，好在劉宗敏背後還有好幾個親兵，有個叫劉義的親兵是劉宗敏的侄子，任親兵隊長，李自成便問劉義，劉義於是吞吞吐吐，把事情經過說了一遍——原來今日攻太原，雖說那個守將張雄事先通款，但在未得手時，劉宗敏仍做了強攻的布置，不想在發起總攻時，戰鼓擂起，全軍出擊，單單西關的郝搖旗部偃旗息鼓，無動於衷，喊了半天，才勉強站隊出來，哪像打仗的樣子，若不是張雄出降得快，把城門打開放大順軍進入，晉王朱求桂有可能從西城逃脫。

李自成聽得滿頭霧水，忙問道：「搖旗平日打仗是最勇敢的，生怕頭功讓別人搶去了，這回是怎麼搞的呢，難道都睡死啦？」

劉宗敏說：「能怪搖旗嗎，李岩昨天把他的親外甥給斬了，人家可是三房單傳，萬畝良田一根苗，不是自己的親弟弟拍胸脯保證，哪會把個寶貝兒子送來吃糧呢？平時上陣打仗搖旗都是帶在身邊的，眼下讓搖旗如何向親姐姐交代？」

李自成這才稍稍弄清了來龍去脈，於是說：「李岩殺他外甥總是有罪才殺，再說，難道搖旗沒有出來說情？」

劉宗敏說著說著，氣又上來了，他鼓了李自成一眼說：「能不講情嗎，可李岩就是要殺，還說什麼王子犯法與庶民同罪，人家手上有你賜的尚方寶劍，誰能奈何他？」

原來從長安出發時，李自成為嚴肅軍紀，曾特地令李岩為行軍監督，凡士兵有違反軍紀的地方，他可不待上報，就地處治，嚴重的殺無赦。李岩為三品制將軍，任副軍師之職，眼下皇上任他為監督，又賦以特權，等於賜了他尚方寶劍，有先斬後奏之權，李岩自擔任此職後，認真執法，半點也不敢懈怠，不論行軍或紮營，他總和夫人紅娘子一道，去各營地巡視，看不慣的便毫不客氣地指出來。因是皇上特許，眾軍士都有些怕他，所以，這一路之上，三軍肅然，於百姓秋毫無犯。

不想弦繃緊了，終有鬆時，過了黃河後，各路大軍分頭行動，李岩未免鞭長莫及，軍紀漸漸散漫了，就是那些帶兵大員，也把個條例看成了捆綁自己手腳的繩索，暗中竟然放縱士兵，到了太原城下，右營駐在西關，西關本來很繁榮，因聽說大順軍一路秋毫無犯，所以很多人家並沒有撤進城，不想傳言失真，大順軍中竟然也有人公開搶掠，有些人還乘亂溜進民房強姦，一秀才家的閨女有幾分姿色，因不堪受辱，竟在被姦後上吊自殺，這事恰好被李岩知道了，於是，帶著執法的親兵小隊，將那個為頭的小頭目抓起，當場砍頭示眾，可這個小頭目卻是右營大將郝搖旗的親外甥，所以，郝搖旗一下就火了，就是他的左右，也認為李岩太不講情面，於是，一個個縮在營內，攻城時竟然沒有一人出來應戰。

李自成聽完此事經過，臉色鐵青，呼吸也急促起來，半天也沒作聲。

牛金星在一邊看到這情形，字斟句酌地說：「軍紀的確不能鬆懈，不過，也不能過份，什麼王子犯法與庶民同罪呢，那是唱戲的想當然、信口噴，你幾時見歷史上有皇子犯法被殺了頭的？所謂刑不上大夫，古往今來，律例條條，有議親議貴一說，就沒有一視同仁四字。」

牛金星此言一出，眾人立刻有了反映，高一功、李錦等人都想發言，李自成把這情形看在眼中，心想，這一說開去，必扯上一些不相干的話，這是不宜讓這班明朝的降官降將們聽的，忙制止說：「丞相，算了，這事就此打住，不要再提，晚上還要開會呢，大將軍還要布置軍事，不要為這破事掃了大家的興。」

說著，便主動扯些別的事，引開了話題……

2 防範於未然

雖然有人對李岩的執法不滿，但有皇上擋在前頭，也就無可奈何，所以，晚上的會議上，沒有人再提郝搖旗外甥被殺的事，就是郝搖旗本人，也只黑著臉，懶洋洋的，嘴中沒有露出半點不滿的話語。

散會之後，眾人大多離去，李岩正跟在軍師宋獻策的身後，從容往外走，不想才挪步，卻見皇上在向他使眼色，他知皇上還有事，便留了下來。這時，只見劉宗敏、高一功、李錦在牛金星的帶領下，穿過迴廊，往王府的後花園去了，自己卻被皇上領著，來到邊上一間小屋子裡。

這裡是原晉王的密室，布置得很精美，一間小木匠，兩排座椅，李自成上匠坐下後，卻把李岩讓在對面坐了，然後喚著李岩的表字道：「任之，怎麼你把搖旗的外甥給殺了？」

李岩也估計到了，皇上將他留下來是問這事，他自認沒錯，所以胸懷坦蕩，老老實實地回答說：「是的，他那外甥太出格了，竟然在大白天強姦民女，生生把人家一個未出閣的小姐逼得上了吊，這樣的人不殺，還有什麼人殺得？」

李自成點點頭，說：「殺得好，不要說是白天強姦，就是晚上也不行的，這班驕兵悍將，不下狠手殺他幾個，這兵就沒法帶了。」

李岩見皇上這麼說，本還有幾分忐忑的心便完全平靜了，他說：「皇上，剛才會上因是聽汝侯布置軍事，臣不能插嘴，臣可是有一肚子話想說呢。」

李自成忙說：「朕知道你有話要說，所以把你留下來，到底是什麼話呢，你說吧。」

李岩說：「自出兵以來，皇上任臣為行軍監督，臣膺此重命，不敢稍懈，但數十萬大軍，委臣一人，有時難免鞭長莫及。尤其是隨著我軍節節勝利，有些人認為江山可唾手而得了，自然而然產生了驕氣，因此紀律鬆弛了，名利心也產生了，這樣下去，只怕會要影響士氣。」

李自成耐心傾聽，聽到這裡，乃矜持地說：「據朕看來，昨天這事畢竟是少數人所為，也不能因此就說全軍紀律鬆弛。」

李岩不由歎了一口氣說：「皇上，要說全軍紀律鬆弛倒未見得，不過有許多徵兆，可是懈怠不得的。」

李自成不由詫異地問道：「究竟有什麼徵兆呢？」

李岩說：「就說行軍吧，這以前，弟兄們都是吃的在口裡，穿的在身上，所以打起仗來輕身快馬，既不想前頭，也不顧後頭，一個勁往前面衝。眼下呢，皇上只要稍稍留神便可發現，行軍時，騎兵差不多都有一兩個馬褡子，步兵肩上也多了一挑行李，且常發生財物不清的糾葛，甚至爭吵不休，大打出手；宿營時，以前都是官兵睡在一起，這樣便於約束，就是遇到緊急情況，也便於處理，可眼下呢，當官的往往另有住處，就是嫖妓宿娼的也不鮮見；吃呢，原來是有什麼吃什麼，就是雜糧野草也不嫌棄，眼下卻白麵乾饃，吃不了隨手一扔。將軍們也不像原先那樣聽號令了，像今天，郝搖旗竟然公開違反紀律，坐視眾人發起總攻，居然按兵不動，不就是因外甥被殺嗎？這事一半是本人罪有應得，一半也是他治軍不嚴，皇上應予追究，哪怕他百戰奇勳，也不能姑息，不然，到了北京城，那可是花花世界，這班人更會把持不定。所以，微臣對此深有憂慮，長此下去，只怕就是打下了江山，也會丟失了民心。」

李岩說的雖是大順軍衣食住行的細微末節，可從中確能發現端倪，小中見大，李自成聽得連連點頭。但待李岩說完，李自成卻不置可否，好半天才說：「任之將軍，你說的都是對的，從今天你說的幾件事看，足見你是個有心人，李錦和高一功都太粗疏，哪能及你。不過，紀律的事雖然要管，但衣食住行畢竟事小，能放過就放過，你這個行軍監督要多管大事，特別是那班降官降將，還有那些自恃功高的人，要防他們三心二意，背著朕結黨營私，你是個斯文人，他們或許不防你，你又鐵面無私敢管，對朕又忠心耿耿，這都是朕最看重你的地方，所以，將這差事派與你。人多事煩，一人管不下時，不如把你的親兵也派出去，不夠朕還可給你派人，讓他們下到各軍各營，凡一言一行，你都留神記著，隨時奏報到朕這裡，由朕處置。」

李岩聞言不由一怔，監視個別將軍們與嚴肅全軍紀律是兩回事，自己的進言是指後者，沒想到皇上會錯意了，還在猶豫時，李自成便低聲和他談起了自己的憂慮——他們眼下這支隊伍十分龐雜，來源不外乎三種，核心部分是隨他起義的陝西老弟兄，這班人追隨他最早，也最鐵心，但中間有個別人自恃功高，有野心；另一部分是各路義軍，見闖王勢大，前來合股的，這班人在他李闖王走順風時便來歸順，若一旦失勢，便會捲舖蓋走人，有的甚至聽調不聽宣，隨時想另立山頭，像去年被他殺掉的賀一龍、羅汝才便是；還有一部分則是官軍投誠過來的，這班人也要防他們與官府藕斷絲連，甚至暗通消息。針對這三種人，李自成讓李岩分別掌握情況，暗中防範，又說：「任之，朕這可是把你當心腹人，你可不要辜負了朕對你的一片期望啊。」

李岩聽皇上如此一說，一下真不知如何回答。

李岩一走，李自成精神復振，忙尋到後面來，這時牛金星、劉宗敏及李錦、高一功正在花廳等他，一見皇上進來，眾人忙一齊站了起來，只有劉宗敏還呆呆地坐著，他朝窗外看了一眼，疑疑惑惑地說：「皇上，你和那個小八蠟子都說些什麼呢，我都等不及了。」

劉宗敏口中雖稱「皇上」，卻又自稱「我」，李自成雖怔了一下，但仍笑呵呵地說：「沒什麼，無非是安慰幾句，那事他沒有錯，雖是搖旗的外甥，畢竟是個小兵嘛，有什麼殺不得的，可你們都是那個態度，難保他心裡不有疙瘩，今後你們要和他親熱，可不許生分。」

高一功嘴一癟，說：「人家是讀書人，開口閉口，孔夫子的卵——文謅謅的，我們和他尿不到一處，丞相，我可不是說你啊。」

牛金星寬厚地連連點頭，表示不計較。劉宗敏卻不以為然，他與郝搖旗是出死入生的好友，眼下仍惦記著搖旗外甥被殺的事，開先因有外人在場，他有顧忌，這裡幾人都是皇上心腹，說說無妨，於是頭一擺，忿忿地說：「他要曬文章、掉書袋不關我卵事，可不要太狂，不要自恃有皇上特許，便見人頭上三巴掌，上管到玉皇大帝，下管及五殿閻王，弄得大家都畏首畏尾、縮手縮腳，就是上陣打仗也不敢放開手腳，生怕又犯了哪條，那怎麼成呢？」

李錦早有話要說了，此時忙附和說：「此人我很不待見，尤其是在年初時，他不該夥通宋矮子出面阻撓大計。」

李自成見劉宗敏和李錦都這樣說，忙瞥了李錦一眼，示意他不要火上加油，又反過來寬慰劉宗敏說：「你犯不著再生氣，他頂多也只是管一管無名小卒，那班騷特子兵管一管也好，不然到了北京會翻天。但他有些杞人憂天，說什麼就是打下了江山，也會丟失民心，這樣的話朕就不會信他的。」

牛金星搖頭說：「這的確是杞人憂天，據臣看來，李任之和宋矮子都過於穩重，未免畏首畏尾，看不清時局，尤其是任之，還有幾分書氣。就說年初北伐之爭，自潼關一戰，崇禎的老本都已輸光了，北伐燕都，正其時也，所謂天予不取，反受其殃。他二人卻認為還不是時候，還不是時候，要到何年何月才是時候呢？」

去年拿下長安後，闖王聚集眾文武商議下一步行動，多數人都主張乘勝出兵，直取北京，劉宗敏、李錦二人更是極力鼓吹，認為擒賊先擒王，只有直搗黃龍，掃穴擒渠，才能速定大局。但宋獻策和李岩都持反對意見，他們認為明朝三百年基業，就像一棵大樹，樹幹雖被蛀空，但底下仍盤根錯節，若要徹底清除，必以關中為根據地，穩紮穩打，經營河洛，養蓄元氣，一步步控制三晉、兩河及山東，待藩籬清除，漕運切斷，北京必成空中樓閣，我軍到時從容北伐，北京可不戰自亂。此議當時被大多數人所否決，他們多是陝北人，是追隨李自成多年的親信將領，這些年吃的苦太多，遭的罪不少，自己再不出頭還要等到幾時呢？所以他們恨不得馬上就進入北京，好當開國元勳，過封侯拜相的癮，李自成更是雄心勃勃，恨不得一步就殺到北京，於是，沒有採納正副軍師的意見，眼下牛金星舊事重提，李錦馬上說：「眼下我們已出兵了，且一路勢如破竹，李任之還在堅持過去的主張，這不是太固執嗎？」

劉宗敏更是嗤之以鼻，他說：「算了算了，事情已屬過去，再翻出來有什麼意思？書生之見，不值一提。當務之急是迅速進兵，等拿下了北京城，看他還有何話說。」

李自成連連點頭，說：「不過，書呆子有書呆子的用處，要不是他編了那些歌教百姓唱，什麼

『開了大門迎闖王』，能有這麼多的百姓來投軍嗎？這叫做張子房悲歌散楚，作用大著呢，憑你們這班人肚子裡那點墨水，只怕想斷腸子也想不出，你們可不要小看了他。」

李錦、高一功等人，本還要取笑李岩幾句的，見皇上這樣說，便把想說的話嚥下去了。於是君臣五人，東扯葫蘆西扯瓢，就晉王府的規模談了一些看法——這裡雖不比長安的秦王府、洛陽的福王府，卻勝開封的周王府多多，可惜的是城一破，晉王雖被俘，王府裡的女眷卻都自殺了。

這時，劉宗敏伸了一個懶腰，向四處睃了一眼，說：「丞相，你要我們留下來，可是有什麼好處給我們？」

牛金星向劉宗敏眨了眨眼睛，裝佯說：「什麼好處呢，我已吩咐下面，把宵夜開到這裡來，我們再喝它幾盅？」

劉宗敏打個飽嗝說：「得了吧，我的晚飯還在喉嚨裡，一飽百不思。」

牛金星說：「這麼說，大將軍是什麼東西都不想了？」

劉宗敏眼睛緊緊地盯著牛金星，說：「你別耍滑頭，我是說吃的不想，卻沒說不想玩的。」

李錦和高一功也說玩玩不妨。

李自成明白他們說的是什麼，想起剛才說到晉王府女眷都自殺的事，於是說：「劉鐵匠你真是老馬不死劣性在，回去回去，統統回去，這晉王府的女人都盡節了，屋子裡到處空空如也，你們也不要有什麼指望了。」

牛金星卻搖搖頭說：「也不盡然。」

劉宗敏不由眼睛一亮，說：「我就猜到你留了一手。」

牛金星詭祕地一笑，說：「大軍進城時，是臣先派人將晉王府守護起來，府庫封存，後宮更是不准閒雜人員出入。常言道：螻蟻尚且偷生，人豈能不畏死。那一班妃嬪們有幾個是真正的節烈女子？就連晉王這老雜毛也不願死哩。」

李錦和高一功一聽，不由也高興起來，高一功狠狠地在牛金星肩上拍了一巴掌，說：「好啊，原來你還先存了這念頭。快說，你把她們藏到哪裡了？」

李錦不由四處張望著，說：「是嘛，我說這晉王的宮眷們哪有死盡死絕的道理呢。」

牛金星見大將軍高興，不由樂了。乃笑嘻嘻地說：「其實，臣只是為了保護眾將，試想，這班人一個個都是紅眼睛的騷特子似的，有見了黃金白銀不動心的，可沒有見了美女也不動心的，萬一他們按捺不住，且不是又要犯紀律嗎？所以臣先將這些稀奇物事藏起來，不曾想就是這樣防之又防，結果還是有人犯了紀律，惹得皇上不高興。」

李錦和高一功卻按捺不住了，連連催促說：「得了得了，先不要表功了，是騾子是馬，先牽出來遛遛。」

牛金星於是走出去，向站在遠處廊下的一個黑影招了招手，那人是晉王府的總管太監，牛金星早和他打過招呼了，他就一直在等候命令，眼下得令，忙走了上來，低頭向牛金星請安，牛金星向他揮了揮手，說：「帶她們上來。」

太監低聲應了一句，急匆匆提著燈籠走了出去。一會兒，只見他的身後，黑呼呼跟了約十來名婀婀婷婷的女子，走近來才看清，原來個個花容月貌，牛金星將她們帶到裡間，並排站在李自成和劉宗敏的面前，李自成和劉宗敏霎時只覺眼前一亮，頭也有些暈暈乎乎的了。

李自成心想，怪不得這麼晚了，他們還不肯離去，原來還有這樣的好事，不由皺眉望著牛金星道：「她們是晉王的妃嬪？」

牛金星知道此話的用意，忙回奏道：「皇上，她們不是妃嬪，是晉王府樂班中的女子，那狗王好音樂，宮中有樂班，都是從民間選來的幼女，由師傅調教出來，日日奏樂獻舞，供那狗王享受的。」

李自成尚在猶豫，劉宗敏連連說：「唔，確實不假，臣一眼就可看出，這些女子都還是大姑娘。」

說著，便讓李自成先挑，見李自成在猶豫，便一邊出主意，且指著一個穿紫色裙子和一個穿淡綠裙子的宮女說：「臣看這個不錯，還有那個也可以的。」

李自成猶豫半晌，終於站起身說：「你們去玩吧，朕沒有興致。」

說著，便起身往自己的寢宮走去。牛金星追上來，低聲說：「皇上，臣看那個綠衣女子生就一副宜男之相，眼下儲位尚虛，是否——」

站在陰影中的李自成朝那邊看了一眼，不由皺了皺眉，並用埋怨的口吻說：「這成何體統？」

說著，也不管牛金星怔在那裡，便頭也不回地走了。

劉宗敏卻不管這些，皇上走後，更肆無忌憚了，於是，那兩個推薦給李自成的女子，便歸了劉宗敏，劉宗敏左擁右抱，見李錦和高一功還愣著，便說：「皇上是只愛江山不愛美人，你們還愣著幹嘛，又不是一匹騸馬。」

高一功望著遠去的皇上，勉強說：「不急，遠看婆娘近看豬，待我再仔細瞧瞧。」

劉宗敏「嗤」了一聲說：「這又不是挑媳婦，只是臨時解個饞應個急的，這麼仔細幹什麼？來，我給你們指，指剩的還給老牛。」

說著，這個那個，一下就給李錦挑了兩個，給高一功挑了一雙，其餘的讓牛金星帶下去。

3 天之高，地之厚

李岩從晉王府出來，宋獻策仍在外面等他，因軍師府設在太原北邊的陽曲縣衙，距此不遠，二人都沒有騎馬，就這麼走回去。早春二月，悠悠的月光照著寒噤噤的大地，四周一片銀色，大街上靜悄悄的，只有巡邏的士兵雜沓的腳步聲，間或伴有從小巷深處傳來的嬰兒的啼哭聲。

「任之，你好像有些不樂？」走了大約好幾丈遠了，宋獻策回頭望望燈火輝煌的晉王府，見李岩像有心事，又說，「皇上將你單獨留下，還是為了那事嗎？」

李岩欲言又止，吞吞吐吐地說：「又是又不是。」

四年前，闖王李自成率隊伍進入河南，時在江湖賣卜的宋獻策也加入了大順軍隊伍。渾名「宋矮子」的宋獻策不但面目奇醜，且身材矮小，除了識幾個字，會奇門遁甲，能為人算八字、測流年外，一無所長，手無縛雞之力，既提不動刀槍，也上不得戰陣，但俗話說得好：兔子靠嘴狼靠牙，各有各的謀生法——時天下大亂，各種流言蜚語蜂起，什麼推背圖、燒餅歌，應有盡有，上面都是假託袁天罡、李淳風的名字，預測後事，說誰人當出，有多少年天下，眾人都有些信，又不全信。宋獻策不知從哪裡也弄來一卷古書，雖然紙張已發黃，周邊也很破舊，但上面卻有很多畫頁，畫下還配有詩句，巧的是其中有一幅畫，上面畫的是一隻肥豬，被一個壯漢一箭射中，嚎叫著倒地身亡。宋獻策將這畫冊獻與李自成，並於一邊煞有介事地介紹說，這肥豬就是指當今的崇禎皇帝朱由檢，因為豬朱諧音，而這壯漢分明就指李闖王，因為詩上說：紅顏老，李繼朱；十八子，主神器。紅顏不就是影射一個朱字麼？而「十八子」不就是一個李字麼？看來，您上應天命，是真龍天子臨世。

李自成得此圖讖不由大喜，消息傳開後，將士們無不歡欣鼓舞，都認為事有前定，闖王當有天下無疑。李自成當即封宋獻策為軍師，與他暢談古今，縱論天下大勢，每日不離左右，就是軍國大事，也無不與宋軍師商量。

宋獻策與李岩為莫逆，李岩後來加入大順軍，實賴宋獻策的推介，眼下雖為正副軍師，關係卻不只是一般的同僚，今晚李岩被皇上留下談話，宋獻策估計是為了軍紀的事，便留下等李岩，想對他進行一番告誡，見李岩心事沉沉，便諄諄言道：「任之，年初山人便說了，讓你擔任這個使命，皇上雖然期望殷殷，你卻不可操之過急，得慢慢勸誘，須知這班將軍們以前打家劫舍，大碗吃酒肉、大秤分金銀，早已養成了這性格，尤其是劉大將軍，他一向作風粗疏，哪能由你驟然給他上個籠頭？就是他在皇上面前那口吻，論起來無人臣之禮，但他們本是共患難的朋友，平時就稱兄道弟慣了，一時改不了，皇上不是也要忍耐嗎？」

李岩搖搖頭說：「你不說我也有這看法，劉大將軍怎麼能這樣呢，皇上早已稱帝，打下北京，便要正式行登基大典，難道金殿之上，也這麼你我相稱？」

宋獻策微笑著說：「這就要看皇上的涵養功夫了，嚴子陵加足於帝腹，不是傳為千古佳話嗎？

你看皇上可有當年漢光武那胸懷？」

李岩沉吟半晌，吞吞吐吐地說：「這個可不好說，今晚他交代我一件事，我就一直猜不出他的真意呢。」

宋獻策見他神色不對，忙追問道：「交代你什麼事？」

李岩雖猶猶豫豫，但還是把皇上給他的新使命說了出來。宋獻策一聽，不由微笑，說：「古人說得好，天之高，地之厚，君王之心摸不透。且不說他這麼安排有什麼不妥，至少從今往後，你我事君，可要謹慎為上。」

面對好友的勸諫，李岩口裡雖沒說什麼，心裡卻不以為然。

回到自己的住處，夫人紅娘子早迎了上來。此番大順軍北上，所有眷屬包括皇后高桂英，全留在長安，只有紅娘子是個例外，這是因為紅娘子雖是女流，卻也統兵。眼下紅娘子一直在等他，眼下忙令小卒提來熱水讓他洗腳，又關切地說：「吃點東西吧？」

他搖搖頭說：「沒味口。」

可紅娘子還是從後面端來一碗刀削麵，這是他最愛吃的食物。盛情難卻，他只好一手接了，一邊泡腳，一邊慢慢地吃麵。

「那個事你辦了沒有？」李岩才吃了幾口，猛然想起什麼，不由問。

紅娘子連連點頭說：「早安排好了。我讓人在東關的棺材鋪裡買了四口白木棺，又親自帶人動手，把他和夫人、孩子一起裝殮好了，再派人抬到城外，選了一處風景好的地方安葬好了，還為他立了一塊木牌呢。」

李岩點頭，不由又微微歎了一口氣。

他們說的是已自殺的山西巡撫蔡懋德。此人是萬曆二十七年中的進士，與李岩的父親李精白有師生名份，這以前在北京是常有來往的，眼下處在兩個對立陣營，蔡懋德因不願投降大順朝，落下滅門慘禍，且暴屍當衢，雖說各為其主，但李岩看著不忍，乃吩咐紅娘子將他一家掩埋。

紅娘子說「我聽人說，這個巡撫還是個清官，只是脾氣太倔。」

李岩說：「沒錯，據我所知，此番他手下兵糧兩缺，可崇禎卻怪他不守黃河，傳旨將他撤職查辦，這回大軍來了，他本可藉此一走了之，可他卻認為後任沒來，不能就這麼走，唉，這就是讀書人的執著。」

丈夫如此一說，紅娘子的語氣也沉重起來，竟也歎了一口氣說：「最可憐的還是那女孩兒，才十六歲，不明不白的，跟著就上了吊。」

李岩想起近來紀律的敗壞，大順軍對不投降的官員及其家屬的懲罰，不由說：「她不死，你認為會有她的好果子吃？」

紅娘子是何等精明之人，立刻明白了他的意思，忙說：「這也不能強迫嘛，雖說她父親是明朝的官，可已經死了，生前為敵國，死後不尋仇，關她一個年輕姑娘家什麼事？」

李岩說：「有些話也跟你說不清，總之，她死了的好，一了百了，不然父母都不在了，一個人活著有什麼意思？」

說著，幾口把麵吃完，又把腳也洗完，趿著鞋子，一步步往床邊移。

紅娘子忙上來把水給他倒了，為他脫衣，安排上床，借著燭光，她發現丈夫的臉色不太好，以為他是因殺郝搖旗外甥的事，便問道：「皇上對你殺搖旗的人怎麼看？」

李岩搖搖頭，輕描淡寫地說：「皇上認為殺得好。」

紅娘子不由放了心，說：「這就是嘛，皇上是窮苦人出身，打天下就是為了窮苦人，怎麼能容忍殘害百姓的事呢。眼下大家都在唱開了大門迎闖王，闖王的兵若亂來，百姓不失望死？」

可李岩卻不再說什麼了，紅娘子不知他為何生悶氣，也不作聲，只上來把床前的蠟燭吹滅了。

直到身邊的紅娘子響起了輕微的鼾聲，李岩還不曾入睡，一些往事不時湧上心頭——自從魏忠賢伏誅，身為吏部尚書的父親名列逆案，他這個舉人便絕了仕進之想了，所謂苟全性命於亂世，不求聞達於諸侯，但處此亂世，人心險惡，個人又何能苟全？有時，你不找他他會找你。

就因為地方遭災，他不忍心看著餓殍遍野，將自家倉裡的陳穀子拿出來散給窮人，不料卻被同里富紳嫉妒，說他「有心市恩，圖謀不軌」。將此八個字告到官裡，他終於吃不消了，因為他一向傲上，府縣對這名在籍舉人早已另眼相看，於是，濁世佳公子，鋃鐺階下囚，虧紅娘子率眾打入大牢，才將他救出。

出身繩妓的紅娘子，可謂慕李公子之大名久矣，這以前仰望如天人，眼下居然可談婚論嫁了；他對她雖充滿了感激之情，但就是嫌她這出身，他也是有妻室的人，且夫妻感情深厚，可不能停妻再娶。

鋒鍔之下，何去何從？妻子出身名宦之家，雖認為丈夫沒有錯，卻不願丈夫冒反叛之名，更何況還有這個紅娘子？勸說不從，她終於自己做出了斷了——僅給他留下一首絕命詩：

三千銀界月華明，控鶴從容上玉京。
夫婿背儂如意願，悔將後約訂來生。

讀罷妻子的絕命詩，他不由大慟。

後來，紅娘子和他帶著一撥人終於投了闖王。從此，三尺儒冠，一介書生，成了世人心目中的反賊。平日恂恂如也，談經而滿座春風；今日嘯聚山林，殺人而血流漂杵。

他永遠忘不了初見闖王的那個夜晚。

那時，他和紅娘子帶著上萬人馬，前有土豪團練，後有官府追兵，他們轉戰千里，斬關奪隘，終於晤闖王於豫西。

那天，在新安附近，他和紅娘子好不容易殺退了河南巡撫派來的追兵，看看天色已晚，他下令在一處山崗紮營，並埋鍋造飯，就在這時，派出的哨探前來報告，說前面出現了一支隊伍。他聞訊大吃一驚，心想，如果是官軍可就麻煩了，戰士們經過一天苦戰，筋疲力竭，眼下腹中空空，豈能再戰？他正要籌畫應付之方，不想就在這時，前一天派出的親信李健興沖沖地進來了。

李健這以前是他的心腹家奴，他被迫造反後，曾分別遣散家人，李健卻不肯離開他，依然追隨左右，此番他和紅娘子決心投李自成，聽說闖字大旗已出現在豫陝交界地帶，乃派李健扮成商人，去西邊尋找李自成的隊伍，眼下他一見李健，知他一定打探到了不少消息，不由高興，乃迫不及待地問道：「你可找到了闖王？」

不想李健笑容可掬地指著緊跟在後的一個青年對他說：「老爺，您看，這不是嗎？」

李岩大吃一驚，忙說：「什麼，他，他，他就是闖王？」

李健這才知自己因興奮，話沒有說清，忙糾正說：「不，老爺，奴才是說，這位是闖王的義子張鼐，張大將軍。」

李岩為了了解李自成，已找不少人打聽過李自成的情況了，自然也聽說過張鼐，眼下一聽眼前這個神采奕奕的青年將軍就是張鼐，不由大喜過望，乃上前行禮，並說：「張將軍，真是怠慢了。」

張鼐見了李岩和紅娘子，並無半點倨傲之意，忙拱手行禮道：「任之將軍，紅帥，家父久聞二位大名，特令末將前來聯絡，以期共同對付官軍，不想正好相遇，真是太巧了。」

當下二人攜手進入大帳說話。直到這時，李岩才知闖王已到了澠池，而前面那一支人馬正是張鼐帶的隊伍。

當下兩軍聯歡，第二天，李岩、紅娘子和張鼐一同去見闖王。

得知李岩前來投奔的消息，李自成親迎他們於三十里之外，並大開筵席，為他接風，當天夜裡，李自成留李岩於大營，和他徹夜長談，望著有些拘謹的李岩，李自成像見了老熟人，推心置腹，毫無保留：「任之，這些年我走南闖北，只用說書人的一句話便可概括，這就是四不擇，你知道什麼是四不擇嗎？」

問得李岩一頭霧水，連連搖頭。李自成卻用頗帶誇張的口吻說：「我是泥腳桿子，平日戲都看得少，但評書卻聽得多，說評書的常掛在嘴邊的一句就是：饑不擇食，寒不擇衣，荒不擇路，貧不擇妻——我當時不正是這樣嗎，受官府逼迫，既饑不擇食，也荒不擇路，不造反便只有死路一條。」

原來如此，要說被迫造反，這也正是李岩的真實寫照，不由連連點頭。不想李自成接著又說：「俗話說：三天能餓出一個賊來。這話一點也不假，我這個賊，便是餓出來的，你信不？」

李岩覺得點頭不便，搖頭也不好。可李自成毫無愧疚，竟侃侃而談：「說來慚愧，我出身貧寒，長到二十歲時，尚未穿過一件未打過補丁的衣；到下決心豎桿子造反前，未吃過一頓飽飯，這事你可能又不信。」

森嚴的中軍大帳，巨燭高燒，除了遠遠的梆聲，便是李自成那洪鐘般的談笑聲，接下來，李自成便自述身世：

他以前給人扛長工，不想紳糧家都吝嗇，每天才管兩頓飯，一乾一稀，且數量有限。他們幾個長工，除了為頭的，其餘幾個都不能飽，他個頭高，消化快，別人是半饑半飽，他卻要差一大截，每天餓得兩眼發花，心裡想的總是有朝一日，遇上一個好人，能管一頓飽飯。有一回，在東家的廚房吃飯，別的長工都吃完了自己一份，散去了，他卻仍腹中空空，在院中轉圈圈，這時，東家親自來餵他的心愛的小貓咪了。他一身肥肉，腆著大肚子，一邊用筷子攪動著手中那貓飯缽，一邊學著貓咪的叫聲，召喚那一身純白的小畜牲，可叫了半天，就是不見，於是他將貓飯放在一邊，自個去遛彎了，李自成見了那碗貓飯，喉間響起了吞口水的咕嘟聲，竟趁著東家不在，端起那碗貓飯，只三口便舔個精光。

後來，他又當過驛卒，投過軍，都不曾痛快地吃一頓飽飯，因為當官的總是想著自己，就是驛丞或哨長這樣的小官，也有肥己之方，那就是克扣軍糧，每天，也不管當小卒的跑了多少路，就只有巴掌大的一塊饃，卵脬大的一小碗粥，這於他這樣的七尺漢子，僅免於餓死。

每天餓得頭昏眼花的他，連做夢也是在哪裡弄到了吃的。

後來他終於造反了，說來可笑，他號召別人跟著他去幹這掉腦袋的事，也沒有別的豪言壯語，就只硬梆梆的一句：跟著老子，可以吃飽飯。開始屢戰屢敗，被官軍攆得無處藏身，可他從未灰心動搖過，就是在被殺得人頭滾滾的兩軍陣前，他也從未害怕過，因為他若回頭看，仍不過是一名驛卒，一個長工，仍只有餓得頭昏眼花的時候，想想，與其過那樣的日子，不如砍頭。

李自成又說，那時候，他見了一個驛丞也戰戰兢兢，見了縣令，竟不敢仰視。這幾年，他的隊伍漸漸壯大了，人馬多起來，見識也就不同以往了，知道了陳勝、吳廣，知道了「王侯將相，寧有種乎」。心想，自己終於混到今天了，殺的豪紳無數，羞辱他們，比讓他們吃貓狗食更甚；至於七品縣令，又算得什麼呢？他連親王也殺了好幾個呢，他還要殺進紫禁城，殺上金鑾殿，也要坐一坐龍椅、睡一睡龍床，過過皇帝癮！

李自成帶酒，這麼擺談往事，在別人看來等於是自揭其醜，可李岩卻聽得淚眼盈眶，他覺得這是闖王的肺腑之言，闖王是一個忠厚的人，是一個不會來半點虛假的、響噹噹的漢子。心想，這可不是一般的草莽英雄，分明是一個提得起、放得下的英雄，是劉邦、朱元璋一流的人物，明朝的天下，應是闖王的。

從此他死心塌地追隨闖王。闖王遠見卓識，納諫如流；尤為可貴的是，與張獻忠、羅汝才不同，他既不貪財又不好色，與士卒同艱苦，因而闖王的隊伍從眾多的反叛隊伍中脫穎而出——過去的李闖王，終於成了今天的大順皇上，不但家大業大，且囊括了天下英雄，眼看著一步步走向成功的寶座。

可今天，皇上的一席話讓他隱隱感到了不安，尤其是宋獻策的分析，使他清楚地看到了皇上身上的變化，他想，既然皇上是劉邦、是朱元璋，那麼，發生在劉邦和朱元璋身上的那些故事，是否也會同樣發生在皇上身上呢？

4 寧武關下

大順軍佔領太原才三天，陽曲、忻州守官的降表就遞來了。接著，東邊的壽陽、盂縣，西邊的靜樂、嵐縣也跟著送來了降表，李自成的指頭在山西省的輿圖上逡巡，終於在代州停下來。

「代州就是古稱雁門關嗎？」他問佇立一邊的宋獻策。

宋獻策忙點頭說：「不錯，雁門關在代州北面，北宋時，這裡是防契丹的三關之一，為山西南北要衝。」

李自成不等他說完，忙說：「是了，朕明白了，是楊六郎把守的地方。」

宋獻策不由點頭說：「皇上聖明，凡事舉一反三。」

李自成又問：「代州的守將是誰？」

宋獻策說：「此處鄰五台、繁峙等四縣，明朝在這裡派了一個總兵，叫周遇吉，是個東北大漢——」

李自成忙說：「周遇吉，周遇吉，朕還從未聽說過此人，看來是個無名小卒。」

宋獻策的介紹其實未完，眼下見皇上這口氣，忙提醒說：「皇上，據臣所知，這周遇吉為錦州人，出身行伍，很會打仗，這以前隸楊嗣昌麾下，曾於鄂西的竹山一帶，數度打敗張獻忠和羅汝才。」

可李自成仍漫不經心地應道：「是嗎？」

這時，牛金星與劉宗敏正從外面走來，聽宋獻策說到周遇吉，劉宗敏忙揚著手中一份文書說：「不急，五台縣的降表也來了，他周遇吉才五千兵，不降又待怎的？」

李自成一聽五台的降表已來了，不由高興，說：「嗨，劉芳亮這個先鋒成了受降使，一路只認接受，所有關隘，全都是望風歸降。」

牛金星一邊說：「皇上洪福齊天，看來全晉是傳檄可定了。」

君臣正說得高興，就在此時，前方又有快馬遞到軍報，這份軍報只比五台縣的降表慢一個時辰，但卻是令人大吃一驚的敗報——左營制將軍劉芳亮、左果毅將軍劉體純在代州城下吃了大虧。

原來劉芳亮與劉體純率三萬馬步為前鋒，一路順風殺到了代州，因五台已降，他們以為代州之降也是遲早的事，所以沒有在意，不想派到代州的哨馬回來報告說，代州城門緊閉，城外行人絕跡。

這劉體純又名「二虎」，是李自成手下一員猛將，他已將周遇吉的履歷打探清楚了，聽到報告，不由冷笑道：「哼，周遇吉這小子看錯了黃曆，以為還是五年前，對手還是曹操（羅汝才）。」

劉芳亮於一邊說：「二虎別急，明天架起大炮，看老子與他過招！」

二人商議一定，三萬人馬當下就在代州城外安營，晚飯之後，上頭傳下令來：早早休息，明日城頭見。

午夜，三萬人馬睡得正香，不想身後號炮一聲，火光衝天，喊聲大起，城頭上也響起了「咚咚」戰鼓——埋伏在山後的周遇吉，帶兩千人馬從駐軍背後衝來，城裡也開門殺出。大順軍尚在夢中，不知有多少人馬，且從何處殺來，倉皇中，暈頭轉向，而這邊明軍衝進營帳，逢人就砍，見帳篷就燒，直殺得大順軍屁滾尿流，匆匆逃命，混亂中，自相殘殺、踐踏，一下敗退三十里，到天明清點人數，竟損失了近三千人。

原來周遇吉得知大順人馬一路順風，快要殺到代州的消息，心想，自己才五千人馬，寡不敵眾，為此，他與副將陳汝芝商量，一面遣人去大同告急，一面積極籌備戰守，他料定大順軍一路順風，必然輕敵，乃採取以攻為守的戰略，讓陳汝芝帶三千人馬守城，自己卻帶兩千人馬在城外叢林中埋伏，只等夜半，舉火為號，內外夾攻，給大順軍一個措手不及。

一切果如所料，且繳獲不少輜重和騾馬。

這裡劉芳亮打了個大敗仗，十分窩火，他不知這小小的代州究竟有多少人馬，竟讓他栽了這麼大一個跟頭，不敢造次，一邊收拾殘兵，安下營寨，一邊遣人去太原報告。

這裡李自成君臣一見敗報，大吃一驚，李自成連連搖頭說：「嘿，這個周遇吉果然非等閒之輩，劉芳亮輕敵了。」

李岩和宋獻策互望一眼，李岩終於說：「皇上，臣與這周遇吉曾有一面之交，臣願修書一封，向他擺明利害，勸他歸降。」

原來周遇吉是行伍出身，開始只在兵部當驛卒，因犯軍令被罰銀五十，他交不出銀子，眼看要被開革，時李岩的父親李精白在兵部任職，見周遇吉長得魁梧，像個有出息的人，便代他交了罰銀，並薦他去山海關效力，因此，周遇吉視李精白為再生父母，有事來京，便要去李府走動，也因此與李岩有交情。

這裡李岩才說完，顧君恩、陸之祺等明朝的降官降將紛紛主張招降，而且他們都與這周遇吉有一些聯繫，願作書一試。

李自成聽他們這麼一說，正要採納，不想一邊的劉宗敏卻說：「哼，一個小小的代州，竟敢抗拒天兵，且死傷我這麼多的士兵，這是出兵以來的奇恥大辱，他就是肯投降我也饒不了他，皇上，看臣去收拾他。」

牛金星也說：「皇上躬行天討，三晉望風歸降，眼看底定天下在即，獨周遇吉公然蔑視，若不剿滅，何以立威？」

李自成頗壯其言，遂沒有採納李岩的主張。

第二天，劉宗敏吩咐本部人馬拔營，前往代州。他手下親軍有五萬人，兼有谷可成、任維榮等戰將，是大順軍的精銳，等他們一走，李自成也傳旨，御營也隨後從容出發，於是，五營二十二將，外加左輔右弼、六政府等文官幕僚，一路逶迤，直奔代州。

劉宗敏風馳電掣，趕到代州城下，不料代州早已是一座空城。原來周遇吉見代州城牆傾圯，無險可守，等李自成大軍來了，彈丸之地，必難抗衡，於是和陳汝芝商議後，將人馬全部撤往寧武關。

這寧武關為山西鎮衛所，背靠長城，南面是桑乾河、汾河的源頭，不但城池堅固，且形勢十分險要。周遇吉自崇禎十五年出任總兵，兩年來在此憑險設守，不但城池加固，且在四面山頭修起了炮台，好幾十門大炮就架在山頭上，一齊把炮口向著山下。

劉宗敏主張強攻，一來沒有把周遇吉這五千人馬放在眼中，二來呢，也是想在眾人面前顯示一下自己的手段。

自從打下西安，明朝一大批降官降將，都歸順大順朝，一時人才濟濟，李自成對這批人十分器重，六政府的尚書、侍郎，全封了這班人，不但噓寒問暖，且有事便找他們商量，相比之下，目不識丁的劉大將軍便黯然失色了。劉宗敏心想：奶奶的，這班人算老幾呢，不是受他們壓迫，老子還不造反呢，這以前他們幫著崇禎剿咱們，眼下又屁顛屁顛來溜溝子，我們才不吃這一套呢。

有此一想，他偏要打，眼下見周遇吉不但守城，且也佔領了兩邊山頭，心想，不先拿下這些山頭，攻城時豈不礙手礙腳？於是營盤才紮穩，立即發起對這些山頭的圍攻。

這裡周遇吉見大順軍蜂擁而來，不由高興。原來他早已相度地勢，知大順軍來，必於何處紮營，何處下寨，何處是人馬集中的地方，他已派人在人馬集中的地方埋了火藥和地雷，眼下正是機會，於是下令向大順軍開炮，大炮一響，立即引發了火藥和地雷，一時霹靂山崩，硝煙四起，直炸得大順軍血肉橫飛，喊爹叫娘，抱頭鼠竄。

劉宗敏不曾料到周遇吉還有這麼一手，只見一陣硝煙過後，山下竟然陳屍累累，不由火起，他手下心腹將領任維榮親自搶了一桿大旗，帶頭往山上衝，可一連幾次衝鋒，都被打退，任維榮肩上還中了一箭，才打了一天，劉宗敏便損失了近千人馬，只佔了兩座小山包。

眼望小小的寧武城，竟然堅如磐石，劉宗敏氣得直吞口水，尤其是想起李岩的話，更覺自己在皇上面前丟了面子，乃下令將八萬大軍擺開，將寧武城及周邊幾座山頭團團圍住，派人將勸降信射入城中，說若不投降，城破之日，全城不分老幼，全部殺光。

這封信在城中引起了軒然大波——因信未封固，且是射入城的，看到的人很多，於是消息一下傳開，副將陳汝芝首先猶豫了，他親自持信來見周遇吉，說：「總鎮大人，我們守代州、守寧武，以區區五千人馬，殺死賊兵數千，說起來已對得起朝廷，對得起皇上了，眼看援兵不至，孤城難守，望大人為全城男女著想。」

周遇吉見此情形，不由眼淚雙流，他將全體將士召集起來，說：「遇吉受皇上天高地厚之恩，已決心一死報國，諸君如愛惜生命，可將我捆縛見賊。」

周遇吉平日為官清廉，從不克扣軍餉，且解衣推食，愛兵如子，所以將士都願為他效死命，眼下一聽他這樣說，一個個都涕泗橫流，一齊發誓：願與總鎮大人同生死。

周遇吉見將士同心，不由精神振奮，就是陳汝芝也不再動搖了，他們將計就計，令人在城上豎起降旗，又派出一些老弱病殘的士兵出城外迎降。

大順軍一見大喜，以為是勸降信起了作用，由一個六品都司領頭，眾人一窩蜂擁入，不想前頭才進去兩千餘人，突然城頭「砉然」一聲，千斤閘落下，後續部隊進不去，先頭部隊可遭了殃，只見大街小巷，城牆頭，屋頂上，伏兵四起，周遇吉親率全城人馬，將這兩千多人包圍起來，沒命地砍殺，可憐這兩千餘人，官大的也只是一六品都司，且互不相統屬，自然難以組成有效的抵抗，頃刻之間，就被周遇吉指揮的明軍統統殺盡了。

劉宗敏在城外心急如焚，乃下令發起總攻，並採取車輪戰法，架起雲梯，前仆後繼，只准進不准退，因怕誤傷，他令全軍將士都不戴帽盔，混戰中，見戴帽子的便殺，連戰三日，寧武城終於不支，周遇吉乃下馬揮短刀肉搏，他的護衛也漸漸死光了，到最後受傷被俘，當被押到劉宗敏面前時，猶破口大罵。

劉宗敏此時已殺紅了眼，一見周遇吉如此不屈，不由火起，他持刀衝上來，朝著周遇吉一頓亂刀猛砍，直砍得自己手中乏力才住手，可憐眼前的周遇吉早已變成了一堆肉泥。

紅日西沉，硝煙散盡，大順軍終於把勝利的旗幟插上了寧武城頭，但此時的城廂內外，靜悄悄的，只有死屍，卻無活口了……

劉宗敏再次吃虧的消息，李自成在中途已聽到了，不由心急如焚，他讓牛金星帶著一班文官在後，自己卻領著正副軍師急匆匆趕到寧武來，第三天，在硝煙未盡的桑乾河邊，終於看到了劉宗敏。

亂石一片，荒草數莖，前邊仰八叉地躺著幾個傷兵，在輕輕地呻吟，劉宗敏渾身鮮血，手持一把帶血的大刀，獨自坐在一塊岩石上，右手支頤，雙眼發直，呆呆地望著前面的河灘，如枯僧入定。

「劉鐵匠，你這是怎麼搞的？」李自成在距他兩步之遙的地方停下，大聲說，「照這麼個打法，我們怎麼能打進北京城？」

劉宗敏此時自覺鬧心，不想李自成見了他，不但不說安慰話，且開口就有責備之意，不由又羞又氣，竟對著李自成吼道：「老子殺它個七進七出，殺得他人頭滾滾，還怕不能進北京？」

李自成見他出言不遜，不由也火了，他用嚴厲的目光逼視著劉宗敏，且用同樣大的音調吼道：「哼，七進七出，可一萬多人馬就這麼完了。周遇吉可才五千人啦！此去北京，有大同兵十萬，宣府兵十萬，居庸兵二十萬，陽和等鎮兵二十萬，總共若六七十萬，可夠你七進七出的殺啦？」

劉宗敏也在氣頭上，一時竟不顧君臣名份，大聲吼道：「你急甚麼，老子保證打下江山讓你坐就是。」

李自成聞言，深感震驚，一下待在那裡，半晌沒有說話。

宋獻策見劉宗敏是這個語氣，一邊暗暗向他示意，提醒他注意分寸，一邊解圍說：「皇上請息怒，據臣看，寧武這一戰只是小小的失算，就是姜太公伐紂，不是也在澠池城下吃了張奎的虧嗎？」

李自成一聽這話，面色漸趨平緩。

原來他們陝西人都愛看皮影戲，皮影戲中有武王伐紂的故事，說姜子牙算定有三十六路成湯兵伐西歧，因少算了一路，結果在澠池被有地行之術的張奎殺得大敗，後來費了九牛二虎之力才將張奎殺死。眼下宋軍師見皇上生氣，劉宗敏不顧君臣之禮，幾乎和皇上頂牛，情急之下，便用了這個典故，須知以姜太公那樣的軍師，尚有錯算一路敵兵的時候，又豈能怪劉宗敏呢？就是皇上這頭，也很受用，因為武王伐紂，是興王者之師，弔民伐罪，所以，聽過此說，李自成臉色緩和了許多，不過，宋軍師的急智只可沖淡這劍拔弩張的氣氛，卻消除不了李自成因此而引發的憂慮，好半晌，他竟幽幽地說：「看來，明朝氣數未盡，咱們的北伐確有些急躁。」

宋獻策說：「皇上何出此言？」

李自成說：「這不明擺著嗎，小小的寧武城尚如此費手腳，又如何能打進北京呢？趁早退兵是正經。」

說著，也不理睬眾人，甩手就往回走。這一走，一邊的劉芳亮、劉體純不由慌了，劉芳亮不由扯了劉宗敏一下，見他仍立著不動，便拉著劉體純追上來，一把攔在前頭跪稟道：「皇上留步，想當初眾將同心，誓師北伐，要為皇上早定天下，眼下三晉望風歸服，宣府、大同已聞風喪膽，崇禎手上並沒有多少能戰之兵了，我們正宜一鼓作氣，窮追猛打，怎能因小小的寧武一戰，便如此草草收兵，半途而廢，豈不令別人笑話嗎？臣等有錯，請皇上處分臣，但這兵卻千萬退不得。」

說完這話，二人都伏地不起。

李自成此時浮想聯翩，臉色陰晴不定，他一邊繞開二劉，一邊看看天，冷冷地說：「再說吧，朕還要想仔細些。」

說著便頭也不回地走向御營。

一見皇上有撤兵之意，二劉都埋怨劉宗敏，劉宗敏雖仍鐵青著臉往回走，心裡卻也有了悔意，回去後，更沒有睡個安穩覺——才闔上眼睛就又驚醒了，文人只怕睡不著，武人就怕睡不醒，吃鋼化鐵的劉鐵匠，這是為什麼？

他是陝西藍田人，在家打鐵維生。崇禎元年，陝西大旱，饑民蟻聚，王一、王二首舉義旗，繼起的有王左桂、飛山虎、高迎祥等人。第二年，金兵入犯北京，時為驛卒的李自成隨參將王國赴京勤王，李自成本是高迎祥的外甥，得知舅舅已豎義旗的他，早按捺不住了，於途中殺了王國，率了十幾個人去投高迎祥，就在李自成去投高迎祥的途中，劉宗敏結識了李自成。

那是一個炎炎赤日的夏天，劉宗敏的鐵鋪早因生意清淡而關了門，他光著膀子一人躲在瓜棚下睡覺，這時，只聽一陣狗叫，不一會，又傳來一陣喘息聲，他所在的地方地勢較高，他趴在土牆上一望，只見牆外六個年輕人急匆匆在前面跑，一溜官軍在後面拼命地追，待進了村，六人開始分頭逃竄，其中一個高大的漢子，竟一腳踏進了他這個院子。

此人沒有看見劉宗敏，但劉宗敏卻看見了他。劉宗敏平日恨透了官府，就因他打鐵，苛捐雜稅壓得他喘不過氣來，眼下他的鐵鋪已關閉了，可里正還不時找上門來要捐，所以，他一看見與官府作對的人就佩服，見此人被官兵追得無路可逃，乃站在瓜棚架下喊道：「嗨，往這邊來呀。」

此人正是李自成。他於途中殺了王國，帶著十多人去投闖王高迎祥，不想舅舅沒找到，中途卻被官軍追捕，幾無藏身之地，一見劉宗敏，看他這一身破破爛爛，便知也是個窮漢，於是上前說：「大哥，快救我。」

劉宗敏說：「不慌，隨我來。」

劉宗敏把他帶到自家破屋後，順著一條小山溝，來到一排廢窯洞前，指著一處已倒塌的窯洞說：「從這裡鑽進去，不要出來。」

走投無路的李自成也顧不得什麼樣了，真的鑽了進去，劉宗敏又將一把雜草遮住了那個洞口，待他走回來時，三個持刀的官兵已到了他家門口。

「嗨，小子，看見生人了嗎？」一個捕頭模樣的人用刀尖指著他的鼻尖問。

劉宗敏是個機靈人，忙說：「生人，你幾個就是生人啦。」

捕頭把刀晃了晃，說：「小子，爺爺是生人還要你來說嗎？快說，那個李自成去哪了？」

劉宗敏吃了一驚，前幾天，城裡面到處張貼了告示，要抓一個叫李自成的人，說他殺害上官，帶人造反，劉宗敏聽了，不由暗暗在心裡念叨這個李自成，不想今天，李自成還真尋到自家門裡來了，這時，里正帶著一夥兵，也擁到這裡來了，同時被帶來的，還有五個已被抓住的李自成的同夥。

里正一見劉宗敏，便說：「劉鐵匠，還有一個你可看見？」

劉宗敏此時橫了心，乃咬牙發誓說沒看見，捕頭手下那夥人將劉宗敏的鐵匠鋪翻得底朝天，就是沒見李自成的蹤跡，捕頭下令，將這五人一齊吊在瓜棚下，用涼水浸過的皮鞭，輪番抽打，打得這五人一個個叫爹喊娘，其中一個小個子承受不住了，終於吐口說：「我們進村後就分開跑，李自成好像是上這個院子來了。」

捕頭一聽，下令將這小個子放下來，令人將劉宗敏捆上，也一排吊在瓜棚下，同樣用皮鞭抽，可劉宗敏不愧打鐵出身，一口鐵齒鋼牙，就是不認，這一頓打，從中午打到太陽下山，仍是沒有半句口供，捕頭見狀，只好將已昏暈過去的劉宗敏放下來。

後來，劉宗敏被押到縣衙，縣官三推六問，劉宗敏仍是一口咬定什麼也沒看見，縣官無法，那五人被判斬首，半年後，劉宗敏卻被放了出來。這時，李自成追隨高迎祥已一路順風，成為闖王手下赫赫有名的闖將，劉宗敏此時已百無一有，於是爬山涉水，終於找到李自成。

這以後，劉宗敏一直追隨李自成左右，是李自成的得力助手，高迎祥後來被俘殺，李自成又襲稱闖王，崇禎十一年，他們數萬人馬被官軍殺得大敗，李自成僅率十八騎得免，潛伏商洛山中，原先追隨他的人大多自尋出路了，但劉宗敏卻沒有走。對前途深感失望的李自成，終於病倒了，劉宗敏卻守在他身邊寸步不離，那一回，他們隱藏於一所破廟，李自成看到神案上有一副卦，便對劉宗敏說，我們不妨祈求菩薩，如果我日後有做天子之份，則懇請菩薩連賜三個勝卦，若不是，則由你將我捆縛，獻與官府。

說著，不待劉宗敏同意，竟拿起卦來，往空中一連拋了三回，不想三回拋完，不是陽卦，就是陰卦，卻沒有一回是勝卦，李自成見狀，仰天一聲長歎，便讓劉宗敏捆他，不想劉宗敏卻抱著他痛哭，堅決不同意照他說的做。他認定，花開花落，誰都有走麥城的時候，劉鐵匠可是爐火純青，不帶半點碴子的精鋼。

眼下，闖王終於成為皇上了，劉鐵匠成了大順軍的第二號人物，此番北伐，也是一路順風，勢如破竹，就說攻寧武關代價高昂，畢竟還是攻下來了，可皇上卻要撤兵，這是什麼道理呢？

他倒在床上，百思不得其解。

5 變數

第二天，李自成待在御營，既不見臣下，也不發布進軍的旨意，劉宗敏雖然著急，但他一時拉不下臉來，就是眾將也都只猜測，誰也不敢向皇上催問。李岩無公可辦，百無聊賴，便來尋宋獻策說話，「哎，我問你——」

宋獻策眼下雖當上了大順皇帝的軍師，但他仍一如其舊，身上還是件舊藍衫，腳上還是雙踢塌鞋，既未成家，也不想女人，每日以酒當飯，無事時還常用幾枚銅錢占卜，旁人也不知他占什麼，這天也是。當李岩進來時，他正雙手合十在案上搖銅錢，見了李岩，不理不睬，李岩一見，上前便拖他，他忙將李岩的手攔住，說：「莫慌莫慌，待山人卜完這一卦便見分曉。」

李岩卻不信邪，當宋獻策把手中銅錢拋到案上時，他忙一拂，立刻將案上銅錢拂亂了，且嬉笑著說：「你這牛鼻子妖道，沒見六軍不進，人心惶惶，卻還在這裡裝神弄鬼，看我把你這些勞什子全扔了。」

說著，便要搶他手中那本上載歌訣和卦詞的書，宋獻策慌了，告饒說：「我的爺，你莫急，有事好說。」

李岩說：「我問你，我們屯兵寧武已三天，號令不見，金鼓不聞，皇上莫非真有退兵之意？」

宋獻策眼睛望著被李岩拂亂的銅錢，口中卻說：「別急別急，山人可斷定，這兵是斷斷乎不會退的。」

李岩說：「我說，皇上的顧慮不無道理，小小的寧武城才五千守軍，竟使劉大將軍損失一萬，若大同、宣府也是這樣，那我們這點兵還不全完？年初我們主張暫緩北伐，先清藩籬，再窺堂奧，不就因為考慮到這些嗎？」

宋獻策連連搖頭說：「你錯了，我們主張先固根基，後去藩籬，瓜熟蒂落，再取北京，那只是我們的意見，但皇上不是這麼看的，所以，退兵豈是他的本意？尤其是眼下三晉風靡，進展順利，寧武一破，大同、宣府必然動搖，小小的一次挫折算什麼，皇上未必看不出這步棋？」

李岩說：「既然如此，兵貴神速，他為何又屯兵不進，你說，這究竟是怎麼回事呢？」

宋獻策說：「據山人看來──」

說著，便把眼向四處搜尋，像是怕別人聽見。李岩忙走到外面去，看一看，見大帳外除了遠遠地站了哨兵，並無人聽壁腳，便說：「說吧，別鬼鬼祟祟的，這裡除了你我，並無外人。」

宋獻策這才期期艾艾地說：「據山人看來，皇上心裡想的只怕不是撤軍，而是撤將。」

李岩不由大吃一驚，道：「你是說，他不想要劉，劉？」

宋獻策點頭歎息，把聲音壓得低到李岩幾乎聽不見：「他不是要你多留意這班將軍們嗎，只此一端，足見聖意——劉大將軍不但舉止粗疏，無人臣之禮，像此番當眾頂撞皇上，什麼『打下江山讓他坐』，這在旁人聽來成何體統？但這話旁人聽了雖不順，卻是劉大將軍的一貫作風，說順了嘴，也不覺有什麼不好，更有甚者，是他常把他們在一起遭難的事掛在嘴上，有時甚至帶有嘲笑之意，你想想，就是普通人也不願有人當眾揭短哩，何況當了皇上呢？你想想，那個陳勝為什麼要殺昔日的窮朋友，還不是為了一句話嗎，那些窮朋友們，不該把陳王往日窮困潦倒的情況當眾說出來嘛。」

李岩不信卦，卻信他這有理有據的判斷，思前想後，不由連連點頭說：「也是，那天若不是你解圍，幾乎演出一場龍爭虎鬥的大戲。不過，皇上要換將，除非他自統中軍，不然，李錦、高一功都不是當大將軍的料子。」

宋獻策耳中聽李岩分析，眼睛仍未離開案上那幾枚銅錢。聽到這裡，忽有所悟，說：「不過，你也不要急，這事還未成定論。」

李岩說：「這又有何說法呢？」

宋獻策指著案上的銅錢說：「適才山人卜了一坎下兌上的困卦，困者窮也，六爻皆不利，爻詞說『主上下相疑，有言不信』。你好好想想，眼下這局面，我大順軍能上下相疑麼？山人正著急時，不想你突然上來一拂，這就是所謂變數，且你這一拂，等於代我擲出了新的一卦，你看，這不是震上坎下的解卦嗎，『解者，難之散也』，它預示事情終有轉機，會有人要出來解此困厄，且解卦利西南，眼下我們的位置，不正在京師的西南麼？」

李岩忙笑道：「既然變了卦，那麼，這解困之人非你我又是誰呢，還是由我們去勸一勸皇上吧。」

話未說完，只見御前侍衛李四喜笑盈盈地走來，說「皇上口諭，宣召二位軍師會議。」

宋獻策、李岩忙躬身答道：「臣等就來。」

李四喜走了，宋獻策還在若有所思，在李岩一再催促下，才慢吞吞地起身，卻反覆交代說：「任之，瓜熟蒂落，水到渠成，凡事都有一定之規，強求不得，此去你我只宜見機行事，切不可強做解人。」

李岩也想到了，說：「那麼，這解人應在誰的身上呢？」

宋獻策想了想說：「這還要問嗎？你看誰跟大將軍貼得緊？」

誰跟大將軍貼得緊，自然是說牛金星——牛金星率領文官班子才到寧武，便聽到皇上屯兵不進的消息，劉宗敏出言不遜，設身處地為皇上想想，他也深覺劉宗敏過份，急忙趕到御營，見面裝作什麼也不知情，只是先向皇上道喜：「寧武為山西重鎮，周遇吉為明朝名將，不想我軍才費了幾天功夫，便破城斬將，據臣估計，照這個速度，不出三月下旬，皇上便可進入北京。」

李自成搖了搖頭，說：「錯了，當初宋獻策和李岩都主張緩進，諸君性躁，竟認為天下唾手可得，看來，還是心急吃不下熱稀飯。」

牛金星穩坐不驚，說：「眾臣主張急進，無非是望皇上早定天下，早登大寶，且自出兵以來，諸事順利，眼下三晉望風披靡，這寧武一破，還怕大同、宣府不傳檄而定嗎，皇上何出此言？」

李自成說：「丞相不知，這寧武城才五千兵馬，可為了拿下此城，我軍竟折損上萬精兵，若照此下去，能拼到北京嗎？」

牛金星聞言似是吃了一驚，說：「是嗎？」

李自成說：「丞相不信，只須去營中一看便知，死者雖已掩埋，但傷者累累，正待安頓呢。」

牛金星沉吟半晌，字斟句酌地說：「有道是兵無常勝，水無常形，周遇吉雖凶，畢竟敗了，崇禎手上，能有幾個周遇吉呢？若有也不會到今天了。再說，事已至此，已成羝羊觸藩之勢，古人云：羝羊觸藩羸其角，因此我軍正宜乘勝猛進，又豈能半途而廢呢？若中途撤軍，縱不被人看笑話，也不該示弱於人呀，依臣看，示弱於人，被人輕看，他們若起兵追來，反而不美。」

李自成說：「丞相所言朕也想到了，所以，朕一直在考慮，此番失利，是否失於選將。」

牛金星一聽「失於選將」四字，不由吃了一驚，眼睛瞪得大大的，生恐自己聽錯了，忙倒一句道：「這麼說，皇上打算另選賢能？」

李自成冷冷地說：「是的，多年征戰，朕看他也銳氣消磨，手上功夫反不如嘴上了，寧武一戰，竟拿一萬拼五千，打這樣的濫仗，太讓朕失望了，如此下去，何日才能打到北京城？」

寧武一戰，雖代價高昂，但畢竟攻克了，且對大同、宣府震動很大，所以，這於指揮官劉宗敏，應是功過兩抵，眼下皇上這口氣，卻是毫無功勞可言。牛金星想，醉翁之意不在酒，皇上對身邊人已生疑忌之心了，何況劉宗敏毫不知機，韜晦之計，就教與他也學不會，古往今來，但凡是開國之君，一旦有了這念想，患難可共，富貴必不可共，將來還不知會演變出什麼血淋淋的故事。牛金星想到這些，立刻有了自己的利害權衡，他雖與劉宗敏關係密切，但這是以鞏固自己地位為前提的，他可不想為了劉宗敏而犧牲自己，想到此，他不由把位子移近皇上，又壓低聲音說：「臣以為寧武之戰，不在敵之猖狂，而在舉措失當，大將軍以百戰奇勳，打出這樣的濫仗，實在不可思議，若究其根源，在輕敵，在狂傲，狂傲既是兵家之大忌，更是人臣之大忌，皇上若不及時予以裁抑，一旦尾大不掉之勢釀成，誠恐為後日之大患。」

李自成儘管肚子裡墨水不多，但牛金星這一番話還是一下就聽懂了，他一拍大腿說：「是嘛，原來你也有此看法，此人平日還算謙虛謹慎，但不知為什麼，近來卻越來越驕傲了，不但目中無人，且目中無朕，這麼下去，如何得了？」

牛金星說：「皇上聖明，此事其實橫梗於臣胸中久矣，只是其中窒礙甚多，萬難啟齒，今日皇上既然說起，臣正好一傾積愫。」

李自成原以為牛金星和劉宗敏關係密切，所以只想探探他的口風，眼下一聽這口氣，不由說：「原來你早有此心，何不早說？」

牛金星於是說：「大將軍自恃功高，無人臣之禮，這已非一日了，皇上為大局著想，處處隱忍不言，但他卻不知進退，反以為皇上的寬容是懦怯，眼看天下平定在即，大將軍若仍不顧君臣名份，一如既往，這又成何體統？」

李自成聽牛金星如此一說，決心更大了，說：「此人粗疏，已成積習，年初朕遣將出師時，便想不用他，無奈一時找不出可替代的人，這回可要痛下決心。」

牛金星一聽「痛下決心」四字，心頭肉一抖，不由說：「皇上決心整肅朝綱，這是好事——不過……」

李自成睜一隻獨眼，緊緊地盯著牛金星，說：「不過什麼？你快說。」

牛金星湊得更近了，聲音更低了，說：「皇上可曾想過，劉大將軍這等人物，雖不是張獻忠，也不是羅汝才，但以他的身分與地位，卻也關係重大，所謂不能用之，必先除之。可是，大敵當前，皇上能殺大將嗎？」

牛金星一言出口，李自成不由大吃一驚——自造反以來，腦袋常提在自己手中，你不殺人人要殺你，哪天過的不是刀頭舔血的日子？自相殘殺是常有的事。崇禎十一年兵敗潼關，自己匹馬往投張獻忠，從種種跡象看，張獻忠當時已動了殺心，若不是自己警覺，險些就死於張獻忠之手；世事輪迴，冤冤相報，兩年前，張獻忠也窮蹙來投，自己也曾設下鴻門宴，若不是羅汝才相勸，張獻忠也要死在自己手中；去年年初，為統一號令，先是殺了左革五營的賀一龍、後又殺了羅汝才，他們都是曾經並肩作戰的兄弟，但江湖凶險，人心難測，寧為刀俎，不為魚肉，手不毒、心不狠，不能有今天，他可從沒後悔過。但眼下能殺劉宗敏嗎？劉宗敏可不是成心要與自己爭江山的張獻忠，也不是陽奉陰違的羅汝才，而是自己的心腹，鞍前馬後十多年，刀光劍影，血肉橫飛，尤其是當年被困破廟，連卜三卦，陰陽不定，劉宗敏抱著他痛哭，卻絕不肯叛他而去，這不是一般意義上的合夥，而是同呼吸、共命運的生死兄弟，每想起那幕，他便激動不已，眼下若僅以自恃功高、無人臣之禮一句就殺劉宗敏，能服人嗎？

想到這裡，他不由猶豫起來。

牛金星見此情形，知自己的話起作用了，又諄諄言道：「大將軍眼下兵權在握，牽一髮可以動全身，皇上既不能殺之，又豈能輕易言撤？皇上皇上，小不忍則亂大謀啊！」

李自成聽他這麼一說，半天沒有作聲。牛金星接下來，便是勸李自成暫時隱忍，反正劉宗敏雖掌兵，但左右有李錦、高一功箝制，他也翻不了天，所謂不是不報，時候未到，時機一到，還不隨心所欲？

至此，李自成心中的結漸漸解開了。

就在這時，長安有文報遞到——奉旨留守的大將田見秀，轉來張獻忠的一封信。張獻忠自從在武漢稱大西王之後，又於去年八月攻陷岳陽，九月陷長沙、常德，今年初由岳陽西上攻取夔州、萬縣，揚言取四川為根本，並差人送來一份書信到長安，由在長安擔任留守的大將田見秀轉送到這裡，請旨定奪。

李自成也時時在留意張獻忠的消息，眼下一聽他要取四川為根本，不由一怔，急忙取出解手小刀來拆封皮。

這以前，在十三家義軍中，張獻忠算是個略識之乎的人，其他頭目起自草莽，揑鋤頭把出身，因而常有名而無字，像混十萬、過天星、破甲錐、上天龍、蠍子塊等，人們只知他的渾名，姓甚名誰都不太清楚，唯獨張獻忠除了有名有姓，還有個很文雅的字曰秉吾，很氣派的號曰敬軒，他是與高迎祥同時造反的，資歷要比李自成老。

眼下張獻忠基本上是在湖廣及南直隸一帶流竄，與李自成遙相呼應，他為人不但好色，且嗜殺，所過之地，常屠戮一空，去年在岳陽，他想渡洞庭湖，卜於湖神柳毅廟，三卦都不吉利，一怒之下，焚卦而指著柳毅的神像痛罵，不料渡湖時，風濤大作，他更加怒不可遏，將巨舟連同舟上的婦女一火焚之，千餘艘巨舟燒得火光沖天，夜晚時，將岳陽城映照得如同白晝。

李自成想，這以前有他張獻忠在，可牽制江南大股官軍，減少大順軍的壓力。但國家一旦統一，怎能讓這個八大王割據一方，殺人放火？眼下，他也越混越出息了，竟想取四川為根本，像他這樣的人，到一方糜爛一方，隨佔隨放棄，又怎能成事？

剪開封皮，將信展開細看。這篇書子，駢四驪六，像文告不是文告，像書信不是書信，但李自成一眼瞄著起首一句「大西皇帝」，後面又有一個「朕」字，火氣就來了，把信向牛金星一擲，說：「快與朕念念。」

牛金星於是念信：

大西皇帝致書於大順皇帝御前：朱明失德，竊攘神器；牧野鷹揚，群雄並起。伐暴救民，十三家義軍爭先；逐鹿中原，八大王厥功獨偉。首舉義旗，聚米脂十八寨英雄；替天行道，會滎陽卅六營豪傑。東伐淮揚，毀朱明列祖皇基；西攻湖廣，斬襄王昏君膽落。耀日旌旗，揚威湖湘；決蕩縱橫，雲連波委。閭閻震駭，三萬里望風披靡；谷應山鳴，十五年聲名遠播。

朕，生當末世，有志澄清。縱橫五千年帝王興廢之機，俯仰千百萬生民塗炭之局。漫漫長河，時勢為英雄成就良機；滾滾紅塵，天意為豪傑預定取捨。爾今得志，取三秦百二雄關；朕欲奮威，掠四川十八天險。虎賁三千，定巴蜀何須唾手；貔貅百萬，逐函關且看捷足。攜手共進，奮起南北烽煙；各逞雄姿，他年中原會獵……

李自成越聽越氣，從牛金星手中把信搶過來，往地上一丟，氣沖沖地說：「這個土匪，也不自己秤秤，究竟毛重多少。」

牛金星一邊念信，一邊就在肚內尋思，心想，這信來得真是時候，皇上既然是臥榻之側，容不得他人鼾睡，那麼，張獻忠與劉宗敏，就該分出遠近親疏了。想到此，忙說：「張獻忠信中居然稱帝稱朕，還說什麼『逐函關且看捷足』難道他還想搶先進入北京麼，真不知天高地厚，這等於是向我大順朝廷下戰表，我們若不迅速拿下北京，豈不說讓崇禎得意，也讓他張獻忠看笑話。」

李自成此時也終於從輕重緩急與親疏遠近中理出了頭緒，連連傳旨道：「好吧，傳劉宗敏、李錦、高一功，還有正副軍師前來商討大事，開會前先讓他們讀讀這妙文。」

皇上終於改變主意了，牛金星鬆了一口氣，望著劉宗敏等人進帳商討軍情，他於是當眾念起了張獻忠的信，宋獻策、李岩聽著聽著，不由相視而笑——看來，皇上心中之結，自有解人。

早春二月，晉北還是寒冷的，但御營是牛皮氈帳，且燒了炭火，因而感受不到一絲寒氣。此時李自成高居正中，眾臣環坐，讀了張獻忠的信後，大家對他的狂妄不但嗤之以鼻，且個個憤怒異常，劉宗敏更是攘臂嗔目，表示要迅速拿下北京，讓張獻忠絕了這癡心妄想，李自成不由興奮了，乃當場下達進軍之旨，仍申前命，以劉芳亮、劉體純為先鋒，以劉宗敏統中軍，為行營總管。

會散後，當眾臣魚貫退出時，李自成卻又把劉宗敏單獨留下來，牛金星知皇上這是為什麼，忙笑嘻嘻地和眾臣退出，臨走時，還親自將皮門簾放下。

「宗敏，休兵三天，你可想通了？」李自成招手讓劉宗敏坐近前，手撫他的肩膀，笑容可掬地問。

想什麼呢？三天中，劉宗敏在行軍床上輾轉難安，卻總弄不明白自己有什麼錯——這以前他也常打敗仗的，他也常和皇上頂撞的，事後不過一笑而罷，為什麼一當皇上，就與自己生份了呢？大字不識的鐵匠哥哥，一時還不明白皇上肚子裡有這麼多的彎彎腸子，但他既然是皇上，皇上是沒有錯的，只好說：「想通了，臣不該當眾頂撞皇上。」

李自成一聽，不由呵呵大笑道：「兄弟之間，哪有這麼多的講究？這以前打敗仗，你怪我我怪你，指著鼻子罵娘的事也有，就像那回被陳奇瑜困於車廂峽，你只怕罵了我半個月的娘，又豈止幾句氣話。」

劉宗敏雙眼骨轆轆地望著他，露出幾分惶恐，說：「可眼下不同了，君是君，臣是臣，不能不敬。」

李自成連連擺手說：「別說了，若這樣說，豈不生份了？你我是何種關係，是十五年生死相隨的親兄弟，豈是那些半路投軍的人能比的？想當初我們兵敗，好些人都離我而去，只有你不變心，仍鐵心跟著我；潼關突圍時，你衝在前頭為我擋流矢；潛伏商洛山中，我患病了，你日夜守在我身邊；三卦皆凶，當時你完全可以殺我，提著我的頭去投誠，不但可免死罪，還可得封賞，你卻不肯離我而去，單這事就可看出你的忠心；好些日子，都是一壺酒你抿一口，我抿一口，一張餅掰做兩下，你一半我一半，這情份，他人能比嗎？眼下承你們抬舉，讓我來當這個皇帝，也不過是為了號召眾人，上得殿來是君臣，關起門來咱們還是兄弟，你可千萬不要有別的想法啊。」

劉宗敏一聽皇上如此說，不由感動得熱淚盈眶，趕緊下跪道：「皇上此言，真讓臣無處存身，臣今生今世，雖萬死也不能報答萬一。」

李自成趕緊將他扶起來，說：「好了，好了，再不說了。」

這時宵夜上來了，李自成讓劉宗敏坐近些，二人就著火爐，羊羔美酒，邊飲邊談，李自成於是向他說起自己的憂慮：眼下雖家大業大，但仔細分析，便不難看出，死心塌地相隨的老兄弟並不多，多的都是近一二年來新投奔的，尤其是降官、降將，佔了不小的比例，這班人打火求財、趨利避害，若是順利，便會像滾雪球一般，愈滾愈多，若不順利或失敗，也會像融雪球一樣愈融愈少，此番遠征，兵力分散，因此只能贏不能敗，一敗便會不可收拾。

劉宗敏邊聽邊點頭——這可句句是實情，而自己卻沒有想這麼多，只顧拼一時血性，真是辜負皇上了，想到此，酒酣耳熱的他，竟心悅誠服地說：「皇上，臣只看眼下人多勢眾，便不知利害了，竟然跟人家去拼老本，嗨，真是鼠目寸光，太沒有見識了，就憑這一點，這皇上也只有你當得，真的。」

劉宗敏自認這話是肺腑之言，不想在李自成聽來，仍然包藏禍心，只見他擎著酒杯的手，又不由自主地抖起來，望他勉強笑笑，說：「是嗎，那你就要多多地聽我的喲。」

這樣，二人低聲密談，直到雞鳴五鼓才散。

6 嚇垮了韓霖

就在李自成仍用劉宗敏為大將，決意繼續北上之際，也就在這天，從大同方向來了數騎快馬，一條特好消息，從天而降……

這是大同鎮總兵姜瓖派來的信使，名韓霖，乃是大同著名仕紳。因聽說大順軍旌旗北指，寧武關因拒降被殺得雞犬不留，韓霖不由驚慌，大同鎮總兵姜瓖是他的女婿，對他言聽計從，於是在他勸說下，姜瓖同意投降大順。

於是他們一邊暗暗邀集心腹，陳明利害，通報情況，一邊暗暗修下降書，由韓霖親自齎來通款。

李自成一聽這個消息，開始還有些不信——此地距大同還有二百餘里，十萬大軍怎麼就會聞風解甲呢？因聽說此人與明朝降官陸之祺有舊，於是他將陸之祺找來，讓他談談這個韓霖的情況。據陸之祺說，韓霖為萬曆四十四年進士，一度參政陝西，任孫傳庭幕僚，對大順軍有一定的了解，後來，因事迕內閣首輔溫體仁，溫體仁抓住他曾侵吞錢糧事，提出彈劾，於是被罷官回鄉。

「此人自恃資格老，姜瓖又是他的東床快婿，所以，雖已落職，卻退而不休，常自詡有知人之明，於軍國大事指手畫腳，為姜瓖出主意，因此，有『土諸葛』之名。」

李自成一聽，立刻明白這韓霖不單是來遞降表了，他把劉宗敏、宋獻策和李岩都召來，議起應對韓霖的辦法。宋獻策和李岩都主張納降，為堅其心，待韓霖來時，盛陳軍威，逼其就範。劉宗敏也認為這是好主意，當下回去，便按照正副軍師的主意布置。

果然，韓霖是抱著邊走邊看的目的來的。大同姜瓖手中有大軍十萬，背後陽和與宣府還有二十萬，居庸關也還有二十萬。五十萬大軍，擺成個一字長蛇陣，由兩個巡撫好幾個總兵督率著，雖說大半為疲兵弱卒，朽甲鈍戈，但五十萬便是五十萬，若全體捏成一個拳頭，平地也能砸出一個大坑，周遇吉不是以五千人，拼掉劉宗敏一萬多人嗎？更何況他們背後還有一個朝廷，這一層利害，韓霖及姜瓖還是看得到的，於是，他名義上帶著降表，且還有犒軍的牛酒及銀兩綢緞，卻也帶著一個事事留意的小心眼，還距大順軍營地五十里，便派人前來通報。

不想報信人才走半天，韓霖等人卻嚇得冷汗涔涔——當他們走在大同至太原的官道上時，身邊人忽然告訴他：「左右山崗樹林裡，有人馬在窺視我們。」

韓霖也是見過大陣仗的人，聽後只不經意地一笑，說：「這必是流寇的哨探。看來，我們與他們的距離已很近了。」

突然，密密的林子裡傳來一聲長長地口哨聲，接著，一支響箭「嗚」地尖叫著，幾乎是貼著他們的頭頂飛過，他的隨從馬六嚇得雙腿一軟，差點就從馬背上摔下來，眾人也不由一齊勒住了馬頭，拿眼來看他。

「這是一班毫無信義的流寇啊，寧武城已被他們殺得雞犬不留，這以前我們為剿賊，殺過不少他們的人，眼下若是投降，只怕他們也不會寬容。」韓霖記起這是臨行前，猶豫不決的女婿姜瓖說的。

姜瓖此說，代表了大部分願降的人的心理。但既然主意是自己出的，自己也已來了，此時此刻，想回去是沒門了，因為這一行人早已進入流寇的控制之中，回頭必遭到追殺，那是死路一條，於是，他喝住驚惶失措的隨從，仍然像沒事一樣向前走，緊跟在後的另一鄉紳劉昌應卻悄悄在他耳邊說：「不是派了人打前站嗎，他們怎麼還這樣？」

他回望劉昌應一眼說：「興許還未聯繫上，就是聯繫上了，這些伏路小卒也不一定就接到了命令。」

劉昌應認為不錯，但仍是十分小心地緊跟在他身邊，他仰頭望了一下天空，再回頭望一眼自己的跟隨，盡量裝作沒事的樣子往前趕，這些人步行趕著馱物資的牛車，趕著犒軍的牛羊，走得較慢。涼風習習，氣候宜人，但他分明感覺到背上像有小蟲子在爬——幾十里款款而行，居然也緊張得渾身出汗。

就在這時，陸之祺已奉李自成之命，身著二品文官公服，帶幾個隨從，騎一匹駿馬，迎候在十里之外的道左了。

「沛之，你終於來了。」陸之祺雙手抱拳，笑容可掬地向他打招呼。

他認出是陸之祺，不由一喜，這以前他在陝西任參政時，便和陸之祺有交情，三年前他罷官賦閒，聽說西安被李自成攻陷，朝廷在西安的文武官員，不少人投降了流寇。看來，陸之祺也未能守節，要是平日，他見了降賊的亂臣，一定是要大聲斥罵的，可眼下沒說的了，不是說：「老鴰莫說豬墨黑」嗎，既然都「彼此彼此」了，誰也別說誰，倒是想，正擔心進入賊營後，無人引見，陸之祺的出現，真是大好事，於是，滾鞍下馬，且也雙手抱拳還禮，並故作驚奇地喚著陸之祺的表字說：「啊喲喲，這不是宏圖兄嗎？想不到此時此地，得遇故人，真是太巧了。」

陸之祺也立刻下馬，上前拉住他的手說：「辛巳一別，不覺三年，拳拳友情，渴想殷殷。」

韓霖自然也和他客氣一番，並說起了迎降之意，陸之祺立刻豎起大拇指稱讚說：「沛之，貴婿姜總戎這是識時務之舉，自古歷來，有興就有廢，朱明失德，天怒人怨，做臣子的徒做無益之爭，只能自己受累，百姓吃虧。」

韓霖一聽此言，連連點頭。但此時他不能將心事盡情坦露，只求他代為引見闖王，陸之祺自然一口應允，於是，二人重新上馬，陸之祺在前，韓霖緊隨其後，一路迤邐而行，看看寧武城已在望了。

韓霖馬上留心，他注意到，此時兩邊的遊動哨多了起來，三五騎一行，十八騎一撥，高頭大馬，明盔亮甲，顯得個個英武，經過的山口或是關隘，都有重兵守戍，路兩側布滿拒馬和砦岩，兵士們手持刀劍，認真地盤問過往行人，他們這一行因有陸之祺帶領，雖未受到盤問，但望著士兵們手上寒光閃閃的刀槍，也不由心生忌憚。

轉過一個山坡，寧武城的北關赫然在目。

身為本省人，韓霖自然對這一帶十分熟悉。他騎在馬上，放眼一望，昔日三晉名關，幾乎一下認不出了——高大威武的城牆，竟像是一條破爛的布巾扔在那裡，雖仍連綴成一線，中間卻破了好幾個大洞，缺了好幾處口子；城樓半邊垮塌，半邊被大火焚毀；關前的大片曠野，折斷的弓弦和箭鏃，殘破的刀劍，觸目皆是；尤其是桑乾河的河灘邊，那如饅頭一樣拱起的新墳，大片大片，望不到邊，韓霖明白，那就是周遇吉和他的將士們的葬身之處。

進了北關，陸之祺讓他們把牛酒交與大順軍的人，然後帶著他們往城裡走，只見十字路口竟看不到一個行人，卻到處是斑斑血跡，噴灑得變成黑斑，成灘的尚未乾涸；幾隻野狗，因啃多了死人，吃得眼睛血紅，看見活人也齜牙咧嘴，韓霖等人不由避開，這裡昔日是最繁華的街市，眼下他只覺陰風慘慘，似聽見空中有冤鬼在哭泣，才走了半條街，竟覺得背上發麻，如遊陰曹地府，心想，周遇吉的不降，竟招致了如此的報復，誰無父母，又誰無兄弟？他們可全是血肉之軀啊！

可一邊的陸之祺卻像沒看見似的，僅腳下稍稍加快了一些。

看看情形，李自成的大營是絕不會駐紮在城內了，韓霖想，這樣的鬼城，三年五載只怕也沒人敢來。韓霖的情形，陸之祺早看在眼中，不由說：「當時這一場血戰本是可避免的，但周翠庵太不識時務了。」

翠庵是周遇吉的字。

韓霖忙說：「是的，識時務也是知天命，天命所歸，人力豈能抗拒？」

陸之祺又說：「他以為寧武堅固，自可掘鼠羅雀、攖城一守，可哪知自紅夷大炮一出世，這樣的城牆都不算一回事了。」

韓霖一聽流寇也有紅夷大炮，不由暗暗吃驚，心想，寧武城禁不得「紅夷大炮」一轟，大同、宣府又何嘗禁受得？

走了不遠，果然就在大校場看見了一排排的大炮，張著黑洞洞的炮口，正對著他們，韓霖略數了數，總有三十門之多，每門炮邊上都圍了好些人，一個官員模樣的人在向他們解說、演練，聽的人十分認真。韓霖心想，怪不得孫傳庭的上萬輛「火車」也敗於流寇之手，那種裹著鐵皮的木頭車，怎麼能敵這「紅夷大炮」呢？

穿過校場便是原來明軍的糧台所在地。寧武本是九邊一大衛所，山西鎮的駐地，長期大量屯兵，且分汛周邊各處，所以這裡的倉儲頗具規模，一排排的穀倉，分孝、悌、忠、信，禮、義、廉、恥八個區，每區各有十間，可裝積穀五百擔。韓霖任職戶部時，曾來寧武視察過倉儲，對這裡的情形十分熟悉。眼下，他一見這一排排的倉廒，不但間間倉廒皆十分充實，貼了封條，且在倉廒之外，還有用竹簟圍起的土圓倉，裡面也是儲糧，露出金燦燦的穀粒，這還不算——在他們穿過幾間倉庫後看到，在通往糧台的大路上，成排的運糧大車，還在不斷地向這裡傾卸糧食。

韓霖心中不由讚歎道，流寇能有如此氣候，這與他們能廣儲糧秣是分不開的，而眼下的大同、宣府，因南漕斷絕，正鬧糧荒呢。

這時，他們終於穿過了死寂的寧武城。一出南關，韓霖不覺眼前一亮，只見前面的河灘及兩邊的山谷裡，像拋沙撒豆一般，布滿了大大小小的白色帳篷，有方形的，也有圓形的，它們連綴成一片，鼓柝相聞，號角嗚咽；旗幟招展，井然有序，且綿綿橫亙，直接天際。韓霖是見過世面的人，洪承疇的關寧軍，孫傳庭的五省剿賊聯軍，他都親眼目睹過，可從未見過如此強大的軍團，也實在估算不出這裡究竟有多少人馬，心中只暗暗慶幸，這就是多虧自己見機，多虧姜瓖能聽從自己的建議，否則，大同城怕不成寧武第二。

看看又走了七八里，到了一處十分寬敞的大草灘，放眼一望，綠草如茵，是一處天然的跑馬場，只見草場的一端搭了一座高台，上面坐了幾個將領，有人手持小紅旗，向前面左右揮動；草場中，大隊騎兵在演練馬術。

他們來的路上，韓霖便注意到有不少步兵在操練。他們大概是以營哨為單位，幾百人、上千人一股，或走隊形，或演習陣法，無論是火槍隊、長槍隊，還是短刀隊、籐牌隊，無不認認真真。但這裡是在操練騎兵，場面比先前看到的大得多，他約略一估算，總有數千人馬，但人雖多，卻肅靜、整齊，號令一下，似乎連地上掉口針也能聽到，他不由佩服地望了台上的指揮官一眼，這一望，不由大吃一驚——那穩坐將台的，分明是他的一個熟人，是誰？

「那不是陳享之陳永福嗎？」韓霖幾乎要叫起來。

在明軍中，有兩個將領是李自成恨之入骨的人，因為他們與李自成有私仇，一個是高傑，他是米脂人，是李自成的同鄉兼好友，李自成造反時，他追隨左右，是李自成的貼心豆瓣，可高傑後來卻與李自成的妻子邢氏私通，被李自成發覺，高傑乃帶著邢氏逃走，並投了官軍，因作戰有功，升到了二品總兵，所以，李自成曾發誓，要活剮了高傑。

另一個便是陳永福。陳永福是一個神箭手，曾任明軍參將，這以前協守開封，李自成攻開封時，在城下叫陣，他在城頭看得真切，乃躲在女牆後，暗暗開弓引箭，瞄準李自成就是一箭，這一箭不偏不斜，正中李自成的左眼，可惜因距離太遠，未能貫穿，但李自成從此就成了獨眼龍，陳永福卻因此官升兩級，由四品參將，升到了正二品總兵。

開封被攻陷後，陳永福突圍而出，後與高傑一道，受孫傳庭節制。韓霖曾經想過，西安府的朝廷官員，都有可能投降李自成，唯獨高傑、陳永福這樣的人不會降，因為他倆算是與李自成結下了血海深仇，孫傳庭敗，西安破，他若突圍不出去，便只有死路一條的了，可眼下在高台上指揮的，不是陳永福又是誰呢？

「是的，那正是陳享之。」一邊的陸之祺悄悄地證實了他的猜疑，享之是陳永福的字。

韓霖忙說：「他，他，他不是與大順皇上有一箭之仇嗎？未必——」

陸之祺淡淡地一笑，說：「不錯，在開封，他確曾有過犯駕之舉，使我皇上破了相，後來，又追隨孫伯雅，與我軍為敵，到長安破，他與高傑死不投降，高傑突圍走延安，他卻據守一座山頭，屢攻不下，還是我皇上當眾折箭為誓，說當初是各為其主，不能怪你，眼下大勢去矣，如你投降後，朕還記那一箭之仇，有如此箭，陳永福終於被感動，於是，率眾來歸，我皇上不修舊怨，反沛新恩，馬上讓他作了三品制將軍，帶五千馬隊。」

韓霖一聽，大受感動。心想，連陳永福這樣的人李自成也可不殺，且還受重用，姜瓖又還有什麼值得猶豫的呢？

姜瓖派韓霖赴寧武通款之際，大同城內已是風聲鶴唳了，巡撫衛景瑗更是每日如坐針氈。還在正月初一，西邊便警報頻傳，謂流寇李自成率百萬大軍，由秦入晉，一路如火燎原，下太原，屠寧武，兵鋒所向，無人能阻遏其馬蹄，照此速度，不到三月，就要殺到大同。

衛景瑗得知此訊，急忙來找姜瓖。

其實，早在寧武被圍時，衛景瑗接到周遇吉的求援信，便曾催促姜瓖出兵，說寧武不守，大同危矣。可姜瓖說大同兵眾雖有十萬，但欠餉已達半年，士無鬥志，要救寧武，除非能關清欠餉。這話說起來雖是振振有詞，衛景瑗卻無以為答。自己雖身為巡撫，但手中確實一無糧二無餉，俗話說，皇帝不差餓肚兵，不能關清欠餉，怎麼能驅使兵士為你賣命呢？

衛景瑗無話可說了。眼下，流寇果然就要殺到大同了，難道不關清欠餉，就連大同也不守了？無奈，衛景瑗只好親自前往總兵衙門去見姜瓖。此番姜瓖見了衛景瑗很是熱情，衛景瑗腿腳不大靈便，他親自到轅門將衛景瑗扶進來，說：「衛撫台，您怎麼親自來了呢，不就是因為李闖嗎，闖賊號稱一百萬，但據末將估計，不過在二三十萬之間，可我大同兵有十萬，陽和兵十萬，宣府尚有二十萬，就說士氣不行，攻雖不足，守卻是有餘。」

衛景瑗一聽這話，有些不相信。其時，他已風聞姜瓖派人向李自成通款事，於是試探說：「聽將軍如此一說，學生就放心了，朝廷養兵，用於一旦，若失守封疆，那可是死有餘辜了。」

不想姜瓖一聽這話，便冷笑說：「衛撫台，話說到這份上，末將也把話挑明了，您口口聲聲說朝廷養兵，可欠餉卻快大半年了，這不是又要馬兒跑，又要馬兒不吃草嗎？」

衛景瑗也料到他會有此說，於是歎了一口氣說：「此事學生想來想去只有一條路——朝廷財力支絀，就是皇上有餉撥來，也遠水難救近火了，若要激勵士氣，只能向代王開口。」

姜瓖一聽這話，不由咧開大嘴笑了——他要的便是這句話。於是連連點頭說：「衛撫台果然有辦法，末將可說與您想到一起了，不是嗎，代王可是皇上的叔爺爺，世守大同，廣有家財，若是大同不守，流寇來了，王府的金銀財寶能歸他有嗎，只怕連命也保不住吧？何不往外拿一點點，救一救急呢？」

說著，便提出要衛景瑗去向代王說。衛景瑗說：「姜將軍，請代王捐輸助餉的事由學生去說可以，不過，學生有一個條件。」

姜瓖忙說：「什麼條件？」

衛景瑗說：「若代王肯發府庫勞軍，則將軍一定要激勵將士，誓死效忠皇上，與流寇決一死戰，與大同城共存亡。」

姜瓖見說，連連拍著胸脯保證，說撫台大人是忠臣孝子，末將也要做忠臣孝子，只要能保證關清欠餉，他一定死守大同，可衛景瑗不信，提出要與姜瓖歃血為盟，姜瓖居然也答應了，於是，二人焚香秉燭，折箭為誓，歃血為盟，真是面對蒼天，信誓旦旦。

接下來，衛景瑗便去拜會代王。衛景瑗向代王勸捐，也進行得十分順利。不是說代王通情達理，急公好義，而是利害擺在面前——這以前的周王、襄王、福王，眼下的秦王、晉王不但不保家財，且也不保首領，若真的大同也守不住，他豈不是要步諸王後塵？所以，衛景瑗才開口，他便答應拿出兩萬白銀，三萬斛米穀，見衛景瑗面有難色，他立刻追加到三萬白銀，五萬斛米穀。

衛景瑗見狀，說：「賢王如此慷慨，眾將士若不拼死殺賊，天地不容。」說完，朝上一揖到底，然後告辭，興沖沖去向姜瓖報告，當天兌現錢米，眾兵將歡欣鼓舞而去。不想才過了一晚，從人跑來報告，說代王的兒子帶了代王府一百多護院家丁，包圍了撫院，衛景瑗的一個僕人不知就裡，剛走出撫院，竟被王世子一箭射倒。衛景瑗大吃一驚，忙親自出來見王世子，問所為何事？王世子卻指著他的鼻尖大罵道：「姓衛的，你的良心讓狗吃了，你也是個讀書人，我朱家待你不薄，你為什麼暗地與流寇通款，出賣大同？」

衛景瑗不由大吃一驚，忙問道：「此話從何說起？」

王世子說：「你不要裝佯，你原來是陝西人，與李自成是同鄉，眼下大同城中，誰都知你早已與闖賊暗通消息，要將大同城獻與賊人！」

原來這是姜瓖幹的。他明裡與衛景瑗歃血為盟，暗中卻四處散布消息，說衛景瑗早已與流寇暗通消息，只等流寇薄城，他便要開門納款。衛景瑗只好指天矢日，又拍胸脯保證說，自己雖是陝西韓城人，但陝西人並不個個都是賊，自己更是食君之祿，忠君之事，絕不會與流寇同流合污。

但任他對天發誓也好，拍胸脯保證也好，王世子就是不信。並指派家丁，將衛景瑗困在撫院，不准他離開半步。

衛景瑗此時就是一腔熱血，也無處拋灑了。

三月初一日，大順軍兵薄大同。數十萬大軍，一下將大同圍個嚴嚴實實，代王親率諸子及家丁上城協守，姜瓖也和弟弟、前昌平總兵姜瑄上了城頭。

清晨，大順軍尚未攻城，姜瓖見王世子來到城頭，便趁代王世子不備，竟一箭將王世子射死，他弟弟及手下心腹將校早已準備，見狀立刻在城頭豎起一面大白旗，又大開城門，放大順軍入城。可憐此時代王才如夢初醒，但一看周圍，全是姜瓖的人，他不甘心，一邊掙扎，一邊破口大罵，立刻被姜瓖指揮手下，將他捆得緊緊的，獻與李自成。

衛景瑗在撫院尚不知消息，但聽城外炮聲隆隆，估計敵人已薄城下，他趁代王府家丁監視稍懈，悄悄從後門溜了出來，走在大街上，只見滿街行人亂跑，店舖紛紛關上大門，他攔住一人問消息，這人認得是巡撫，一邊跑一邊說：「姜總兵開城迎降了，你也投降吧。」

衛景瑗不由愕然，就在這時，一大隊大順軍騎著高頭大馬跑了過來，領頭二人，正是姜瓖兄弟。姜瓖一見他，忙向大順軍前鋒主將劉體純介紹說：「他就是衛景瑗。」

劉體純一見衛景瑗，忙用馬鞭指著他的鼻尖說：「衛景瑗，你怎麼不降？」

衛景瑗不由跌坐在地，失聲痛哭道：「皇上啊皇上，你怎麼用姜瓖這種無廉恥的人帶兵！」又指著姜瓖大罵道：「姜瓖惡賊，你已與我歃血為盟，要做忠臣孝子，今背叛國家，認賊作父，你會要遭天譴的，你會不得好死的！」

劉體純手下人見他出言不遜，拔出刀來，便要砍掉這個狗官，卻被劉體純用眼色制止住了，於是，眾人將衛景瑗擁到代王府。

此時，李自成的後路大軍尚在百里之外，軍中以劉芳亮、劉體純為主，他二人高居代王的銀安殿，眾人將衛景瑗推上來，衛景瑗只哀哀痛哭，卻立而不跪，眾軍士又要強使他下跪，劉體純卻手一揮說：「這是個忠臣，平日官聲尚好，就不要為難他了。」

於是，他吩咐手下，將衛景瑗關到代王府邊上一間破廟裡。

夜深人靜，衛景瑗一人在廟中垂淚。一個老僧前來勸他，衛景瑗歎口氣說：「疆臣不能盡責，死有餘辜，遺憾的是因顧及老母，不能痛罵逆賊，真是忠孝難兩全啊。」

老僧猶豫了許久，才囁嚅著說：「太，太夫人得知大人被俘的消息，早已自盡了，就是尊夫人、貴公子，都未能倖免。」

一聽闔家殉難，他只能一聲長歎。

四

攝政王爺

1 潛龍勿用

正月初五日，睿親王多爾袞正在府中看奴才們唱秧歌——無非就是由三四個男僕，有的扮大面，有的扮參軍，塗脂抹粉，穿紅著綠，手中敲著小木棒，踩著高蹺，配著鑼鼓點兒對舞、調笑。

自從四個月前太宗皇太極病逝，由眾臣推舉他和鄭親王濟爾哈朗為左右議政王以來，睿親王痛兄長之逝，日日難展愁眉；加之政務繁忙，前不久，為偵察明朝的虛實，又親自去了一趟關內，不久前才匆匆趕回，眼下政務積下一大堆，更難得有清閒的日子，今天算是破例了。

這時，唱秧歌的從後院唱到上房前來了。他們中，那個扮參軍的最善滑稽，幾個動作就將睿親王、福晉和其他女眷們逗得哈哈大笑。不想就在這時，門丁進來通報：祕書院大學士范文程求見。

多爾袞一怔，趕緊令停了鑼鼓，急匆匆去前廳來見客。

福晉正看得高興，不知王爺為何要停止，他也不願多解釋，只揚了揚手，便往前頭來。

范文程本是宋朝名臣范仲淹的十七世孫，祖籍江西，先世因獲罪謫居瀋陽，他一家因此也寄籍撫順所，曾祖父范聰，正德年間官至兵部尚書，他和弟弟文寀都是明朝的秀才。

努爾哈赤攻陷瀋陽時，他被俘虜，同時被俘的共十七人，當時準備都殺掉的，他們也自知斷無生路，正引頸就戮之際，努爾哈赤忽然問道：「你們中有識字的沒有？」

范文程忙大聲說：「罪民乃是明朝生員。」

努爾哈赤大喜，下令將這十七人全免死，且讓他以包衣的身分在營中聽用。

原來努爾哈赤自薩爾滸之戰，大敗明軍四路大軍後，早已雄心勃勃，有志問鼎中原，因此，他極需懂漢文的人才，范文程世居瀋陽，不但能懂滿語，漢語且是他的母語，四書五經更是爛熟於胸，是努爾哈赤心目中的能人。

於是就憑著這秀才的頭銜，他不但得保首領，且連同伴的命也保住了。

這以後，太祖又代他交了贖金，他遂以自由人的身分正式出仕清國，為清兵征朝鮮、征蒙古屢出奇謀；又因他文筆極佳，得代大汗起草書檄，幾年下來，官至祕書院大學士，進爵至二等甲喇章京。

這以前，范文程極受努爾哈赤和皇太極的信用，作為一個漢人，他得以參與密勿，常一人奉召與大汗密談至深夜；到皇太極時，他更是被倚為心腹，每遇大事，眾臣議決不下，請示皇太極時，皇太極必問：此事范章京知道嗎？若回答說：不知道，皇太極必說：何不與范章京商量？

皇太極重用范文程，多爾袞也視范文程為智囊，對他十分恭敬。眼下他來到正廳，遠遠地看見范文程鵠立於儀門外，頭戴孔雀花翎，身穿正一品文官補服，立在門前，威嚴而不失恭慎。

多爾袞猛然記起，漢人官場禮節是主隨客便，來客時，客人若是著的公服，則主人也須著公服；客人若便服來拜，則主人也可改著便服。原以為新年新歲，范文程會要隨便些，不料也是如此認真，心想，這范文程真是個講究禮儀的人，這以前雖受先帝寵信，但他從不恃寵而驕，就是在諸王及各大臣面前，禮節上也從不含糊。比較起來，他們作為游牧民族，君臣、父子、兄弟之間，於禮法上很隨便，眼下自己身為議政王，有志移風易俗，改革舊章，那麼，就應該率先垂範，處處留神，小事也不放過，不能讓這班漢臣看笑話。

想到此，他趕緊轉身回去換公服。

不錯，范文程只是來給睿親王拜年的。正月初一，他伺候皇帝、眾親王舉行過大朝儀，滿人的習慣，這天要祭堂子，漢人無須參加，於是，皇帝在諸王隨侍下祭堂子，他便奉旨代表皇帝，分別依次祭祀孔子、春官及諸神，到初五才有時間出門拜年。

睿王府是他拜的頭一家，他還要分別去拜鄭親王、禮親王及英、豫諸王爺、貝勒，所以見了睿親王後，只略說了幾句祝福的話便準備告辭，不想睿親王卻一把拉住他說：「坐，坐，范先生，既然來了，多坐一會無妨。」

范文程說：「王爺府上像是有事，微臣就不打擾了。」

睿親王臉上不由微微發燙，知道瞞不住了，便說：「沒關係，那只是奴才們在唱秧歌，我們滿洲，本有正月十六『走百病、脫晦氣』的習俗，或男女出遊，或聯秧打滾，入夜尤多，不過，這些關外的民間小調，畢竟不如中原正音，難登大雅之堂。」

不想范文程卻說：「是嗎，秧歌之戲，不但中原各地有，就是江南也有的。不過，不叫唱而叫扭。」

睿親王一聽江南也有唱秧歌的，這才鬆了一口氣，忙說：「啊，孤還以為這只是我們東北才有的陋習呢。」

范文程對睿親王的心事是摸透了——眼下的大清，這以前還稱大金汗國，尚只是一個穴洞而居的游獵民族，刀耕火種，茹毛飲血，比中原地區不知要落後多少，後來，太祖努爾哈赤龍興建州，篳路藍縷，白手起家，只兩代人工夫，不但剿滅各部，統一滿洲，且臣服蒙古、朝鮮，攻掠中原，稱雄一方，連大明朝關外的土地，也大多落入他們手中；到了太宗皇太極手中，更是數次進關，深入內地，打得堂堂大明只有招架之功，毫無還手之力。

今天，睿親王以議政王的地位，早已立下滅明朝、定中原的大計，在睿親王眼中，論武力，明朝處處不如大清，但說起詩書禮樂，滿洲卻不如中原遠甚。所以，睿親王在他們這些漢臣面前，提到文事，總有幾分自慚形穢之感。為此，他不但開設漢學，提倡皇族子弟向漢人學習，自己更是拜范文程、洪承疇等漢人為師，亦步亦趨，言必信，計必從。范文程看出睿親王有心向化，便時時向他灌輸這些。

眼下睿親王為解嘲，便說：「不意秧歌這種小玩意江南也有。」

范文程忙說：「據臣所知，中原各地，雖有十里不同音，百里不同俗之說，但元日秧歌之樂卻大多相同。若問其究竟，王爺方才說是走百病、脫晦氣，江南的秧歌也是為了娛神，秧者，穀神之屬也，江南春插時，還有鳴銃放炮，開秧田門、祭秧神的儀式。」

接下來，范文程和睿王從娛神說到祭神，漸漸地便扯到了孔子和文廟。

其實，在東北也不乏尊孔之所，只不過沒有文廟和貢院，孔子的神像與諸神並祀。

范文程明白這些所謂神的由來——最早的女真民族除了打獵、摸魚、挖人參、採松子外，其餘什麼事也不會，直到後來才發展為農業社會。為此，他們攻打中原地區時，每佔一地，除了金銀和婦女那是非搶不可之外，其他也是能帶走的盡量帶走，另外，還俘虜醫巫百工，回去供他們奴役。這在宋朝和金國對峙之前，便已是屢見不鮮了。

來自中原地區的能工巧匠們，雖淪為奴隸，但在主人眼中，其地位比一般的奴隸要高，待遇也要稍好，因為他們能為統治者修造宮殿，打造工具和兵器，教他們紡紗、織布、煉鐵，教他們製藥、治病救人，他們對這些人十分信服，久而久之，便有五行八作的祖師廟出現，女真人將這些祖師爺統統稱之為神，且將這些神與孔子並祀。

年初，范文程在祭孔時，便也要去分祭這些神，什麼皮匠、鐵匠、木匠的祖師爺以及藥王菩薩，范文程都得恭恭敬敬地在他們面前燒一炷香，磕一個頭，雖已降清做了夷臣的范文程，在藥王孫思邈的像前磕一個頭還不覺委屈，但要他去磕那些面目醜陋、模樣粗鄙的皮匠、鐵匠祖師爺，心裡真不是滋味。

眼下，睿王問起關內的祭祀。范文程於是說：「關內是諸神分祀，各行各業只拜自己本行的祖師，讀書人則只拜孔子，頂多也就是『四配』和七十二賢。」

睿王問：「何謂四配？」

范文程於是向睿王說起了復聖顏淵、宗聖曾參、亞聖孟子和述聖子思，說起了這四個人對儒學的發揚與光大，睿王聽得十分專注，末了他又問道：「那麼，這老子又是什麼人呢？」

這一問，又是個大題目。范文程只好說起老聃和他的《道德經》，說此人為道家創始人，年代約早於孔子，在中原，道家與儒家為兩大學派，所以，獨尊孔聖的文廟不會供奉老子。

睿王真是「洗耳恭聽」，一字不漏。范文程滿以為他所知道的應是問完了，不想睿王又問道：「《四書五經》中不是還有易經嗎？這《易經》又是誰寫的呢？」

儘管范文程今天還想去拜很多的客，但他卻對睿王之問不厭其煩。他明白，睿王眼下是大清的實際掌權者，不但統率滿、蒙、漢八旗，說不定就在不久的將來，還要統治中原，統治全中國。那麼，能盡心啟沃出一個文明禮義之君，雖統治中國，卻不喪失華夏傳統的詩書禮樂，雖不是漢人當皇帝，卻仍使漢人固有的道德與法治得以傳承，這不是讓一個不通文墨、只知殺戮的夷狄之君來統治中國更好麼？

睿王雖傾心向學，但他太忙，日理萬機，難得有今天這樣的閒暇，雖說聖明天縱，畢竟啟蒙太遲，要學也學不來，今天既然問及，豈能不盡心奉告？

於是他又向睿王說起了《易經》：「《易經》又名《周易》，由卦、爻兩種符號和卦辭、爻辭兩種文字構成，相傳為伏羲氏首創。另外，周公和孔子對《周易》的豐富和發展也做了相當大的貢獻，可以說，這是一本蘊含了深奧哲理的書，正因為深奧，所以，後人對它的內容的闡述便不盡相同，有人曾窮一生之力，也未能真正弄通這本書的奧義。」

睿王說：「孤聽說，《易經》就是一本算卦的書，不但能卜個人休咎，知過去未來，且能預知國家大事呢？」

范文程說：「從外表看，《易經》確是一本卜筮之書，因為它由卦和爻組成。可供卜筮之用，但這只是它的一面，要知道，這卦辭和爻辭暗藏玄機，透過這些，從中可悟出許多人生的大道理。」

說到這裡，自然要扯上太極、兩儀、四象及六十四卦。於是，他又用手蘸著茶水，在矮几上畫出了太極和八卦的圖形，所謂乾三連，坤六斷，震仰盂，艮覆盂，離中虛，坎中滿，兌上缺，巽下斷。

范文程侃侃而談，聽得睿王興趣盎然，乃說：「既然如此，孤這裡也有此書，先生何不為孤卜上一卦，讓孤見識見識。」

說著，他真的隨手從書架上取出了《易經》，隔著茶几遞了過來。

這一來，范文程可作難了。且不說真要卜筮還須蓍草或龜殼等工具，另外，若真是預測什麼大事，這麼草率就卜，也顯得心地不誠。

睿王看出他的心事，忙說：「來來來，孤只是為了見識見識，這卜筮究竟是怎麼個過程，又不在乎它靈不靈的。」

其實，范文程平日也喜歡卜卦的，此刻，他只好取出幾枚天命通寶，代替蓍草，真的為睿王演試起來。

他將三枚銅錢放在手心，輕輕地合十向空搖著，然後往小几上一放，就眯著眼睛看它的正反，然後一一記在一張紙上，反覆數次，紙上的記號越記越多，最後，他便翻著書仔細地查對起來。

睿王興致勃勃地看著他演算，見他在翻書，便說：「什麼卦？」

范文程連連說：「奇，奇，奇，這是臣今年的頭一卜，竟均由陽爻組成，乾上乾下，為六十四卦中的第一卦——乾卦。」

睿王說：「乾卦吉祥不吉祥？」

范文程心中暗自猜疑：睿王不是說只看過程，並不是真的要卜卦麼，怎麼又問起這話呢？新年伊始，動手便卜出六畫皆奇的乾卦，這真是平生難逢難遇的奇事，而睿王這麼窮追，究竟是有意還是無意呢？

睿王似看出他心中的疑惑，忙說：「孤確是出於好奇，別無他意，不過，既然卜了，這結果也無妨聽聽。」

范文程只好說：「此卦六畫皆奇，上下皆乾，所謂陽之純而又健之至也，這是很難得的。卦辭為元亨利貞，這都是很吉利的字眼，是上上大吉。書上說，元者，大也；亨者，通也；利者，得宜也；貞者，正而固也，元亨利貞，乃是乾道大通而至正，不過——」

范文程說著，卻又沉吟著不往下說了。睿王不由焦躁，說：「不過什麼？您不要吞吞吐吐，也不要這麼認真，孤不是說過嗎，又不是成心讓你卜休咎，你只假設一下，設若此卦為孤有意而為，又是卜的國事，這將如何呢？」

范文程說：「若真是有心而卜，卜的又是國事，那麼它預示王爺，大清國的國運，好固然好，只是飛黃騰達的時機暫時不成熟。」

睿王說：「這也有什麼說的嗎？」

范文程說：「雖為乾卦，卻斷在初九，繫辭為潛龍勿用，這裡的潛龍應是指有大作為的君王，只因時機未到，他只能暫時蟄伏，也即孟夫子所說：雖有智慧，不如乘勢；雖有鎡基，不如待時。」

睿王聽了，似乎還未完全明白，又接過書來，自己翻了翻，念道：「天行健，君子當自強不息。這麼說，是機會還未完全成熟，我們不能急，只要敬天修德，便會有好消息來。」

范文程連連點頭說：「王爺理解得比臣透徹。」

於是，他從乾卦的初九潛龍勿用，直說到上九亢龍有悔，說宇宙間的事物，有陰陽、動靜、剛柔，它們之間是相互演變著的，既相生，又相剋，窮則變，變則通，通則久；過猶不及，否極泰來……

范文程盡自己所知，和睿王說起易理，說起陰陽變化。睿王恭敬地陪坐著，聽得十分認真，就像一個虔誠的小學生。

2 多爾袞的抱負

「窮則變，變則通」；

「飛黃騰達的時機還不成熟。」

直到范文程告辭後走了，多爾袞仍在想著卦辭，想著范文程的話。

這時他的福晉擁著兩個貼身宮女過來了，一見他不由笑眯眯地問道：「客人走了，可不可以再演秧歌？」

他抬頭看了看天，說：「天色不是已晚了嗎，留著明天再看吧。」

福晉一聽，不高興地噘著嘴坐在一邊。

多爾袞不由望著她皺眉。他不喜歡這個福晉，但這樁婚事是皇太極手中訂下的，為此，皇太極曾經剝奪了他一場美滿的婚姻，可以說，這是皇兄在他心中留下的唯一憾事。身為愛新覺羅氏子孫，多爾袞無法拒絕這樁令他頭痛的婚姻，但一看見這個福晉，眼前就會浮現出另一個人影，在向他閃著一雙憂鬱的眼神，而一想起這眼神，多爾袞的心，便摧肝裂膽地痛。

眼下，福晉生氣地走了，他巴不得她快些離開，好一人想心事：

太祖爺努爾哈赤說過：大而變小，小而成大，古來興亡變遷之道甚多。又說：我金汗身行正道，上天眷愛，況南京、北京、汴京本非一人所居之地，乃女真、漢人輪流居住之地，我的子孫，應時刻以進兵中原為念，有朝一日，要光復大金汗國的疆土。

他想，今天這卦辭與目下的情形何其相似啊！我大清兵強馬壯，滅亡明朝、統一大江南北，實現父兄兩代人的願望，已是近在眼前的事，所差的就只是時機了，時機不到，潛龍勿用。

想到這些，多爾袞不由思緒萬千……

三十三歲的多爾袞，一生最敬佩兩個人，這就是父親努爾哈赤和哥哥皇太極。論起來，努爾哈赤出身貧寒，他母親早逝，受繼母虐待，十九歲便分家另過，挖人參、採松子、獵野豬，只要能換錢的事都幹。

那一年，祖父和父親——時任建州左衛都指揮的覺昌安、和任左衛指揮的塔克世隨明軍出征阿台，結果父子二人，被明軍「誤殺」。覺昌安和塔克世一直被明朝譽為「忠順學好，看邊效力」的好酋長，眼下卻不明不白地被殺了，明軍無法向努爾哈赤交代，為報償其祖、父的冤死，乃將覺昌安遺下的「建州左衛都指揮」一職改授努爾哈赤。

區區一都指揮，不過是明朝的一個守邊小吏，與看門狗差不到哪裡，努爾哈赤打心底看不起這個職銜，乃強嚥仇恨，返回故鄉。

不久，他即以祖、父留下的十三副鎧甲起兵，開始了統一女真各部的神聖事業。以最弱小的一個部落，經過十餘年的戰爭，「小而成大」，終於完成了統一大業。

這以後，創立八旗建制和女真文字，訂立各種制度；攻蒙古，掠朝鮮，敗明朝，四處征戰，揚威四邊；薩爾滸一戰，破明軍四路圍攻，連下遼陽、盛京、海州等七十餘城。終於稱皇帝，定都瀋陽，建國號曰「大金」，年號曰「天命」，五大臣議政，四貝勒行權，只可惜寧遠一戰，為袁崇煥所敗，努爾哈赤才抱恨而終。

無疑，父親是個傳奇人物，這是不但在愛新覺羅氏家族內部，就是他們的敵人，也不得不承認的事實。努爾哈赤不但體形魁梧，聲音洪亮，有超人的武藝和膽識，更重要的是他能在危急關頭，鎮定自若。

就是那一回，面對葉赫、輝發及科爾沁九部的聯合進攻，敵我雙方兵力懸殊，形勢險惡，家族中，有人膽怯了，準備投降。可努爾哈赤卻從容鎮定，眼看敵人已經出發，他卻仍在睡大覺，他的側福晉富察氏急了，將他推醒說，你還有心思睡覺，敵人都打到家門口了。他卻輕鬆地笑著說，怕什麼，九部人數雖多，卻是烏合之眾，且人心不齊，都想保存實力，只要能打敗一部，其餘就都散了。

結果，一切都如他所料——九部聯軍被他打得大敗，科爾沁部的首領明安馬陷泥淖中，衣服丟失了，馬鞍不見了，只得穿條短褲，騎匹無鞍馬逃回家。

那時的睿親王多爾袞，雖只是個十來歲的小孩，無從參與戰鬥，但對父親的豐功偉業，卻耳熟能詳，他為自己能有這樣的父親而驕傲。

努爾哈赤死後，由四貝勒皇太極即帝位。

在努爾哈赤五妃十六子中，皇太極排在第八，關於他得承大統，皇族內部有許多流言，其中就牽扯進了多爾袞，但多爾袞卻不太相信。

皇太極似乎生下來就有皇帝命。他誕生時，努爾哈赤只是一個小小的部落酋長，根本就不具備稱帝的條件，但於無意之中，竟為這個兒子取名「皇太極」，他直到後來才知道，漢人的儲君稱「皇太子」，而蒙古人的儲君則稱為「黃台吉」。這兩個名稱都與「皇太極」三字諧音。

努爾哈赤認為這是天意。

皇太極本來也就有繼承大統的份。他是努爾哈赤原配、也就是廟號為孝慈高皇后的葉赫那拉氏所生。葉赫那拉氏性格溫柔賢慧，行事穩重大方，被眾人尊稱為「蒙古姐姐」，可惜只活到二十九歲就死了，努爾哈赤為此一個多月不喝酒、不吃肉，以此來弔唁這位難得的皇后，按傳統的繼承法，子以母貴，皇太極繼承帝位應無疑義。

但後來發生的一些事，卻使得皇太極的繼承有些不尷不尬，這也就是流言的由來——努爾哈赤諸子中，有兩人可與皇太極匹敵，這就是長子褚英和二子代善，褚英死於努爾哈赤之前，他是因對努爾哈赤不滿，被囚禁後死去的；而二子代善卻因一些細事失歡於努爾哈赤而不被重視。努爾哈赤晚年寵愛大妃納喇氏，這就是阿濟格、多爾袞和多鐸三兄弟的母親，因受寵，被立為大妃，「大妃」也者，大福晉之謂也。

努爾哈赤以十萬大軍征明，卻敗於只有萬餘人馬的寧遠城下。這是他自起兵以來，從未有過的奇恥大辱，回去後，鬱鬱不樂，終於疽發於背，為此，他去溫泉療養，但病情不見好轉，就在返回盛京途中，崩於靉雞堡。

努爾哈赤死時，身邊只有大妃，據她說，大行皇帝臨終遺言是傳位於多爾袞。

此言一出，石破天驚。不是說「國賴長君」嗎？且不說多爾袞當時才十三歲，毫無戰功可言，再說，代善不是身居「四貝勒」之首嗎？就是努爾哈赤在世之日，四大貝勒就已參與控制軍國大權，眼下努爾哈赤崩逝，卻將政權交與一個「黃口孺子」，這不是成心挑起內亂嗎？

眾人斷定，這遺言，斷斷乎不是遠見卓識、雄才大略的開國之君的原話，只能出自頭髮長、見識短的婦人之口。

魚在水中，卻不知深淺——大妃這是自己找死啊。

於是，四貝勒和五大臣公議，推戴皇太極為帝。

皇太極謙讓再三，「盛情難卻」，於是，他於努爾哈赤靈前即皇帝位，尊先帝為太祖，改年號為「天聰」，以明年為天聰元年，至於那個心比碌碡還大的大妃，竟被迫為大行皇帝殉葬——據說，這才是先帝的遺詔。

大妃納喇氏像是過重大節日似的，她換上禮服，佩上金銀珠玉，用三尺白綾，去實現永遠追隨大行皇帝的夢想。臨終，她痛哭失聲，將三個未成年的孩子託付與眾貝勒，他們還需要人照顧啊！

多爾袞永遠也忘不了那個生離死別的場面，兄弟仨眼睜睜地望著母親離開了他們，但多爾袞卻並不記恨皇太極，因為這個哥哥對他太好了，就是後來，有些流言蜚語傳到了他的耳中，將情斷理，他也認為這不是實情——的確，偉大的太祖高皇帝，能洞察秋毫，明見千里，在交代身後事時，絕不會留下後患，將自己未竟的事業，交與一個未成年人。

儘管有這樣那樣的流言蜚語，但皇太極對自己的親弟弟，卻一直關懷照顧。

在皇太極眼中，多爾袞這個弟弟聰明機智，是個難得的人才，將來一定可當大任——也就是在皇太極手上，多爾袞被封為「和碩睿親王」，睿者，聰明睿智之意也，滿洲話稱為「墨爾根」。

那一回，才十六歲的多爾袞，和才十五歲的多鐸隨皇太極出征察哈爾，大獲全勝而歸。皇太極推功於多爾袞兄弟，說：「蒙天眷佑，初令兩幼弟隨征遠國，克著勤勞，克期奏凱，宜賜美號，以示褒嘉。」

於是賜多爾袞「墨爾根戴青」。

天聰五年，皇太極率軍征明，圍攻大凌河的祖大壽，祖大壽先是出城誘敵，大將圖賴中計，不等皇太極發令就率軍衝鋒，終於進入明軍紅衣大炮的射程，被明軍一陣重炮猛轟，死傷不少，副將孟坦且因此陣亡。

其時，貪功的多爾袞就是跟在圖賴身邊衝鋒的人，皇太極在追究責任時，卻撇開他口中常念叨的「墨爾根」，專責圖賴，又派國舅去多爾袞營中，責備多爾袞的下屬，怪他們未能保護好「墨爾根」，並說：若「墨爾根」有失，可要把你們砍成一堆肉泥。

兄弟之情，溢於言表，終皇太極一生，都十分看顧墨爾根。

當然，多爾袞尊敬皇太極，並不是因於皇太極的眷顧之情，重要的，是他對皇太極一生功業的佩服，就是這個哥哥完成了父親未竟的事業。在皇太極手上，不但臣服了朝鮮和蒙古，且能數次深入中原，用反間計除掉了大清的死對頭袁崇煥，打得堂堂大明毫無招架之功，終於完成了滅亡明朝的所有準備。

皇太極以聰明神武之資，抱統一天下之志，目光遠大，手段翻新，就是在他手中，奠定了滅明的大業，讓多爾袞佩服不已。當時，面對勢力強大的明國，大清偏居一隅，雖取得一些成功，但要從根本上摧毀這樣一個大國，就如同一把小小的鋸子，要鋸倒一棵參天大樹。謀臣張存仁向皇太極貢獻三策，曰：鎖喉、刺心、剪枝。鎖喉即先一步拿下山海關，截斷明朝關內外的聯繫；刺心則是繞道長城，直取北京；剪枝則是先收拾明國的關外各據點，再次第進兵關內。

皇太極先採用剪枝之策，為拿下關外的據點，第一步便是招降明朝的大將祖大壽。

祖大壽是遼東人，兄弟子侄親戚，世代為明守邊，在關寧一帶明軍中，有著一呼百諾的號召力。

那一回，皇太極使反間計，誘使崇禎皇帝將守邊大將、那個讓努爾哈赤抱恨終生的袁崇煥活剮了。祖大壽恨皇帝不公，錯殺忠良，於是帶著自己的人馬回到錦州。皇太極一直想招降他，可他卻仍不改初衷，且屢次打敗清軍。

後來，皇太極探聽到祖大壽的家族的居住地，將他的兄弟、子侄全部請到盛京，可祖大壽仍然無動於衷，直到他駐軍大凌河，被皇太極包圍後，糧盡援絕。在眾將都投降後，祖大壽才終於同意投降。

他在拜見皇太極時，皇太極將御服黑狐帽、貂裘賜他，且對他慰勉有加，他提出要回錦州招降餘部，皇太極不假思索便同意了，可他一回到錦州，卻又改變主意，且在皇太極率兵攻錦州時，親發紅衣大炮轟擊，幾乎要了皇太極的命。

直到後來松遼大捷，連明朝的薊遼總督洪承疇也被俘了，困守錦州的祖大壽已走投無路，才出城投降。

皇太極的左右，都對祖大壽恨之入骨，紛紛向皇太極進言，說此人反覆無常，心狠手辣，今日窮途末路才降，只怕有機會他又會跑。可皇太極卻寬容地笑了，他對祖大壽說：將軍不必介懷，過去的事就讓它過去吧。這以後他對祖大壽寵信有加。這一舉動，使得祖大壽痛哭流涕，終於死心塌地降清了。

這以後，皇太極又數次深入關內，鎖喉、刺心，幾次殺得明軍毫無招架之功。

眼下，哥哥皇太極如日中天之年，卻賫志而沒了。多爾袞明白，父兄那滅明的千斤重擔，義不容辭地落到了自己的肩上。國喪之期，面對才六歲的侄兒、新皇帝福臨，他記起哥哥皇太極的臨終遺言，無時無刻不在注視著關內的形勢。

3 十七年前的故事

「十四哥，新年大吉！」

范文程剛離開睿王府，豫王多鐸和英王阿濟格就笑盈盈地走了進來，豫王先開口跟他拜年，長他六歲的哥哥阿濟格，也跟著向他拱手說：「十四弟，恭喜恭喜！」

阿濟格、多鐸和多爾袞是一母所生的兄弟，他們自知才能不如多爾袞，母親死後，他們兄弟團結得很緊，且事事都聽多爾袞主張。

多爾袞一見他們，不由高興，他深有歉意地望著阿濟格說：「十二哥，小弟尚未跟你拜年，你倒先來了，這多叫人不好意思啊。」

說著，連忙把兩個兄弟讓到熱炕頭上坐了，指著矮几上的乾果說：「兄弟，嘗嘗。」

阿濟格大度地笑了笑，接續他先前的話頭說：「這有什麼，兄弟之間，還分什麼先後的。你是個大忙人，不比我們，不打仗就一身發脹，閒得只能看人唱秧歌，枯燥得很。」

一提到打仗，年輕的多鐸就來勁了，他大聲說：「哥，李自成已佔了西安，據我看，他早晚要打過黃河了；崇禎要兵沒兵，要將沒將，北京城早晚是守不住了，我們還不動手，只怕會讓流寇佔了先。」

「時機並不成熟啊。」多爾袞不由又想起了剛才的卦辭，他拍著多鐸的肩，卻望著阿濟格說：「十二哥，漢人有句成語說得好：螳螂捕蟬，黃雀在後。」

阿濟格一聽，立刻明白多爾袞何所指，不由點頭，說了一句滿人的歇後語：「是的，我看那個人是雪埋顪伊（木製神像）——早晚會露相的。」

多鐸不明白兩個哥哥在打什麼啞謎，他一會望望多爾袞，一會望望阿濟格，好半天才猜測說：「你們說的那個人——是豪格？」

多爾袞和阿濟格不由相視一笑，多爾袞說：「兄弟，你終於明白了，你說，他不正想做我們身後的黃雀嗎？」

多爾袞捨汗位不與皇太極爭，對流言嗤之以鼻，是緣於對皇太極的崇拜，是緣於皇太極對他的愛護；皇太極終其一生，對他這個弟弟也盡了做哥哥的義務。這是愛新覺羅氏不致內亂的根本原因，也是大清國臣民的福祉。

然後，皇太極身後，家庭內部的矛盾卻像醞釀已久的火山，突然之間，噴薄而出了——這就是皇太極長子豪格對帝位的覬覦。

比較起來，努爾哈赤六十八歲崩於靉雞堡那是壽終正寢，而皇太極卻是未盡天年——他死時才五十二歲，正所謂春秋鼎盛。

皇太極之死，在後世文人墨客的筆下，說成是因痛悼心愛的宸妃：博爾濟吉特氏傷心過度而成疾。其實，戲劇也罷，小說也罷，「情」字總是一個永恆的主題。你想，一個皇帝，為一個心愛的女人而傷心死，這本身便是一個好題材，現成的就有《唐明皇秋夜梧桐雨》。但事實是宸妃之喪，在崇德六年九月，時皇太極正在錦州前線，大戰洪承疇，聞宸妃病，乃趕回盛京，不料宸妃已逝，皇太極雖然哭至昏厥，且病了一場，但後來就後悔了，說：天生朕撫世安民，豈為一婦人哉？朕不能自持，這是天地祖宗對朕的懲罰。這以後，在群臣勸諫下，他又照常理事。須知錦州大捷，俘洪承疇，降祖大壽，這都是皇太極一生功業的大手筆，是奠定大清二百六十七年天下的基石之一，又豈是一個正患著相思病、懨懨的癆病秧子所能為哉！

他的死，是在宸妃死後的第三個年頭、即崇德八年八月。皇太極終其一生，豐功偉業，不愧為命世之主。但一個人總無法追求到完美——多爾袞清楚地記得他們兄弟之間，那一場非同尋常的談話，那是皇太極向命運之神投降，是向冥冥之中的造物主求恕。

謝天謝地，就因有那一次的談話，才為後來的帝位之爭，埋下有利於多爾袞的伏筆。

時維七月，塞外秋涼。皇太極的病時好時壞，漸入膏肓，他自己清楚，今秋恐怕再也無法與群臣逐獵於圍場了。那天，朝議散後，他獨留二哥代善和十四弟多爾袞於崇政殿談心。

空蕩蕩的大殿，寂然無聲，可聽見兄弟仨的鼻息，他們促膝並坐，就如尋常的百姓人家。皇太極先開口了，他目不轉睛地望著多爾袞，眼神一反常態，竟看不到半點平日常有的父親般的慈愛，卻有著令人捉摸不透的光，說是嫉妒，說不上嫉妒，說是希求，又談不上希求，一下於兄弟情份，生疏了許多。他說：「墨爾根，我的好兄弟，十七年前的故事，你還記得嗎？」

多爾袞一驚，十七年前，大妃——他的生母之死的場景，一下浮現在眼前。那可是母子之間的生離死別，怎麼能忘記呢？可今天，他的八哥、皇上，怎麼突然問起？要知道，他和代善、和皇太極，關起門來是兄弟，上得殿來是君臣。今天談的，既是家事，也是國事啊，能亂說嗎？他頓了頓，眼望他處，先穩住神，然後從容地說：「皇上是說皇阿瑪臨終？」

皇太極嘴角浮起一絲淺笑，那分明是嘲笑多爾袞的作假。他說：「兄弟，這個時候了，什麼事都可敞開說了。十七年前，皇阿瑪山陵崩塌，為這帝位之爭，大清門前，劍拔弩張，只差一點就要鬧出兄弟子侄相殘的慘劇，才興起的大清國就要亡了，不亡於明朝，卻要亡於內亂。這一點，你應該是刻骨銘心，永遠不會忘記的，也不該忘記的！」

多爾袞無言以答。是的，他該說什麼呢？這時，一邊老實巴焦的代善說話了，他長長地歎了一口氣，說：「皇上，過去的就讓它過去吧。」

皇太極喘著氣，搖了搖頭，說：「不，二哥，這些事，你不提起，我死之後，還是會有人提起的，墨爾根，你說是嗎？」

多爾袞仍是無言以答。

皇太極又說：「墨爾根，那些流言蜚語，你肯定聽到過，說我是篡位，皇阿瑪的遺命是傳位於你。墨爾根，這件事在這以前是諱莫如深，誰也不敢提起，今天，當著二哥的面我向你澄清，那不是流言，是事實——皇阿瑪的確是要傳位於你，大妃所傳的遺命，一點也不假。可是，兄弟，當時的你能嗎？才十六歲的一個少年，能用雷霆手段，平息內爭，不但使自己免遭殺身之禍，且能安內攘外，使皇阿瑪創下的大業，不但不中途殞殂，且發揚光大嗎？墨爾根，今天我實話告訴你，當時以你的力量，那是萬萬不能的！」

多爾袞這回點頭了，是心服口服的、發自內心的點頭。是的，當時覬覦大位的，不但有努爾哈赤的子孫，且還有叔叔舒爾哈赤的兩個虎子。而他呢，才是絨毛未脫的小鼈犢子，初生之犢能敵虎賁三千？

皇太極望著多爾袞在點頭，不由舒了一口氣，那一雙油盡燈枯的眼神裡，流露出無可奈何的光芒，就像那落日餘暉。他說：「墨爾根，今天你能了，在愛新覺羅氏家族中，你終於出脫成一個大能人了，誰人都不能與你匹敵。這些年來，我一直在暗暗地觀察你，你不但有堅忍不屈的精神，且有聰明神武之韜略，這就是帝王之才，他人沒有你獨有。我清楚，三十年河東復河西，一下又恢復到十七年前的局面了，當時只有我能繼承皇阿瑪的大業，今天，又只有你能繼承我的大業，我死後，這大位就傳於你罷，金簪兒掉在井裡——是你的，終究是你的，這就是命啊！」

多爾袞乍聽此言，如雷貫頂，一下竟懵了，忙「撲通」一下，猛地跪倒在地，好半天才說：「八哥，不，皇上，你糊塗了，你正春秋鼎盛，怎麼說出這樣的話呢？再說，還有豪格，還有福臨，還有——」

皇太極喘著氣，把那雙在刀把上磨出老繭的手伸過來，一把緊緊地抓著多爾袞的手，眼中霎時流出了熱淚。他說：「墨爾根，你當我是心甘情願地傳位與你嗎？不，我是迫於利害，迫於形勢，我是為了愛新覺羅氏的千秋偉業，因為只有你能，他人都不能，兄死弟繼，這在歷史上不是首創，宋太祖有先例在，你不要信什麼燭影斧聲，那是無稽之談，想當初，趙匡胤撂下的擔子，除了趙光義，又有誰人能擔得？」

燭影斧聲，說的是宋初的宮廷祕聞，謂太祖死於太宗之手。熟讀《金史》的皇太極，順便也把《宋史》翻看了，眼下居然頭頭是道。

多爾袞跪伏在地上，淚如泉湧。他信誓旦旦地說：「皇上，千萬不要說這樣的話，臣是皇上一手拉扯大的，皇上不但是臣的皇上，且是臣的再生父母，皇上若有個萬一，臣一定全力輔佐豪格，雖萬死，不敢辭。」

皇太極嘴角上終於露出了笑容，但又把頭搖得像撥浪鼓似的，說：「豪格胸無點墨，粗心浮氣，這不是出天子的氣概。我若真是一心為私，自然是傳位於豪格，若為國家社稷著想，應該傳位於你，你說，哥哥是一心為私的人嗎？」

話說到這份上，皇太極應該還有很多事要交代的，但不知為什麼，他卻突然昏厥了。

事後多爾袞每想起這事來，總覺得皇太極那番話，有一些劉皇叔白帝城託孤的味道。

努爾哈赤一心與朱明爭天下，想到有朝一日要統治漢人，便向他的子弟推崇漢學，認為只有學會了漢人的一套，才能打敗漢人，治理漢人。滿洲人翻譯的第一部漢文書既不是《四書五經》，也不是《孫子兵法》，而是一部小說《三國演義》。滿洲貴族，凡有心漢學者，無一不對《三國演義》倒背如流。劉備白帝城託孤時，說阿斗無能，要諸葛亮取而代之的事，雖說得情真意切，可後人在評說此事時，卻說那是作假，是劉備怕諸葛亮學曹丕故事，將來也來個「篡漢自立」，故當著群臣的面，先把話挑明，所以才有諸葛亮的泣血發誓，才有後來那震爍古今的前後《出師表》。聰明如諸葛，卻被那個織席賣履出身的「大耳賊」給耍了。

今天，皇太極也在作假嗎？皇太極用反間計，使崇禎皇帝活剮了守邊大將袁崇煥，熟知內情的人，都可以看得出，那簡直就是周瑜使蔣幹中計的翻版，活學活用的皇太極，難道不能在自己的兄弟面前，再用一次《三國》？

可當時的多爾袞是動真情了，他當著代善，熱淚盈眶，把胸脯拍得山響，發誓要全力輔佐幼主。

不久，皇太極終於撒手歸西，大汗寶座一下出缺。

當時的局勢十分複雜。論年齡，多爾袞上有六十一歲的二哥、和碩禮親王代善和五十五歲的堂兄、和碩鄭親王濟爾哈朗；另外，下面還有比他大三歲的侄子、和碩肅親王豪格。當皇太極病逝的消息傳出時，努爾哈赤的子孫中，有好幾個人覬覦大位，其中想得最厲害的、也最有資格的就是豪格。

按說，三十五歲的皇長子豪格確實最有希望。且不說「國賴長君」，且不說豪格從征多年，戰功赫赫，就憑他手中控制著兩黃旗，別人也無話可說——正黃、鑲黃兩旗為天子親軍，豪格不當天子，誰當天子？

「國憂」之日，人心浮動。兩黃旗的大臣：圖爾格、新力、圖賴、錫翰、鞏阿岱、鼇拜、譚泰、塔瞻等八人，齊集肅王豪格府中，向豪格勸進，就連那個舒爾哈赤的兒子、鄭親王濟爾哈朗，也傾向於豪格。

豪格離帝座只差半步之遙了。

但另有一派人卻對豪格嗤之以鼻，這就是英郡王阿濟格、豫郡王多鐸——皇位本是多爾袞的，皇太極即位已有欺孤奪寡之嫌了，一之為甚，豈可再乎？

英、豫二王手中掌握著兩白旗，若加上多爾袞手中的正藍旗，便不把兩黃旗放在眼中了。

大清門前，又一次劍拔弩張，鼻子尖的人，已經聞到血腥氣了。

這時，那個出身於科爾沁大草原的蒙古格格、孝端文皇后博爾濟吉特氏慌了，貴為皇后，卻命中無子，沒有他法，乃召和碩禮親王代善、和碩鄭親王濟爾哈朗、和碩睿親王多爾袞於後宮會議。

無論用什麼為代價，總要平息紛爭。

當年努爾哈赤以十三副鎧甲起兵，弟弟舒爾哈赤是他的追隨者。可舒爾哈赤後來意志不堅，一度要帶領本部人馬自立門戶，被努爾哈赤發現後，他將這個不聽話的弟弟囚禁，但努爾哈赤還是沒有薄待自己的親侄子，後來四大貝勒議政，舒爾哈赤的長子阿敏便是四大貝勒中的二貝勒，皇太極登極後，削諸貝勒之權，阿敏被科以十六條大罪下獄，但作為長房子孫的皇太極仍沒有虧待二房，於是，身為舒爾哈赤次子的濟爾哈朗，又被封為和碩鄭親王。

濟爾哈朗與多爾袞不和，再說，他已私下和豪格達成了交易：如果豪格得繼大位，他仍可當他的議政王。所以，會議一開始，當孝端太后問及立誰為帝時，濟爾哈朗便積極發言，他望了多爾袞一眼，開口說：「有嫡立嫡，無嫡以長，再說，國賴長君。」

這口氣，有典謨、有訓誥，義正詞嚴，不容置辯——會議才開始，身為家族長者的禮親王代善，就感到頭上的壓力了。

在眾人都在覬覦皇位時，只有代善心如止水，波瀾不驚，因為他已失去爭奪的機會了。努爾哈赤共有十六子，長子褚英早年即被努爾哈赤囚死，代善雖居第二，卻可說是長子，所以，還在努爾哈赤時代，四貝勒當政，五大臣贊襄時，代善便居四貝勒之首。

待努爾哈赤死，代善卻首先提出皇位由皇太極繼承。在眾多的子侄中，十四子多爾袞、五子莽古爾泰、七子阿巴泰及二貝勒阿敏都有條件上，代善不爭，別人就沒法爭，就憑這讓位之功，他最受皇太極尊敬，於是，皇太極即位後的第一道詔書，便是封代善為和碩禮親王。

其實，代善不爭也有他的苦衷，說穿了，他身上曾發生過一些不尷不尬的事。

努爾哈赤的五個后妃中，元妃富察氏歸太祖尚在孝慈高皇后之前，她生下兩子，即長子褚英和五子莽古爾泰，但這個富察氏卻是個極風騷的女人，已為人之母卻極不安份。作為化外蠻夷，滿人本有「父死，子妻其母」的習俗——富察氏與比她小幾乎二十歲的代善，有些不明不白的關係，可這是在父親還健在時。

據說，她經常趁努爾哈赤不備，深夜去代善府中，還把三包金銀託代善保管。有一回，努爾哈赤舉行慶功宴，眾妃嬪都出來侑酒，富察氏竟打扮得花枝招展，站在代善的身後，不勸別人，單單只把好酒來勸代善。

努爾哈赤的確說過，他死後將把妃子和兒子都託付代善，但眼下他還正「春秋鼎盛」啊，所以，看在眼中，十分不滿，在得知她將金銀託代善保管後，一怒之下，乃下令侍衛去代善府中，將這三包金銀搜了出來，於是，幫助窩藏的丫環被砍頭，富察氏也被賜死，但努爾哈赤卻原諒了年長的兒子——且不說代善比富察氏年紀小了一大把，這事肯定是富察氏勾引代善，因此，家醜不可外揚；另外，長子褚英因自己處治失當已死了，他不願再失去一個兒子。

有此醜聞，代善自覺無顏見人，自然也就不便出來爭位。

眼下，弟弟皇太極死了，六十一歲的代善雖不是唯一的託孤之臣，但憑著這一大把年紀，主動讓賢的功德，在朝中，他仍有一言九鼎的份量。

今天，皇位的繼承發生了爭執，皇太后將他請了來，在他來此之前，所有的勢力派人物都先後找過他了——兩黃旗的圖爾格、新力明明白白地告訴他，新皇帝必出在兩黃旗，皇位必由大行皇帝之子繼承，不然他們這班人必以死抗爭。

其實，代善也不想讓多爾袞當皇帝，他對這個十四弟太了解了，他有能耐，但他專權，若當了皇帝，眼中豈有他這個兄長？然而，代善也最清楚，他們這班人都不是多爾袞的對手，多爾袞若爭，誰也奈何不了他，身為一族之長，代善不是自己主動讓賢就可脫干係的。

他左右為難，正不知如何啟齒，不想濟爾哈朗開頭炮了，且言詞犀利，有理有據。代善不由點了點頭，忙拿眼來看多爾袞，不想多爾袞卻鼻子裡「哼」了一聲，說：「二哥，你先說說大行皇帝的遺命。」

代善吃了一驚，他明白這是多爾袞在下逼腳棋，要把這仇人讓他做，他不願做這個冤大頭，但多爾袞口氣咄咄逼人。

濟爾哈朗也吃了一驚，他不意大行皇帝還有遺命，且有遺命這話從多爾袞口中出來——這就是說，多爾袞成了遺囑的執行人了。他不由望了望他的皇嫂、孝端文皇后一眼，警告說：「幾時聽說大行皇帝有遺命？十四弟，你可不要亂來啊！」

多爾袞又「哼」了一聲，他已把代善那想當牆頭草的心事看透了，但眼下他不能不利用這個二哥，因為拉住這個二哥，才能壓住氣焰囂張的濟爾哈朗，於是，他先不理睬濟爾哈朗，卻對二哥代善說：「二哥，你說話呀，這可是當著你的面說的，大行皇帝的遺命，你能隱瞞不向人宣示嗎？」

代善沒法沉默了，他抬起頭，掃視眾人，片言出口，石破天驚：「半個月前，大行皇帝召我與和碩睿親王於崇政殿，當面託付了後事，大行皇帝的話是對和碩睿親王說的，原話是：這大位就傳與你罷，金簪兒掉在井裡，是你的終究是你的。」

半個月前，皇上與兩個親兄弟在散朝後，仍在崇政殿密談，這事濟爾哈朗是清楚的，卻不料談的是這事，濟爾哈朗不信皇太極會作出這樣的決斷，打死他也不信。於是，他跳起來，說：「代善，你這是矯詔，我不信。」

此時的禮親王鬚髮皆張，雙目盡赤，瞪眼望天，氣嘟嘟地說：「你不信，當時我也不信，可大行皇帝當時不但說了，大位由睿親王繼承，且把十七年前的隱祕也說出來了，我若說了假話，就讓天火把我燒死，讓天雷把我劈死！」

濟爾哈朗跳起來了，他向著大殿的穹頂大聲喊道：「皇上，你怎麼做出這樣的決定，不行，這不是真話，皇上當時是病糊塗了。」

這時，端坐不動的多爾袞望著濟爾哈朗冷笑了。他說：「濟爾哈朗，你急什麼？就讓我當了皇帝，我就會要砍你的頭嗎？你還沒問我高不高興當這個皇帝呢？」

濟爾哈朗也冷笑著向著多爾袞說：「哼，你勾結代善，偽造遺命，為的是什麼？你不想當皇帝，誰信？」

多爾袞也跳起來，指著濟爾哈朗的鼻尖說：「濟爾哈朗，我警告你，你一再說這遺命是假的，又說大行皇帝病糊塗了，這可是抗旨，是對大行皇帝的大不敬，我現在完全可以叫侍衛把你拿下。」

這時，不願局勢惡化的皇太后也於一邊勸濟爾哈朗冷靜。濟爾哈朗終於軟下來了，他明白：多爾袞兄弟仨手中有三旗，若加上代善父子的兩紅旗，他們就不成對手了，再說，他又何必為了豪格，把自己的命搭上？於是，他說：「好吧，我不爭，看你們的。」

多爾袞見濟爾哈朗冷靜下來，他也冷靜了，從容坐下說：「皇上把什麼都告訴我了，連十七年前，我母親的死是怎麼回事也告訴我了，不管怎樣，我都能理解，當時確實是不得不焉，眼下，他把皇位還我，可我不願意挑這副擔子，更不願因我而挑起皇室的內亂。」

濟爾哈朗一聽，不啻絕處逢生，又一次站起來說：「多爾袞，這可是你說的，可不能反悔！」

多爾袞斬釘截鐵地說：「我反悔什麼，我可向上天發誓，我不爭帝位，但也不能讓與豪格。」

皇太后和濟爾哈朗都一怔，異口同聲地說：「這又為什麼？」

多爾袞又一次望著代善，說：「二哥，你說，豪格為什麼不能繼承大位？」

代善長長地舒了一口氣——多爾袞若真的與豪格兵戎相見，他這個二哥夾在中間還真不知偏向誰。眼下好了，有一方自動放棄了，代善放了心，回過頭來說，他也不想讓豪格當皇帝——他與皇太極有同感，豪格生性殘暴，多疑嗜殺，且舉止粗魯，不具備帝王資質。兩黃旗那班人，不是只強調新皇帝必須是大行皇帝之親子嗎，大行皇帝之子多著呢。於是，他向皇太后和濟爾哈朗搖著兩根指頭說：「大行皇帝當時也提到了豪格，他對豪格的評價是八個字：胸無點墨，粗心浮氣，還說：這不是出天子的氣概。」

皇太后一聽這話，不由也放心了——其實，在她心中，也不願意把大位傳與豪格，大行皇帝的話，既說出了她的心聲，也讓她有了憑據，於是，連連點頭證明說：「這正是大行皇帝的原話，我平日也聽他這麼說過豪格。」

「那麼，大位由誰繼承？」濟爾哈朗這回用的是商量的口氣。

多爾袞從內心發出了得意的微笑，他瞥了代善一眼，說：「立福臨。福臨不但為大行皇帝愛子，且生下時，便有佳兆，雖只有六歲，但聖明天縱，有我們同心輔佐，他一定能成為一代英主。」

福臨生母為莊妃，莊妃是孝端皇太后的親侄女。所以一聽立福臨，孝端皇太后這頭是放心了。

代善一聽要立福臨，也覺得順理成章。雖說子以母貴，在福臨之前還有一個博穆博果爾，為皇太極第七子，母親且是貴妃，但她的娘家遠不能與科爾沁蒙古王室比，科爾沁王室可是大清國可靠的同盟，是大清問鼎中原的有力後盾，為了大清國的利益，代善認為立福臨最合適，何況代善極迷信，據說，福臨生下時，室內有異香，且紅光四溢，當時很多人看見，都認為此子將來必有大貴。代善想，眼下多爾袞放棄不爭，已是難得了，只要繼大位的仍是皇太極的兒子，符合兩黃旗那班人提出的條件，也就不必再與多爾袞爭了。

四人之中，有三人偏向福臨，濟爾哈朗見此情形，沒有說話，只撇了撇嘴。

於是，一場天大的糾紛總算平息下來，徘徊在大清門前的戰爭陰雲終於散去了，眾人都鬆了一口氣，只有豪格一人孤掌難鳴，氣得在自己府中，罵了半天娘……

福臨即位後，奉太后之命，因代善已年過六十精力不濟，乃立鄭親王濟爾哈朗與多爾袞為左右議政王，國有大事，由二王商議而定。二王乃當眾發誓，齊心協力，輔佐幼主，有二心者，人人得而誅之。

不過，濟爾哈朗雖當了議政王，但他才具平平，目光短淺，於國事的通盤籌畫毫無頭緒，更談不上有所建樹，所以，當這議政王只是擺擺樣子，軍國大事，還是以他睿親王一言而決。

但豪格一直不服。就在福臨登極大典那天，他竟藉故不朝，這些日子，一直縮在府中，就像蟄伏在洞中的毒蛇，時時在窺伺方向。

眼下，英王與豫王說到後顧之憂了。

多鐸咬牙切齒地說：「這個豪格真不是個好東西，只有把他殺了，才能永遠清除這個後患，也可為阿憐報仇。」

阿濟格不知弟弟口中的阿憐是誰，但他說：「十四弟，眼下已到了你與豪格攤牌的時候了，他掌握著兩黃旗，手中又豢養了一班死士，如此跋扈難制，加上濟爾哈朗推波助瀾，如果趁我們出外打仗去了，勾結作亂，那豈不是黑瞎子坐月子，抱熊了嗎？」

多爾袞躊躇滿志地望了多鐸一眼，點點頭說：「哥，十五弟，你們放心，憑豪格那能耐，能折騰幾下子？他那兩黃旗，只剩了個空架子呢。」

阿濟格和多鐸見他這樣說，知他已早作安排，便也不想細問。

4 豪格的陰謀

多鐸回到自己府中，只見大院子裡圍了不少人，正在看阿黛跳舞。

阿黛是他府中一個瘋瘋癲癲的女奴，眾人常逗她取樂，此番他以為她瘋病又發作了，沒當回事，不料從她身邊走過時，阿黛唱的歌詞卻引起了他的注意。阿黛唱的是：

金鼓敲，金鼓敲，
番王點卯。
旗幡飄，旗幡飄，
比武在今朝。
小蟬兒啁啾唱，
螳螂兒執大刀，

黃鳥兒瞇著眼兒瞧，
這世界真奇妙。

豫王聽了，心裡不由一驚。心想，這女巫唱的好像是有所指，賴塔不是說她能預見後事嗎？那麼，這歌詞是什麼意思呢？

他望一眼阿黛，阿黛仍在瘋瘋癲癲地反覆唱著，當他用手去扯她時，她卻往左右掙扎，最後，竟往地下一倒，口吐白沫，人事不省了。

多鐸不由陷入深思——這個阿黛，便是剛才和十四哥說的那個阿憐的妹妹。

這已是三年前的事了。

那時，多爾袞奉皇太極之旨意，在撫順修械所造炮，他常去看望十四哥。那一回，兄弟倆在河邊散步，五月的渾河，楊花吐絮，綠水如煙，落日斜暉，將河水映出火紅一片，直達天際，蘆葦叢中，不時有被驚起的野鶩掠過，在水面上留下一長串水跡。

兄弟倆被眼前的景色迷住了，多爾袞牽著心愛的駿馬——白雪在草地上漫步，口中有一搭沒一搭地和多鐸說話，眼睛卻仰望著蒼穹，看變化無窮的火燒雲。

就在這時，忽然聽見一串銀鈴般的笑聲，笑聲是那麼清脆，那麼甜美，就像是來自天堂，洋溢著少女的無邪和爛漫天真。

他不由循聲望去，只見在前面水壩子上，有兩個身著漢裝的少女在水邊浣衣，大的年約十七、八歲，小的年約十五、六歲，都穿得十分寒傖，一身粗布衣裙，僅能蔽體；但個個一表人才，雙雙白嫩的小手如節節白蓮；青絲飄散，遮蓋住半邊俏臉。

崇德三年，皇太極大舉伐明，擄獲不少精通兵器製造的工匠，後來，他從中挑選出了以丁拱辰等為首的一批技師，決計讓這班人試鑄紅夷大炮，監鑄之事，就交與了對漢學最有興趣、也學得最好的多爾袞。

鑄造廠設在渾河岸邊的撫順，那裡有開採不完的鐵礦石和煤，那是鑄炮必不可少的兩大原料。廠房搭建起來後，年輕的多爾袞就住在那裡，監督丁拱辰等漢人俘虜開工籌建炮廠。

眼下，渾河邊出現了這一對玉人兒，只看這一身裝束，多鐸便明白，她們是被擄來的女俘，這裡有大批漢人工匠，他們就住在前面的工棚內，這一對小姐妹說不定就是哪個工匠的女兒。

這時，那個大女孩也發現了他們。她穿著淺綠色裙子，圓圓的臉，面皮特別白嫩，兩隻大眼睛比眼前的渾河水更藍更亮，就像是兩顆大東珠，望人一眼，竟有著勾魂攝魄的力量。

多鐸一驚，做夢也沒想到能在這裡，遇上這麼美的女子，他趕緊來看哥哥，發現哥哥正目不轉睛地望著那大一點的女子。多鐸不由一笑，乃和哥哥走上前去搭訕。

不想就在這時，遠處傳來一個老年婦人的呼喚聲，女娃們一驚，忙答應著，提起木桶，飛也似的往前面跑去了。

多鐸發現，哥哥神情悵然，也無心再遛馬了，回到了自己的辦公之所，躺在床上，神思不寧。多鐸則很高興，他明白，十四哥愛上這對姐妹了，十四哥眼界甚高，難得用青眼看女人，今天算是破天荒第一遭。他也很欣賞這一對姐妹，只要一闔上雙眼，面前立刻出現兩隻大眼睛，正意孜孜、情默默地注視著哥哥。

多鐸很想成全十四哥，於是，他又多次去渾河邊，在第一次遇見那兩個女孩的地方漫步，卻再也沒有碰到過那兩個女孩。

不久，多爾袞和多鐸有事去盛京，回來時，要路過一座大青山，那裡正好有大批奴隸在伐樹，「叮叮咚咚」的伐木聲，從空中傳來，山鳴谷應。多爾袞騎著白雪，多鐸也騎一匹駿馬，兄弟倆邊走邊觀賞兩邊的山色。這時，附近傳來倒樹的嘩嘩聲，他們也不曾意識到眼前的危險，仍策馬緩緩而行。

突然，傳來一個女子的尖叫聲。他一怔，正不知所措之際，只見一個女子匆匆從後面跑過來，一下擋在多爾袞的前面，並一手死死地挽住了馬的韁繩，白雪一驚，前蹄一下騰空，幾乎把他掀了下來，與此同時，一棵水桶粗的大紅松，突然從左邊山崗上倒了下來，正正砸在他的馬頭前約兩步遠的地方，那樹的椏枝，竟把這女子也掛倒了。

多鐸這才明白，這女子是為了救十四哥而衝來的，眼下已受了傷。他跳下馬一看，受傷的就是那天在渾河邊遇到、後來又朝思暮想的女娃。

多爾袞也上來並認出了她，不由大受感動，立刻將她抱起，放在馬上坐好，自己騎在後面，和多鐸飛也似的跑到鑄炮廠去，並立刻傳來郎中為她醫傷。

好在這女娃受傷不重，只一些劃破傷，敷一點外傷藥後就沒事了。

這時，女娃的妹妹也從後面趕來了，從她的口中，多爾袞知道了這一對小姐妹的名字，大的叫阿憐，小的叫阿黛，父親就是鑄炮的大工匠丁拱辰。今天，姐妹倆是為了拾柴火而跟著工匠們進山的——工匠們把大樹伐倒後，她們就去把樹枝砍下來，供生火之用，就在準備收工之際，卻看到多爾袞他們騎馬從後面緩緩走來，且經過的地方，正有一棵大樹欲倒。

多爾袞不意那個整日板著臉的丁拱辰，竟有兩個如此漂亮的女兒，她們並不因失身為奴而氣餒，也不因被俘而仇視主人，且臨危不懼，捨己救人。

為了感謝她，他下令賞了她們很多食物和布匹——這是奴隸們最稀罕的物品，並令人送她們回家。

多鐸急於知道姐妹倆的情況，多爾袞於是告訴他，這丁拱辰原是明朝的一個兵工總監，是鑄紅衣大炮的總工頭，官至工部五品郎中，明朝在灤州府開設炮廠，由他在那裡監工，去年我軍大舉伐明，破灤州，丁拱辰一家和大批工匠被擄獲，來到了這天寒地凍的關外，丁拱辰雖仍是鑄炮，卻已不再是官身，且是正黃旗名下的奴隸，他死心塌地效忠明朝，不願為大清出力，鑄炮工程進度緩慢，為此，監工的賴塔很不待見這個人。

丁拱辰的態度，多鐸是能理解的，誰讓他們這以前是冤家對頭呢。可一聽他們一家歸在正黃旗名下，不由作了難，若是別的旗，多鐸或許只要一句話，便可將她們要來，可正黃旗歸豪格統率，豪格自恃是皇太極長子，很忌刻他們兄弟，處處與他們為難，你越是想的他越是不給。

眼下哥哥心事沉沉，多鐸只好安慰他道：「這事只能慢慢來，不是說事緩則圓嗎？」

這以後，多爾袞有事沒事愛往這邊來，來了必去看董家阿憐。

久而久之，多爾袞得知阿憐於漢學有著很好的根底，不但於詩詞歌賦能倒背如流，且也能詩會畫。這一來，多爾袞更不能不對她刮目相看了。儘管如此，一邊的多鐸卻察覺出，哥哥雖對阿憐十分關愛，阿憐卻顯得有幾分矜持，像睿王爺親自來到一個奴隸家，應是十分榮耀的事，她也表現冷淡。

但多爾袞仍很喜歡阿憐。阿憐性格深沉，說話從從容容，不卑不亢，穩重而不失禮節。至於那個丁拱辰，一開始就可以看出，他不喜歡自己的女兒和年輕的王爺來往，只不過身為奴隸，他自己的主也作不了，又能奈何威名赫赫的睿親王呢？

在多爾袞的督促下，鑄炮工作正有條不紊地進行。廠房早搭建好了，爐子也砌成了，選礦等前期工作也已完成，那一天試鑄，百多人正熱火朝天地在工棚工作，十多人拉動大風箱，發出呼呼的吹風聲，火焰升騰，爐中的鐵水終於顯現出白光，這說明已足火候了，眼望著奔騰的鐵水注入事先做好的泥範裡，一邊的睿親王終於鬆了一口氣。

他拖著懶散的步履，放心地回去休息。

大炮鑄成了，多爾袞和多鐸親臨現場炮試。不想才放了一炮，不但炮彈沒有飛多遠就落了地，且發現聲音不對，仔細一看，這炮筒上竟有一條極細的裂口，炮筒有裂口怎麼能用呢，若再放不是出口就會爆炸嗎？

多爾袞一怒之下，下令讓丁拱辰查出原因。丁拱辰卻說，原因出在礦石上，一句話，這裡的鐵礦石不能鑄炮。鐵礦石不行，意味著必須另起爐灶，可好容易在這裡安營紮寨啊，這一拖又要多久才能成功呢？但不行就是不行，這是無法勉強的。

多爾袞信以為真，乃趕到盛京去向皇太極報告情況，想另外擇地選礦。不想回來時，丁拱辰已被賴塔五花大綁地綁在火堆前了，而多鐸則在一邊乾著急，只差一步，這個丁拱辰就要被活活燒死。

賴塔是皇太極派與多爾袞的副手，他在多爾袞去盛京後，接到另一個漢人工匠的密報：鐵礦石根本就沒有問題，原因出在丁拱辰的身上——這個可惡的南蠻子不願為大清效勞，暗中在礦石的配料中做了手腳。

這麼說，這個丁拱辰是死有餘辜的了。

這時，多爾袞看到，丁拱辰一家子都跪在火堆邊，為行將被燒死的丁拱辰送行，那阿憐已是哭成淚人兒了，多爾袞的心一下就軟了。

這個丁拱辰，是明朝的大學士徐光啟一手調教出來的人，徐光啟從洋人湯若望那裡學來的西洋人的天文、算學及從葡萄牙人那裡學來的造炮技術，幾乎全教給了他。所以，有關大炮的所有技術：從鑄炮到製造炮彈，從測距到瞄準，他全會，大清若不打算造紅衣大炮便罷，若要造，便離不開這個全挎子工匠。

於是，他的手一揮，丁拱辰被從火堆邊放開來。

這天晚上，他和丁拱辰做了一次推心置腹的長談，並下令改善了丁拱辰一家的生活待遇，不但為他指定了像樣的房子，還派了兩名奴隸服侍他們一家。這以後，丁拱辰終於真心實意地為大清鑄炮了。

打那以後，多鐸就明顯地感覺到，阿憐姐妹對他們兄弟態度好多了。多爾袞很想讓小姐妹脫離苦海，他和多鐸商量，二人費了很多心思，終於有了辦法，這就是藉口學漢文，先將阿憐傳來，做他們的漢文教師，待有機會，代她姐妹向豪格交一筆贖身銀子。

眼看兄弟倆的計畫在一步步走向成功，不料卻被豪格察覺到了。這事的結果自然是一個悲劇，但多鐸始終不明白，多爾袞若下決心與豪格爭，不一定會失敗，不知為什麼，事到臨頭，多爾袞卻中途退縮，一言不發。

於是，豪格只一句話，就徹底破壞了他們的美夢——丁拱辰後來被豪格藉故殺了，阿憐被迫自殺，阿黛卻在被豪格強姦後發瘋了。

多鐸既哀阿憐姐妹的不幸，也恨十四哥的不爭，萬般無奈之下，他收留了阿黛。阿黛不瘋時，常來他府中乞食，若發瘋時，便四處奔走，且唱一些別人難懂的歌。

據賴塔說，她的歌能預示後事，有一回，她的歌詞中唱到了一座山倒塌了，後來，果然有座山崩塌了。多鐸不相信，也從沒把這事放在心上，今天她又是這麼唱了，多鐸想，這歌究竟能預示什麼後事呢？

豪格開心地大笑了，這是父親死後四個月來，他第一次發自內心的大笑。

多爾袞用陰謀手段，假傳大行皇帝口諭，剝奪了他皇位的繼承權。福臨即位後，朝局似乎是穩定了，於是，過去奔走他門下的那班人漸漸疏遠他了，屬於兩黃旗的新力、圖賴、鼇拜，過去在他面前，一個個趨之若鶩，如今都對他敬而遠之，身為先帝長子的和碩肅親王，開始體味到世態的炎涼了，那陣子，他在府中似乎是要發瘋了，他大罵父親，大罵多爾袞，更大罵無能的、被多爾袞玩弄於股掌之中的鄭親王濟爾哈朗，可罵過之後，除了增加自己的痛苦，增加自己的煩惱，又於大事何益？

那天，他一人倚坐在火塘邊，一邊飲酒，一邊看女奴阿黛為他跳舞。

阿憐雖已自殺，阿黛卻未能逃出他的手心。這以後，阿黛瘋了，胡言亂語的，便被福晉趕出了府門，多鐸雖收留了她，但豫王府卻無法禁錮住一個瘋子，阿黛四處流浪，常和那班漢人奴隸鬼混，有時也來他肅王府中，他不厭惡她，為了解悶，便讓她為他跳舞，高興時，也賞她一些吃的。只可惜她一身骯髒，神志不清，已是只能遠觀而不能近玩了。

阿黛的舞跳得真好，那腰肢的扭動，手腳的屈曲，是那麼有節奏，是那麼好看，就像沒有骨頭的蛇妖，令失意的王爺，癡迷而困惑，不由賞了她半隻燒烤的麅子腿。

這時，鑲黃旗副都統揚善走了進來。

揚善是唯一沒有離他而去的親信。肅親王好悔啊，這以前，他並沒有看重這個揚善，只讓他做副都統，可眼下，那些平日得他好處多多的都離他而去了，而揚善卻一如既往，肅親王擔米養仇人，斗米養恩人，待思量出輕重、分辨出忠奸時，已是大錯鑄成了。

「王爺，有消息了。」揚善走近來，也在火塘的一邊坐下，接過王爺遞過來的酒，正要接著說下去，忽然一眼瞥見了在一邊啃麅子肉的阿黛，他立刻住嘴，只向豪格使了個眼神。

豪格望一眼阿黛，說：「無妨，她是漢人，不懂滿語。」

揚善於是興致勃勃地說：「王爺，不是說，後天大操，那個人要去東校場閱兵嗎，臣已有了主意。」

豪格本是斜倚在靠枕上的，此時一個激愣坐了起來，說：「什麼主意？」

揚善說：「事關臣身家性命，但不知王爺下不下得這個狠心？」

豪格說：「這不單是關係你的身家性命，也關係本王的身家性命，老子斷定，此回若不能一下置他於死地，他斷斷乎饒不了我，所以，只要你的主意穩妥，老子絕不手軟！」

揚善說：「好，臣聽說，那個人在後天舉行閱兵式，並當場誓師，臣已把他的必經之地都仔細勘察了一番，可以保證，這主意十分穩妥。」

豪格一聽，臉上不由泛起紅光，說：「事不宜遲，咱們就在後天動手，你說，怎麼幹？」

揚善點頭，揀起火塘邊的一根硬柴，在火灰上劃了幾道槓，說：「王爺請看，後天他去東校場，從他的府上去東校場，必經過這座東大橋，橋身很窄，車子與護衛不能並行，兩邊茅封草長，正好埋伏人馬，咱們把力士埋伏在草中，趁他車邊無人時來個突然襲擊，這個時候，這個地方，他進退都有不便，想逃也無處逃，這可比博浪灘刺秦王要有把握得多。」

肅王爺仔細想了想，覺得這個辦法很周密，不由連連點頭說：「很好，我們就派神獒去如何？」

神獒不是一條狗，而是肅王豢養的一名死士。他本是響馬，在西遼河一帶打家劫舍，身經百戰的八旗也不能奈何他，後來，打聽到他是個孝子，乃把他母親抓住，神獒才主動投案，本是要處死的，但肅王見他長得十分魁梧，有一身蠻力氣，手下有一夥人，個個都是亡命之徒，馬上功夫都十分了得，於是把他留在府中，讓他把手下人全召了來，為肅王看家護院。神獒於是視肅王為再生父母，願為他效死力。

眼下揚善的主意，就是衝著這夥人來的，用他們沒有後患，因為他們都很講義氣，就是事敗被擒，也不會攀誣別人。眼下一聽肅王派神獒去，揚善於是說：「臣想用的也正是他。臣已把各種情況都設想過一遍了，那個人的車子上橋時，左右護衛都只能跟在後面，神獒力大無窮，突然從草中衝出，左右只能看著徒喚奈何。只要那人一死，他那兩個兄弟便不難對付了，至於禮王、鄭王，都是麵糊王爺，年紀都一大把了，誰不願打個順風旗？到時可就是王爺您的天下了。」

肅王爺一聽，立刻開懷地大笑起來……

5 處變不驚

阿濟格和多鐸走後，睿親王仍在想豪格的事。不想就在這時，隸屬正黃旗的何洛會前來請安。

何洛會一度任正黃旗的固山額真，因貪功冒賞被人揭發，皇太極將他連貶三級，丟了官的何洛會心有不甘，他見豪格為皇長子，將來有望得承大統，便常奔走豪格門下，聽豪格驅使，不想皇太極病逝後，朝中政局翻新，他那靠豪格圖起復的願望成了畫餅，何洛會便又頻頻造訪起睿親王府來。

「攝政王爺新年吉祥。」何洛會走近多爾袞，行了個參拜大禮。

睿親王明白眼前的何洛會是個小人，一點也不喜歡他，但仍勉強笑著並伸出手，示意何洛會起來，說：「何洛會，這麼晚了，你來此一定有什麼事？」

何洛會立起身，低聲說：「王爺確實精明，眼下正有大事相告。」

多爾袞一驚，說：「是嗎？」

何洛會低聲說：「王爺，那邊有動靜了。」

多爾袞頭一偏，雙眼緊緊盯著何洛會，說：「什麼動靜？這麼神祕兮兮的？」

何洛會沉吟半晌，望一眼兩邊，睿親王會意，忙示意門邊立著的一個侍衛退出去，又指了指下首的椅子，何洛會終於坐下來，吁了一口氣，然後憤憤不平地說：「王爺，肅王——不，豪格這小子太不是人了。」

接著，何洛會便說起個中細節。

新年伊始，因睿親王與鄭親王以叔王輔政，而禮親王已年過六十，所以，孝端皇太后有懿旨，此三位親王上朝可免跪拜。豪格對這一道恩詔十分不滿，散朝後，在群臣中大放厥詞，說都是親王，為什麼不能一視同仁。

多爾袞一聽就為了這事，不由微微一笑，說：「這也沒什麼，你還指望他那狗嘴裡能吐出象牙？」

不想何洛會又說：「豪格大年初一還在家咒罵您，說的話真是不堪入耳。」

多爾袞淡淡地一笑，說：「都罵些什麼？」

何洛會遲疑著，說：「小臣都學不出口。」

多爾袞知道他的難處，說：「說，恕你無罪。」

何洛會於是說：「大年初一，他剛祭完堂子，回府後便狠狠地咒罵王爺，說王爺不是有福之人，將來會不得好死。」

多爾袞微笑著說：「你特地跑來，就為了向孤報告這事？」

何洛會說：「可不，還有一事，小臣覺得十分可疑。」

多爾袞說：「什麼事？」

何洛會說：「今天，鑲黃旗副都統揚善去了豪格家，二人不知商量什麼事，揚善直到掌燈時才出來。」

這話有些說到點子上了，多爾袞心生警惕，但仍裝作毫不在意的樣子說：「揚善原本就是豪格的人，眼下還只有他念記故主，這也難得呀。」

何洛會說：「王爺可要小心，那個揚善可是個最有主意的人。」

多爾袞點點頭，說：「好的，何洛會，你可要多留點神，本王知道你是能辦大事的人，會有你的好處的。」

何洛會受到睿王爺的誇獎，臉上立刻掛滿了諂媚的笑，可他還要再說，睿王爺卻似乎不耐煩了，他手一揮說：「你還有事嗎，沒事跪安吧。」

何洛會還想說什麼，但見王爺下了逐客令，只好把一肚子的殷勤話嚥了下去，匆匆告退。

豪格天天在府中罵他，多爾袞對這個消息一點也不感到新鮮，因為早有人把這些告訴過他了。他想，如果豪格只會罵人，這倒不是壞事，這說明豪格沒有別的能耐了，但多謀善斷的揚善常跑豪格府，這卻不能不令多爾袞警惕。

但是，揚善能為他出什麼壞主意呢？

這些日子，隨著朝中政局一天天穩定，原來追隨豪格的那班人紛紛倒戈了，就連新力、鼇拜等有能力的大臣，也開始向他議政王靠攏，豪格終於被孤立起來，那麼，他還有什麼能耐呢，難道他要狗急跳牆？

多爾袞想不出所以然。

年前他在北京，已聽到流寇佔領長安、崇禎皇帝要兵無兵，要餉無餉的消息。不久，臣服大清的內蒙古鄂爾多斯部也有奏報前來，說竄擾中原的流寇已攻下長安，建國號為大順，改年號為永昌，造甲申曆，鑄永昌錢，封官設守，其勢力已與大清屬邦的鄂爾多斯相銜接。流寇如此猖獗，明朝兵餉兩缺，相將無人，這不正是帶兵進關，逐鹿中原的絕好時機嗎？奪取北京，滅亡明朝，這可是努爾哈赤、皇太極兩代人追求的目標，多爾袞一直在想這件事，可不解決豪格，多爾袞就不能安下一條心去想那頭。

第二天，多鐸又來到府上。

三兄弟中，多爾袞最親多鐸，多鐸也最敬重多爾袞，但二人都與阿濟格不太融洽，這不是因為年齡的差距——阿濟格只比多爾袞大三歲。只因阿濟格生性貪鄙，且目光短淺，經常為一些小事與人爭議不休，多爾袞和多鐸勸過他幾次，他不信，於是，都有些看不起他，認為他胸無大志。

眼下多鐸進門，見面就說：「哥，你明日要去閱軍？」

多爾袞一愣，說：「不是嗎，到時你們鑲白旗也要去的。」

多鐸又說：「可是在東校場？」

多爾袞說：「是呀，這都寫在宮門口告示牌上了，到時連御駕也要親臨。」

多鐸說：「你能否改走其他路線，不走那座橋？」

多爾袞說：「這是為什麼，你聽到什麼了？」

多鐸搖了搖頭，說：「沒聽到什麼，不過，我有預感，好像要出事。」

多爾袞一聽，不由把這個兄弟從頭到腳看了一遍，說：「這話從何說起呢，從我這府裡出發，不走東大橋能走哪裡，如果臨時改走其他路線，不但要誤事，且會被人笑話的。」

多鐸於是把阿黛的唱詞向他說了一遍，又說：「賴塔說過，這個阿黛瘋了後，便有些靈氣，能知過去未來，有好幾件事都被她說靈了。」

多爾袞一聽他提阿黛，心就緊了一下。他不願看到阿黛，是怕看見她後便會想起阿憐，但今天多鐸的話，卻不能不引起他的警惕，滿洲人是最信鬼神的，自阿憐死後，多爾袞就多次夢到過她，他想，阿黛的瘋魔，或許是阿憐的附體，而這歌詞，誰能說，不是阿憐在向他暗示呢？於是說：「如果有事，一定是豪格作怪，可他想搞兵變是不可能的，眼下兩黃旗他指揮不動。」

多鐸說：「他不搞兵變還可用其他手段嘛，比方說，他豢養了一批看家護院的狗，能不咬人嗎？」

多爾袞一聽，不由沉思不語。

多鐸說：「哥，害人之心不可有，防人之心不可無。」

多爾袞說：「你說，阿黛提到了橋？」

多鐸說：「是呀，她不提到這座橋，我還想不到閱兵的事上去呢。」

多爾袞想了想，說：「要不，就這樣——」

說著，他附在弟弟耳邊，說了幾句悄悄話。

多鐸連連點頭。

6 攝政王

瀋陽東門外有一片開闊地，廣袤若十數里，綠草悠悠，一望無際，直到渾河邊，這以前這裡是明軍的大校場，明軍敗於薩爾滸之後，努爾哈赤佔領了瀋陽，乃改瀋陽為盛京，這裡仍是八旗兵跑馬射箭的場所，能擺開數萬人馬。

多爾袞在出師前，訂在大校場閱兵，幾天前，這裡靠山搭起了一座大台，三面圍著黃色帷幄，一面向著空曠的草場，上面有搭手的扶欄，中間擺了御座，因皇上將要親臨，所以，這天一大早，就有先期到達的宮廷侍衛，在這裡布置警戒，一個個刀出鞘，箭上弦，很是森嚴。

辰牌時分，順治帝福臨乘車從宮中出發了，陪他一同坐在御輦中的，是他的親伯父、和碩禮親王代善，御駕的前後左右，是皇帝的全套鹵部儀仗，以及全副武裝的御林軍。才六歲的福臨聽說是去看操便很興奮，在車中，他一個勁地問他的二伯父，說：「二伯，為什麼要練兵呢？」

代善從內心裡喜歡這個侄子皇上，於是恭恭敬敬地回答說：「因為要打仗，所以非練兵不可，兵不練是打不好仗的。」

福臨說：「打仗與行圍是一回事嗎？」

代善說：「可以說是一回事，但又不是一回事。」

福臨說：「怎麼這樣說呢？」

代善說：「打仗是打敵人，行圍是打野獸，雖都是打打殺殺，可對象不一樣。」

福臨說：「你打敵人時，敵人打你嗎，他也有刀槍嗎？」

代善說：「當然有，敵人也很厲害的，他們也有刀槍，弄不好，敵人也可殺你。」

福臨一聽，不由害怕，他緊緊地倚在代善懷中，說：「為什麼要去殺人呢，不殺不好嗎？」

代善說：「皇上真是仁厚之君，可要坐穩天下，不殺人是不行的，在這個世界上，咱們不殺他，他便要殺咱們。」

福臨說：「那，我們大家都坐下來，宣布誰也不准殺誰不就成了嗎？」

代善說：「皇上想得太天真了，那哪能成事呢，再說，又由誰去把這些人都召攏來呢？誰又會相信你說的呢？」

福臨說：「由朕來召集，你們不是說，朕是皇帝，天下人都得聽朕的嗎？那朕就宣布，從現在起，誰也不准殺誰。」

代善說：「可眼下天下還沒有平定啊，等到那天，皇上將天下平定了，於是就刀槍歸庫，馬放南山，那時就誰也不能殺誰了。」

伯侄就這麼說著，不覺已到閱兵場。只見廣場上已旗幟鮮明，人山人海，閱兵台下，黑鴉鴉跪了一大片文武大臣，由濟爾哈朗領頭，齊聲唱道：「恭迎聖駕。」

代善掀開車簾，先向四周望去，只見廣場上，正黃、鑲黃，正紅，鑲紅、正藍、鑲藍、正白、鑲白，八支大軍，滿滿地佔據了整個廣場，刀槍林立，精神抖擻，顯得十分威武，且數萬人馬，竟然寂然無聲，只聽得獵獵旌旗，在迎風擺動的嘩嘩聲。

代善一邊抱著皇帝下車登台，一邊由遠及近，向四下張望，漸漸看到身邊來了——怎麼只見鄭親王濟爾哈朗，沒見睿親王多爾袞呢，他是主角，他不來，這台戲怎麼唱？

代善先代皇帝傳諭：「眾卿平身。」

接著，代善問起多爾袞，皇帝也跟著問起多爾袞，濟爾哈朗沒有理睬代善，卻走近一步，向皇帝大聲奏道：「啟稟皇上，多爾袞該來了。」

這是一句大廢話，多爾袞當然該來，問題是他為什麼沒來？眾臣面面相覷，都在猜測。直到此時，人們才發現，不但多爾袞沒來，就連他的兩個兄弟也沒來。

這是為什麼？

就在這時，只見大道上塵土飛揚，一匹快馬急馳而來，馬上的騎手是多爾袞的一名侍衛，他一路打馬飛奔，直到離御前一箭之地才滾鞍下馬，幾步跑近，俯伏於地，大聲奏道：「皇上，不好啦，有人謀刺議政王！」

眾御前大臣皆大吃一驚，廣場上更是掀起了一陣低沉的雷鳴，齊聲道：「啊！」

反應最快的，是緊跟在濟爾哈朗身後的豪格，他連連問道：「多爾袞，不，議政王可被刺著啦？」

代善瞪了豪格一眼。他似乎從這個大侄子不同尋常的口氣中，察覺到了什麼，可他此刻顧不得這些了，只向侍衛問道：「議政王可好？」

侍衛從容地說：「刺客埋伏在東大橋邊的草叢中，突然衝出，揮刀砍向睿王爺，睿王爺被砍中肩膀，這時，我們都上來了，把這個傢伙亂刀砍死了，可草叢中還有幾個，卻乘機逃走了。」

眾人一聽，不由七嘴八舌地亂問。這個侍衛一時不知回答哪個好，但把眼來望二王，鄭親王已慌了手腳，還是禮王算能沉住氣，他掃視眾大臣一眼，說：「大操改期，眾臣隨聖駕同去睿親王府探視。」

於是，眾人一齊隨皇帝去睿親王府。

一行人匆忙趕來，在睿親王府門前下了轎馬。只見大門口仍一如既往，似乎什麼事也沒發生。

禮王揮手讓眾人止步，自己和鄭親王陪皇帝先進去探視，眾臣只好一齊候在大廳裡。過了許久，不見動靜，眾人都有些耐不住了，豪格更是焦燥，他一個勁地在廳中踱著方步，半晌，又對著內堂，不知是指禮王，還是指鄭王，只說：「真是越老越不會辦事，只說是死是活，先讓人出來報個信也是好的嘛！」

眾人都不說話，但一個個交頭接耳，分明是在猜測。突然，不知是誰留神，竟發現他們所在的這個大廳，竟被多鐸和阿濟格指揮的大隊正白旗的士兵包圍了——門前、窗下，外面的走廊裡，都是全副武裝的士兵，一個個刀出鞘，箭上弦，如臨大敵，多鐸和阿濟格則一身重鎧，手按佩劍，虎視眈眈地盯著大廳。

眾人不由愕然，一個個呆若木雞；豪格情知不妙，便要伺機開溜。不想就在這時，只見常跟在皇帝身邊的一個小太監走了出來，大聲叫道：「有旨。」

眾臣不由一齊跪了下來，豪格也不由自主地雙腿一軟，直直地跪了下來。小太監走上前，突然指著豪格和揚善大聲道：「皇上口諭，將亂臣豪格、揚善拿下。」

豪格和揚善一聽，跳了起來，正要抽刀反抗，可左右一下擁出了許多武士，他們一齊衝上來，只幾下就將二人制服。這時，只見二門一下打開，幾個人同時出現在眾臣眼前，他們是面露驚恐的皇帝、緊緊扳著臉的代善，和灰頭土臉的濟爾哈朗，最後才是笑顏逐開的多爾袞。

豪格一見，不由掙脫揪扭，一下跪倒在代善面前，說：「二伯救我！」

代善猛地一腳，將豪格踹倒，又指著他的鼻尖大罵道：「不知死活的畜牲，你該死！」

多爾袞起了個大早，盥洗畢，用過早點，便在奴才的服侍下，穿戴完畢，匆匆出發，他乘坐的是一輛豪華的後檔轎車，前後左右全是身著重鎧的護衛。不想走到東大橋邊，果見兩邊茅封草長，橋面太窄，只能容一部車走過。於是，兩邊的侍衛只能跟在車後，不想上得橋來，剛走了不幾步，突見草中擁出好幾個人，一個個手持長刀，直往議政王乘坐的後檔轎車衝來，其中一個大漢動作最快，他幾步便衝到了轎車邊，手持一把百十斤重的大刀，舉刀便砍。

轎車兩邊沒有護衛，跟在後面的護衛衝上去時，便被這幾個同夥擋住了，衝到轎車邊的大漢向轎中一刀揮去，竟把車頂砍開，杏黃色的車簾被捲到了天上，第二刀便砍進了車內，眾人一下嚇呆了，都以為議政王完了。

不料這時的大漢也呆了——原來這是一輛空車，裡面除了一段木頭，卻無一人，這時，只見後面幾騎飛奔而來，為首一人，正是議政王多爾袞，他一身重鎧，手持佩劍，向眾人大喝道：「快快拿下刺客！」

眾人這才一下省悟過來，於是一齊擁上前，堵住了這頭，這裡幾個刺客早已瞄好了退路，於是一邊抵擋，一邊往大橋那頭跑。不想就在這時，只見豫王多鐸帶著一隊人馬從那頭衝上橋來，兩起人馬齊上，把這幾個刺客堵在橋上，一個也無法逃脫。

那個派去向皇上送信的侍衛，是議政王交代好了的，不能說議政王死了，說死了八旗軍會亂套；也不能說議政王安全無恙，那樣說勢必驚走豪格，或逼反豪格，而模稜兩可是最好的辦法。

豪格果然上當，送上門來讓人抓，也不能說豪格蠢笨——他下了老本，誰不想要個結果？眼下結果出來了，可難壞了代善。

其實，豪格看神獒並未看走眼，多鐸將他吊在樑上用浸過水的皮鞭抽，那只是小菜一碟；阿濟格將他架在烤全牛的鐵架子上用炭火烤，他竟毫無一言，真不愧是一條響錚錚的鐵漢。可是，人總是良莠不齊——豪格派出跟他的人，竟有兩人受不住酷刑，才吊起來便嘔屎一樣地全招了，不過，就是沒有他們的口供，豪格也脫不了干係：誰不知這神獒是肅親王府的護院？

「請問皇上，豪格派出刺客殺臣，這是什麼罪？」

當代善、濟爾哈朗擁著福臨走進多爾袞的臥室時，不想多爾袞好好的，身上沒有半點傷痕，且跪伏在門口接駕。代善和濟爾哈朗不由大吃一驚，就連六歲的皇上，也有些莫名其妙，代善正要發問，多爾袞卻搶了先，他將一張供狀遞過來，口中問的是皇上，眼睛卻是望著二王。

「豪格要殺你？」代善驚問，同時，他想起豪格在東校場不同尋常的問話。

濟爾哈朗卻仍沒有省過神，他瞪著一雙困惑的眼睛，不知多爾袞葫蘆裡賣在什麼藥。

多爾袞只好將過程說了一遍，且讓他們看到了一群被抓的刺客，以及他們的凶器。濟爾哈朗嚇了一跳，說：「這不大可能吧？」

多爾袞冷笑著說：「不可能，那麼，這一切都是我捏造的？老兄，豪格是對二王議政不滿，他今天可殺我，說不定明天就要殺你！」

濟爾哈朗臉都嚇白了，囁嚅了半天，說：「不，不，不是這個意思，我是說這，這個小子太不知輕重了，這可是謀反啊，謀反可是死，死——」

濟爾哈朗望望多爾袞，又望望代善，把後面的話嚥了下去。

多爾袞別過臉不望濟爾哈朗，卻對著一直沉默不語的代善說：「二哥，這可是在國喪期間，豪格就敢動這個心思，那我還敢出門？這個隱患不除，國家還想安寧？」

代善此時心情痛苦極了。豪格竟敢做出這種骨肉相殘的蠢事，手段是如此毒辣，又如此不留餘地，這讓他說什麼好呢？他明白，多爾袞是一定要置豪格於死地的。再說，豪格這樣做，無論國法家法，就是滿門抄斬，別人也無話可說。但是，他可是自己的親侄子啊！

代善嘴唇顫抖著，哆哆嗦嗦好半天才說：「豪格這小子是發瘋了，殺人償命，國有常刑，主使謀刺議政王，更是罪加一等，自然是殺無赦——」

一句話未完，提刀等在階下的多鐸，立刻響亮地答了一聲道：「是！」

轉身就要去執行，代善忙叫道：「慢。」

說著，轉向多爾袞，遲疑半晌，才說：「十四弟，我的好兄弟，你是議政王，要殺豪格，可要殺得叫人心服口服啊。」

多爾袞一怔，立刻揚著手中的供狀道：「難道這是我偽造的？立刻可以傳齊一干人犯，當堂對質。」

代善說：「這倒不必，十四弟，人家會說，重刑之下，何求不得？」

代善這是明顯地偏袒豪格。多爾袞不由大聲說：「二哥，我這個議政王可是大家公推的，連你也點了頭的，豪格要殺我，不是衝這點來的嗎？眼下他要殺我，你卻袒護他，你眼中沒有我這議政王，可也沒有國法家法啊！既然如此，我這議政王幹著又有什麼意思，我何苦啊？今天當著皇上的面，我把話說了，這議政王我不幹了。」

濟爾哈朗為豪格的事，出了不少力，到頭來卻沒有得到豪格一句好話，所以，他對豪格也沒有好看法。此番幹這等大事，事前竟沒有向他透半點風，濟爾哈朗更加生氣，乘機說：「有道是王子犯法，與庶民同罪，何況他謀刺的是議政王呢？不斬豪格，我這議政王也不幹了。」

代善不由瞪了濟爾哈朗一眼，他不意這個平日與豪格挺親近的人，在這個時候，竟然也來踩沉船、添亂子。他雖不怕濟爾哈朗撂擔子——他斷定濟爾哈朗只是擺樣子，其實捨不得到手的位置，卻怕多爾袞下逼腳棋，國喪之後，政局剛剛安定，眼看就要大舉兵伐中原，以多爾袞之才，足當大任，這是他人替代不了的。代善不只一次想過，豪格志大才疏，不孚眾望，要爭位，根本不是多爾袞的對手，原以為他會知難而退，不料今天竟動手了，眼下多爾袞已穩穩佔著理，這口氣，已是有他無我、勢不兩立了，代善不由為難，他只好苦口婆心地勸道：「十四弟，你別說氣話了，他人尤可，你這議政王卻是誰也替代不了的。任何人要更改，二哥我絕不會答應，你的一班晚輩子侄也不會答應，二哥手下的正紅旗、鑲紅旗也不會答應。」

多爾袞冷笑說：「我的好二哥，這個時候說這個話有什麼用？小弟是什麼人，你還不知道嗎，信讒言，損骨肉，可是小弟幹的事嗎？可局勢明擺著，我若心慈手軟，不處分豪格，局面就要不可收拾了，連我議政王也敢殺，他就連皇上也敢殺。到時大清內部大動干戈，本土不保，父皇、大行皇帝創下的基業毀於一旦，到時你我有何面目，見地下的父兄！」

代善見多爾袞提到了父兄，不由心中一動，於是，他改用告誡的口氣說：「十四弟，你畢竟是長輩，豪格是晚輩，晚輩有錯，要打、要罵、要殺都可由你，眼下你要認真，要治豪格以謀反罪，那該死的可不是豪格一人，而是滿門抄斬，他那一家子可是你的親哥哥、大行皇帝的一支親骨肉啊，大行皇帝屍骨未寒，你難道要讓大行皇帝在地下哭泣？」

代善說著，自己已是淚眼婆娑了，代善一掉淚，皇帝也跟著掉淚，這一來，多爾袞不由也想到了皇太極，那個雖篡奪了他的皇位，卻是可以原諒的親哥哥，他的眼眶也濕潤了。

濟爾哈朗看在眼中，立刻轉彎，乘機說：「這麼吧，他雖有罪，但惡行早已暴露，沒有造成後果，這是天意，那麼，削去他的兵權，廢為庶人，也就可以了，不然，只怕會讓外人說我們骨肉相殘。」

多爾袞卻仍虎著臉，瞥了代善一眼說：「哼，豪格敢以下犯上，外人就不看笑話？豪格為什麼敢這樣幹，就因為他手上掌握了兩黃旗人馬，就因我名為議政王，其實卻枉擔虛名，朝堂上有人與我掣肘，背後有人為豪格撐腰，才導致今天這後果！」

代善見多爾袞口氣略有鬆動，不由稍稍放了心。此番豪格犯下謀逆大案，罪是肯定要治的，但只要不是滿門抄斬，他這個家長便也可對長眠地下的皇太極有所交代了，於是說：「十四弟，這樣吧，你信哥哥這一回，削去這小子所有封號，罰他一萬兩白銀；兩黃旗是天子親軍，也不能再交他統帶，但留他一命，將他圈禁起來，永不敘用，眼下軍務方急，我建議皇上封你一人為攝政王，軍國大事，以你一人意見為準，這樣再無人礙手礙腳，背後搗鬼，你可放心吧！」

濟爾哈朗一聽，雖老大不願意，但處在這種形勢下，也只好跟著說：「對，就是這樣，由你一人主政。」

攝政王者，代天攝政也，雖不享有天子之名，卻已是享有天子之實了。豪格一案，多爾袞清楚，該適可而止了——眼下就殺豪格，確實要招人閒話。再說，豪格暫時不死，自己卻有的是機會整治他，難得的是這攝政王的名號，這已是乞漿得酒了。

多爾袞這才無話可說，客氣了幾句，便也不再推讓了。

第二天朝會，所有王公大臣齊集一堂。眾人已隱隱約約聽到一些風聲了，正聚在一起議論，就在這時，代善突然宣旨：揚善圖謀不軌，立即處斬；豪格知情不舉，且背地辱罵左右議政王，著削去封號，永遠圈禁。接著，代善又宣布一道旨意：伐明在即，大事方殷，為政令統一，和碩睿親王多爾袞宜封為攝政王，暫攝國政。

由二王議政，到一王攝政，「議」與「攝」，雖只一字之差，可意義卻是非同尋常——「議」還有待「決」，而「攝」則無須這個過程了。皇太極才死不到半年，這可是政局的一大變動，眾臣震驚之餘，卻沒有一人跳出來說半個不字。

7 決計南征

豪格被一擼到底後，多爾袞的心思，立即放到了另一個地方，那就是戰禍連綿的中原——這些日子，關內傳來的消息，一天比一天吃緊，謂李自成不但橫掃八百里秦川及河西走廊，且已揮戈三晉，明軍的河防形同虛設，眼下平陽已失陷，太原也已危如累卵，照這樣的速度，指日可下北京。

得此消息，多爾袞不由想起了年初范文程卜的那一卦，心想，局勢已漸趨明朗了，年初所謂「潛龍勿用」，應是指豪格之亂，眼下豪格被擒，自己豈不是「飛龍在天」？今日進位攝政王，位高權重，別人都在看著你，若不能建立奇功，徒擁虛名，又有何意義？再說，愛新覺羅氏的子孫，怎麼甘心偏居一隅，屈居人下？中原花花世界，五百年前，也曾屬我大金國版圖；就是北京的紫禁城，姓朱的子孫坐得，愛新覺羅氏的子孫為何坐不得？

想起這些，才三十出頭的攝政王爺就逸興遄飛，遐思不已。

這天，他正在崇政殿審閱各處奏報，關內又有消息遞到，謂李自成下太原，屠寧武，眼下陽和、大同已岌岌可危。多爾袞閱報立刻去看輿圖，發現大同府幾乎與北京處在一條平行線上，再細看注釋，彼此相距也就兩三天的路程。

多爾袞閱報之餘，不由暗暗吃驚，心想，陽和、大同皆是九邊重鎮，不但形勢險要，明朝且派有重兵把守，怎麼就如此不堪一擊呢，就是我八旗精銳數次入關，深入畿內，雖所向披靡，卻也沒有如此順利呀？

想到此，攝政王爺不由矜持起來——看來，眼下我逐鹿中原的對手不是明軍是流寇了，而我對明軍雖瞭若指掌，對流寇卻還夢夢不知呢。

不想就在這時，阿濟格和多鐸晉謁了，他們也是為這事來的，一見面，多鐸便急不可耐地說：「十四哥，聽說流寇已打下太原了，看來，還真不可小覷他們呢。」

多爾袞點點頭說：「是的，我算了一下，與他們交過手的的明朝大將，如洪承疇、孫傳庭、盧象升以及左良玉、曹文詔、孟如虎、黃得功輩，也與我們交過手的，這班人也算是明朝百戰奇勳的戰將，很難啃的硬骨頭，眼下幾乎一一敗在他們手下了，不但如此，他們還先後攻洛陽、攻襄陽、攻潼關、攻太原，無不逐個得手，看起來，流寇不但善野戰，且也善攻堅，這是我們始料未及的。」

阿濟格卻不管這些，他知道多爾袞正在考慮伐明大計，便想討一個前部先鋒做，眼下見多爾袞誇讚流寇厲害，便說：「這有什麼，流寇再厲害，也比不上我們的八旗鐵騎，只要給我一萬騎兵，看我殺進關去，不殺他個七進七出，也要狠狠地撈他一把，或許佔領北京也未可知。」

多爾袞聞言，不由微微一笑——在努爾哈赤或皇太極時代，雖說國勢方張，畢竟偏居一隅，無法與堂堂中華比，所以，不論是努爾哈赤或皇太極，劃黃河以北歸我有，能恢復昔日大金國的版圖，便是他們的最高目標，而統一全國，這是他們當時不敢想的事。所以，努爾哈赤就是以七大恨興師反明，也不敢提出滅明的口號；而皇太極幾次與明朝談和，幾次稱帝又取消帝號，就是四次伐明，深入內地，每次都只是大掠而歸，不敢佔一城一地，作久留的打算，這不是說努爾哈赤與皇太極沒有天下之志，而是限於力量，審時度勢，只能如此，阿濟格受父兄的影響很深，所以也只想乘機撈一把。

多爾袞想，眼看朱明子孫守不住江山了，我大清雄峙關外，修心練膽，到這個時候了，若還只為撈一把，不也錯用心思了？猛虎在山，伺機一攫，奪取天下，正其時也，十二哥真是見識短淺，應該慢慢引導他，眼下卻不便往深處說，於是說：「十二哥的勇氣，小弟自是佩服，不過，我們不妨還是看高些、看遠些，先不忙下結論，眼下我準備去拜會一個能人，你們來了，正好一道走。」

阿濟格不覺有些掃興，說：「哪個能人，喚進宮來便是，還值得你這個攝政王去三顧茅廬？」

多爾袞覺得這個比喻歪打正著，忙說：「好一個三顧茅廬，我就做一回屈尊求教的劉皇叔，你們二位就做關公和張飛如何。」

多鐸一聽，立刻猜到了，忙說：「你是要去看洪承疇？」

多爾袞覺得這個十五弟心細，忙笑著點頭說：「正是此人，他以前任明朝的三邊總督，流寇的闖王高迎祥就敗在他手上，我們若想了解流寇的真相，他不是一本現成的書嗎？這以前先帝說過，他還是我們入關的嚮導，所以，我們對他要客氣一些，可不能呼來喚去的。」

阿濟格見十四弟這麼看重洪承疇，心裡很不以為然，說：「洪承疇一身軟骨頭，哪能比諸葛，我瞧他不順眼，不去。」

多爾袞知道阿濟格不習慣和漢臣打交道，勉強他去了也坐不住，於是說：「好，好，好，既然如此，也不相強。」

當下阿濟格回府，多爾袞和多鐸卻去了洪府。

多爾袞用迅雷不及掩耳之勢，將豪格一擼到底，終於消除了後顧之憂，身為局外人的洪承疇，冷眼旁觀，不得不承認多爾袞身手不凡，看來，皇太極之後，大清國後繼有人。中原國亂民愁，不正是雄踞一隅的滿人千載難逢的機會嗎，看來，他們就要問鼎中原了，處此情形之下，自己還能置身事外嗎？

每想到此，他的心不由惴惴然。

昨晚，他又夢見了崇禎皇帝，夢見了家中的老母妻兒，崇禎正為殉國的他設壇招魂，老母正率全家在他的靈前哭奠，他自己不由也哭醒了，翻身坐起，面目全非——當那條又粗又大的辮子從肩上滑到胸前時，他一下呆住了。

徹夜西風撼破扉，蕭條孤館一燈微。
家山回首三千里，目斷天南無雁飛。

這是宋徽宗被俘後，被金兵押向五國城的途中之作。大清不是也一度名「金國」嗎，他們可同是女真人啊。這以前，在漢人史料記載中，女真人是一個毫無禮義的野蠻民族，他們「父死，則妻其母；兄死，則妻其嫂；叔伯死，則侄亦如此，無論貴賤，人有數妻。」

可就是這個不要五倫三黨的野蠻民族，卻能憑藉著強大的武力，大舉南侵。以無道攻有道，鐵蹄所至，玉石俱焚。文明開化的華夏，飽受野蠻的蹂躪，觸目中原，狼煙四起，徽、欽二帝被俘，押向邊遠的荒城，隨同二帝被俘的數十萬百姓，男的十成死了四成，婦女十成僅剩三成，女的被迫做妾，男的被迫為奴，也不管什麼王子龍孫，衣冠仕族，統統一視同仁，每人一月才支稗子五斗，自己舂而食，一年才得支麻五把，自己編而衣，奴隸的生活之慘，不是一個親身經歷的人能想像的。

眼下，他洪承疇也成為後金人的俘虜了，這可是天意啊！

洪承疇是福建南安人，一介寒士，世代書香。那一回，他應鄉試於省城，於旅途得識富商沈百五，交談中，沈百五十分佩服洪的學識和抱負，見他家世貧寒，乃聘他的父親為西席，讓洪承疇得隨父寄寓沈家，免凍餒之苦，洪得其資助，下簾苦讀，待赴京會試，終於一舉及第。

這以後宦海浮沉，士途蹭蹬，他一步步做到了封疆大吏。這時，國運衰頹，流寇為患，他以書生而總綰西北兵符，與流寇周旋，以知兵而名聞朝野。就在他生俘流寇的闖王高迎祥，於潼關大敗李自成後，因清兵入關，他奉檄東征遼東，松山一戰，因皇帝求勝心切，用人不專，在派他為薊遼總督的同時，卻又加派兵部職方郎中張若麒為監軍，逼他速戰，以致遇伏全軍覆沒，自己也被生擒。

熟讀史籍的他，下決心一死。心想：與其過那樣的俘虜生活，不如一死報皇上，再說，身為疆臣，二十萬人馬全軍覆沒，一死尚不足蔽其辜。

然而，最後他卻沒有死。不是他沒有死的機會——一個人真要下了必死的決心，是誰也無法阻止的，就是沒有刀子、毒藥和繩子，也可去撞牆，撞牆不成，還可絕食。然而，他就是在絕食時，餓得頭昏眼花而失去方寸的。

當時，他似乎也下了必死決心，靜坐土炕上，任漢人降臣范文程、孔有德等人勸說，毫不動搖，只求速死。

一連餓了三天。身如五鼓銜山月，氣似三更油盡燈——眼看就要靈魂出竅了，忽然，耳邊傳來一絲悉悉嗦嗦的聲音，他微睨雙目，突然發現，面前出現了一尊女神，面似桃花，體如弱柳；鬢影衣香，近在咫尺。他以為自己遇了鬼，可睜開眼睛，凝神細看，女子雙眉神動，光彩熠熠照人。這分明是人無疑。

這女子看見洪承疇睜開了眼睛，立刻笑容可掬地扶起他，手執一把錫壺，竟把那壺嘴伸向他的嘴唇，他幾乎是本能地噙住了，只一吸，甘漿甜露，涓涓不斷，都流到了喉嚨裡。

那可是生命之泉啊！

事後，洪承疇才知，那女子便是皇太極的寵妃博爾濟吉特氏，她是奉皇太極之命來送人參湯的，就因他五蘊未空，六根不淨，一念之差，把持不定，於是，孔聖門徒，竟訇然醉倒在夷人妃子的腳下了。

滿洲人最喜讀的漢文書就是《三國》，曹操禮遇關公的故事，皇太極自然耳熟能詳，對他洪承疇的手段，更是較曹阿瞞遠甚——賜莊園，賜宅第，賜美女，賜奴僕，更不應說上馬金、下馬銀，三日一小宴，五日一大宴了。

一塊石頭在懷中捂久了也能熱哩，更何況洪承疇的骨頭，本來就比不得石頭硬呢？他只能感慨涕零，他只能肝膽塗地，他也打心裡覺得，面對的是一個遠勝崇禎的英明之主，值得為他效忠，為他去死。但十餘年窗下用功，所學何事？平日口談的忠孝節義，用於何地？更何況家中老母妻兒，俱在南朝，現實中的洪承疇，向何處唱一曲《坐宮盜令》？

洪承疇真是矛盾極了。但一失足成千古恨，走到了這步，他是無法學徐庶，來一個身在曹營心在漢的，降了就是降了，「義無反顧」。只是在他降清後不久，便從南邊傳來消息：他的弟弟和長子一度赴闕為他訴冤，說松山之敗，完全是張若麒貪功近利逼出來的，京師同僚也為他打抱不平，且認為他一定是為國捐軀了，為此，在北京的崇禎皇爺特下旨賜祭十六壇，並親自登壇為他招魂。

聽到這個消息，他真是只恨沒有地縫，不然一定會鑽進去。這以後，夜深人靜，聽空中孤雁哀鳴，他便想起老母，想起妻兒，可他又怎能去見一家老小？每當聽宮中吹起海螺、篳篥，不由記起中原的大呂、黃鐘，可已剃髮蓄辮的他，有何面目去見崇禎皇帝，去面對口談忠孝的南國衣冠？

眼下，又傳來了流寇北上京師的消息，皇都不保，社稷蒙羞，洪承疇不由陷入深深的自責之中——若不是自己貽誤戎機，怎能使流寇如此坐大？眼下百身莫贖，百口莫辯。

江南見說好溪山，兄也難時弟也難。
莫道梅心花各異，南枝得暖北枝寒。

他想起後人詠文天祥兄弟的詩。文天祥死不降元，可他那親生弟弟卻腆顏事敵，並得到了蒙古人的重用，世人不能理解這一對同胞兄弟，故有此譏。

唉，說什麼「南枝得暖北枝寒」，不就是「千古艱難唯一死」嗎！他想，明朝肯定是完了，不亡於流寇，必亡於清朝，自己被擒降清，說不定是好事不是壞事——朝廷政治腐敗已到了無可救藥的地步，邊事荒馳，文恬武嬉，很難有所振作；以崇禎的剛愎自用、生性多疑，說不定哪天，自己就有可能成為袁崇煥第二，與其綁赴西市，吃劊子手零刀碎剮，不如在此地得遇明主，尚可有機會一展胸中所學。他想：自己雖未被授職，但這是皇太極的良苦用心，既已處囊中，還怕沒有脫穎而出的機會？

就在這時，睿親王爺親自來看他了。為了這一天，洪承疇就像一個久曠的嫠婦等再醮一樣——幾乎引頸而待近三年。

8 君臣定大計

洪承疇不意攝政王和豫親王連袂拜府，真有幾分受寵若驚，手忙腳亂，倒是攝政王很隨便，他笑嘻嘻地將正行大禮的洪承疇拉起來，轉身和豫王上炕坐了，又把鞋子脫了，雙腿盤起來，很隨便地說道：「陽春三月了，關外還是這麼冷，這情形與先生家鄉差得可遠了？」

一聽攝政王將此地比家鄉，洪承疇真想將《李陵答蘇武書》中的話，背它一段，所謂：韋韝毳幕，以禦風雨；膻肉酪漿，以充饑渴；舉目言笑，誰與為歡；胡地玄冰，邊土慘裂，但聞悲風蕭條之聲，夜不能寐……

但身為降人，洪承疇哪能說得出口？只好含糊地點頭說：「差不多，都差不多，這裡也很熱鬧。」

多爾袞順手摸了摸屁股下的狼皮褥子說：「哪裡話，這裡冰天雪地，南人哪能習慣呢，不過，也快了。」

洪承疇一聽攝政王說「快了」，便明白其所指，雖不敢打聽，卻又有些耐不住，正猶豫間，多爾袞卻似乎看出他的心思，忽然問道：「洪先生，聽說你在關內時，曾與流寇周旋了好幾年，流寇數次敗在你的手上，所謂知己知彼，百戰百勝，那麼，你一定對流寇情形瞭若指掌了？」

洪承疇一聽，立刻明白攝政王此行與流寇有關，忙點頭說：「是，臣一度被崇禎任為三邊總督，專任剿賊事宜，所以，對流寇之由來發展，有所了解，流寇的前闖王高迎祥，便是臣手下的陝西巡撫孫傳庭擒獲的。」

多爾袞不由與多鐸相視一笑，多爾袞說：「先生一走，才幾年工夫，這流寇又日見坐大，尤其是李自成一股，聲勢已十分浩大了。」

洪承疇一聽，正想問問流寇究竟到了什麼地步，不想一邊的多鐸竟突然發問道：「洪先生，我問你，這李自成可是李世民的後代，仗著是唐朝皇帝的後裔，成心要向朱家討回江山？」

這話問得欠缺常識，要是別人，洪承疇可能會嗤之以鼻，眼下卻只能老老實實地回答說：「回王爺話，李自成與李世民雖同姓李，卻是同姓不宗，且其間相距七八百年，討回江山之說也立腳不住。」

多鐸說：「怎麼就同姓不宗呢？」

洪承疇見此情形，只好細說從頭，他任三邊總督時，也曾派人將李自成、張獻忠等人的出身、家世打探過一番。李自成原籍陝北米脂，那地方在唐代屬銀州，是党項人拓跋思恭的據地，李自成老家在距米脂四十里的李繼遷寨，這李繼遷是党項族人，本也姓拓跋氏，因祖上有功朝廷，被唐王朝賜姓李，至李繼廷手上，又因以夏州歸宋，宋太宗為羈縻他，乃賜姓趙，名保吉，趙保吉（李繼遷）的孫子，就是西夏國第一代君王李元昊，因為棄宋自立，便丟開趙姓仍姓李。如果李自成是李繼遷的後代，那麼他的本姓應是拓跋氏，至於他的血統——洪承疇侃侃而談，說到最後竟說不下去了，因為既姓拓跋氏，那麼，便應是党項羌，那是五胡亂華時留下的孑遺，不過已漢化罷了，眼前的愛新覺羅氏，不也是胡人麼？

洪承疇說時，多爾袞很少插話，眼下見他突然打住不說，立刻明白他是有所顧忌，不由寬容地笑了笑，說：「你是說，這李自成應是胡人？」

洪承疇誠惶誠恐地說：「是，按說，他應出身党項族，而李世民的郡望為隴西，兩李可說風馬牛不相及。」

多鐸聽到這裡，始聽出一些苗頭，不由歎了一口氣說：「搞了半天，李自成姓拓跋，可這拓跋氏怎麼連自己本來的姓氏也弄丟了？」

多爾袞眼下卻不想探討這些，他怕多鐸再問下去，忙插開話題道：「洪先生，雖說李自成與李世民風馬牛不相及，但他卻真的成氣候了——目前關內情形大變，先生願知其詳否？」

洪承疇忙拱手願聽，多爾袞於是將他所得到的情報略說一二。

一聽流寇已拿下太原，洪承疇不由一驚。年前他已聽到孫傳庭臨潼大敗的消息，心想孫傳庭一敗，明軍精銳損失殆盡，崇禎如果不調寧遠兵，手中只怕再也派不出像樣的兵和像樣的將了，後來得知繼任督師為余應桂，他心裡就在想，這真是蜀中無大將，廖化為先鋒，以余應桂這樣的書生任督師，李自成還不橫行無忌？回頭一想，假如我是這個李自成，下一步將怎樣呢？就這麼一轉念間，他竟忽有所見，不由喜上眉梢，雙手一拱，向多爾袞道賀說：「這可是大清的大喜事，臣預為之賀。」

多爾袞說：「流寇聲勢浩大，這以前也多虧他們拖住了崇禎的手腳，我大清才得以不到明朝十分之一的兵力、國力，屢屢得手，不過，眼下他們已逼近北京，明朝眼看就要完了，將來與我為仇者必是流寇，先生此賀，是否勉強？」

洪承疇信心十足地說：「王爺，沒有把握的話，臣是不會說的。別看流寇眼下勢大，畢竟根基不牢，所謂綆短者不可汲深，褚小者不可懷大，處此關鍵之時，乾坤一擲，何能輕易下注？須知進入北京雖是最終目的，但北京也不是那麼好進的，到時羝羊觸藩，傀斌尖卡，將來收拾殘局的，必是我大清無疑。」

這結局當然是多爾袞所希望的，不過，洪承疇說得太含糊了，他有些不信，乃說：「據說自前年起，流寇進入河南，饑民日從者上萬，去年便已挾百萬之眾，為取關中為根據地，臨潼一戰，孫傳庭全軍覆沒，年初李自成由陝西渡黃河，一路望風披靡，誰都可看出，崇禎帝手中，已是將相無人，兵餉兩缺，流寇進入北京已是早晚的事，眼下孤身邊有人擔心，流寇一旦穩定了局面，便可號令天下，我軍雖銳，卻無法與其爭鋒，不知先生認為此說可有道理？」

洪承疇微笑著搖頭說：「王爺，百萬流寇之說只怕未必。據臣所知，關內這些年來，兵連禍結，災荒頻仍，中原各地早已是人民逃散，十室九空。因到處是饑民，很容易受流寇裹脅，所以流寇要招聚百萬之兵不難，但要養活百萬之兵卻不易，且不說糧秣被服，兵器車馬，單是運輸一項，也非兩三百萬精壯不可，流寇能做到嗎？所以，據臣估算，他們眼下除留守陝豫之兵，能帶到北京的兵有二十萬便很不易了。」

多爾袞對流寇有「百萬」之說本有懷疑，聽洪承疇這麼一分析，不由點頭，但又道：「先生此說，孤有同感，不過流寇起事已十餘年，輾轉十數省，愈戰愈強，這只怕也是事實。」

洪承疇一開始便明白攝政王此行的目的，既然王爺屈尊求教，他還吝嗇什麼？忙說：「稟王爺，要說流寇，厲害固然厲害，但流寇也有其致命的弱點，可以說，李自成確有高於其他各賊之處，不然，他也不可能幾次死而復生；但李自成再強，仍不免流寇積習，雖能為患於一時，卻不能稱雄於永久，所謂『天地之道，極則反，滿則損。』流寇必然敗亡，這是天意，不是人力所能抗拒的。」

多爾袞說：「先生此說，當然是正理。但萬物初生，必然興旺發達，就像當年劉邦、朱洪武一般，先生何以說他必然敗亡呢？」

洪承疇連連搖手說：「劉邦、朱洪武皆是一代英主，不但個人抱負非凡，識見宏遠，且左右輔弼之臣，如張良、陳平、徐達、李善長之輩皆為王佐之才，所以劉、朱自然能得天下；但李自成則差之毫釐，失之千里。」

多爾袞雖對中原歷史有著與生俱來的愛好，卻未聽人將劉邦、朱元璋等具體人物做過剖析，一時興趣盎然。乃說：「劉邦、朱元璋皆出身布衣，迫於秦元暴政而起義，這與李自成有何區別？開始時也是由弱到強，終於一統天下，眼下李自成不是也越做越像樣了麼？」

洪承疇微笑著搖頭說：「不然不然，想當初，秦失其鹿，天下共逐之，陳勝、吳廣舉義旗於先，為什麼不能成事？究其原因，陳勝、吳廣畢竟胸無大志，貪於逸樂，稍獲成功，便不知所以；而劉邦則不同，他雖出身無賴，但知自我約束，賴蕭何、陳平等人扶持，進入咸陽後，便封宮殿，嚴紀律，廢除秦法，約法三章，一下就獲得關中父老的支持，終於站穩了腳跟。這以後敗項羽，滅韓信等，輕徭薄賦，與民休息，以致大風之歌，響徹四鄉，劉邦終成為開一代偉業之英主。朱元璋也是如此，想當初，元順帝失德，奸臣弄權，政治腐敗，劉福通、韓山童揭竿而起，開始之初，朱元璋不過是郭子興手下一親兵，名不見於經傳，其時陳友諒、方國珍、張士誠輩，群雄逐鹿，而朱元璋終能一一敗之，卒成大業，這也不是上天獨厚朱氏，而是朱元璋自有過人之處。所謂『以聰明神武之資，抱濟世安民之志，乘時應運，豪傑景從，置衛屯田，兵食俱足』。這可不是後人的溢美之詞，乃是當時的實況；加之劉基、李善長、徐達、常遇春等文臣、武將之襄助，又豈是陳友諒、方國珍輩所能及？當今之世，雖與秦末、元末類似，李自成出身寒微，其行狀也與劉邦、朱元璋相彷彿，但身邊牛金星、劉宗敏等，或為落第舉人，或為赳赳武夫，見識短淺，器小易盈，此誠沐猴而冠者也，又豈能望張子房、徐達等國士之項背？王爺若不信，只需看他們此番懸軍北犯，便知李自成左右廟算是何等失策了。」

多鐸一聽，不由高聲說：「洪先生，這懸軍北犯四字，可有說的？」

多爾袞也對這話題感興趣，乃說：「是的，既然崇禎手中將相乏人，而李自成已是兵強馬壯，自然是要問鼎中原，先生何以責他懸軍北犯？」

洪承疇微微一笑，說：「王爺容稟，懸軍之說，語出《明太祖實錄》。想當初，太祖朱元璋已次第消滅陳友諒、張士誠等部，除浙東外，掩有江南大片版圖，乃召諸將議北征，鄂國公常遇春主張直搗元大都，以為可取破竹之勢，可太祖卻不以為然，他說，元建國百年，守備必固，懸軍深入，饋餉不前，援兵四集，危道也。所以太祖決定先取山東、兩河，拔潼關，略陝西，破其藩籬、扼其戶檻，待元都勢孤援絕，方可不戰自克。後來戰局發展，果如太祖之言，因而得以迅速平定天下。而眼下流寇呢，要說，也與當年形勢類似，不但掩有關中，就是兩河也大半入其掌中，看似兵多將廣，崇禎已無能為力，但仔細考究，卻與事實相差甚遠，第一，他們進入關中還是去年九、十月的事，不到半年時間，立足未穩；第二，河北、山東及江南大片土地還為崇禎所有，朱明掩有天下三百年，樹大根深，真要連根拔起，尚待時日，李自成左右若真有見高識遠之輩，便不應在此時此刻，懸軍北犯，而應該建議他先經營關中，穩定河洛，分軍略定齊魯晉冀各州縣，將明朝的南北聯繫徹底切斷，待領有江南，然後從容北伐，或可取一鼓收復之功，眼下自己根基未固，明朝藩籬未除，孤軍深入，四面被敵，打到北京之後，必然所剩無幾，此時我軍若乘機而入，流寇必不能敵。所以，微臣料定，流寇此時不打北京便罷，若打北京，便是自蹈死地。」

這以前，多爾袞便隱隱覺得，李自成的北伐確實為時過早，經洪承疇高屋建瓴、引經據典地一分析，始有茅塞頓開之感，於是，興致勃勃地和洪承疇談起自己的入關計畫，侃侃而談，倜儻揮灑，真有大鵬展翅恨天低之慨。

多爾袞親訪洪承疇，不想范文程卻在攝政王府坐等。

范文程以布衣受知於努爾哈赤，官至祕書院大學士，在他心中，無所謂滿漢之分，想的只是輔佐一代明君，中原問鼎，做大清一統天下的開國之臣。

這些日子，關內天天有消息傳來，謂李自成不但橫掃三秦，且已進軍三晉，眼下明軍擺在大同、陽和一線二三十萬大軍已無心戀戰，看來指日可下北京，想起年初自己為多爾袞卜的那一卦，心中不由躁動起來，乃興沖沖地前去拜見攝政王。不想這個禮賢下士的王爺，竟主動去看望一個降官，范文程不由感動，乃在攝政王府中坐等。

攝政王爺終於回來了，范文程一揖到底，說：「王爺此去洪府，可是吃了一粒大大的定心丹？」

多爾袞微微一笑，說：「還是范先生精明。」

范文程說：「微臣聽說流寇已渡黃河、下太原，前鋒直指大同府，王爺是否急了，怕流寇先聲奪人？」

聽過洪承疇的剖析，多爾袞早已信心倍增，眼下不由躊躇滿志地說：「不是嗎，我大清經父子兩代人的努力，眼下雖處一隅，卻早已蓄勢待發，不想半途殺出個李自成，若讓他捷足先登，我們可不是白忙乎了？」

范文程輕鬆地勸慰說：「物各有主，不可強求，更不在乎遲早，依臣看，流寇就是把北京佔了，也不能長久的，王爺何必急在一時呢？」

多爾袞點點頭說：「這話說的是。適才洪先生與孤說起流寇的失算，很是有根有據，他最後斷定，流寇只要進入北京，便成強弩之末。」

接著，多爾袞就把洪承疇的話，原原本本地向范文程學說一遍。范文程望著攝政王，沉吟半晌才說：「洪承疇確有王佐之才，見識非我輩所能及，王爺如此禮賢下士，他一定會盡胸中所學，為大清獻計獻策。」

多爾袞見范文程那期期艾艾的神色，便明白他也是有所進獻而來，不由歎了一口氣，喚著范文程的字說：「憲斗，洪承疇確為國士，將來孤肯定要大大地重用他。不過，以他那身分，眼下肯定還有未盡之言，好在上天把你安排在孤身邊，算是青山正補城頭缺。」

范文程不由點頭，說：「王爺見笑了，臣愚鈍，何能抵洪承疇之萬一？若言語失當，還請包容。」

多爾袞笑道：「范先生乃先帝舊臣，倚信如左右，若還這樣說，豈不生份了？」

范文程也笑了，笑畢又微微歎息說：「王爺，明朝眼看是完了，雖說天命攸歸，非人力所能強，但誰也沒料到，朱明掩有天下三百年，根深柢固，要亡便也如此之快。」

多爾袞也跟著歎息說：「朱明致有今日，應是獲罪於天。古人說，獲罪於天，不可禱也。」

范文程連連點點頭，沉吟說：「滅朱明者，朱明也，非流寇也。朱明不暇自哀，而後人哀之，後人哀之而不鑑，亦使後人而復哀後人也。」

多爾袞一聽，不覺詫異地望著范文程，好半晌才說：「范先生，你這話孤好像在哪裡聽說過——啊，是了，這不是那個叫杜牧的人寫的阿房宮賦嗎，只不過換了主人翁而已，范先生搬到這裡來，是說我們大清不能從中獲得教訓？」

范文程點頭說：「王爺聖明，舉一反三，看來，是范某多心了。」

多爾袞說：「不，范先生既然這麼打比方，一定是這以前，我們有過失足之處，話既然說到這份上了，范先生何不暢所欲言？」

范文程見多爾袞確有心求諫，於是滔滔不絕地說：「有明失德，流寇蜂起；中原糜爛，百姓流離；億兆生民，無不仰望安定和平，思擇令主。我大清崛起於滿洲，賴太祖太宗兩代人的努力，眼下國力強盛，人才薈萃，完全有實力問鼎中原，奠定萬世不敗之丕業，因這不是與明朝爭，而是與流寇爭，所以可以做得名正言順，堂堂皇皇，擊敗流寇，得天下是必然的。但這以前，我八旗數次入關，皆有失策之處，望攝政王爺能引以為戒，這就是人民廬舍，焚掠一空，壯丁老弱，屠戮殆盡，使京畿一帶人民，對大清轉生怨恨，以為我與流寇無異，徒事擄掠，並無大志，至於今日，我大清兵雖強，馬雖壯，土地人民，不患不得，而患得而不為我有。唯今之計，當為收拾民心，撫綏百姓，最為要務，大軍入關之後，直趨燕京，須向百姓宣示昔日不守內地的理由，闡明今日欲定天下之大義；各地官員，仍司其職，中原百姓，各安其業，錄賢能、恤無告；嚴明紀律，秋毫不犯；燒殺劫掠，必不能有；救災濟困，必不能緩。任賢撫眾，近者悅而遠者來；弔民伐罪，幼者養而老者安，使百姓明白我軍已非往日，從而化敵為友，言歸於好。若能做到這些，兩河可傳檄而定，兩河一定，下江南、平湖廣，皆可照此辦理，天下不難定矣。這真是上合天意，下順民心的大好事，王爺以為然否？」

范文程一席話，直指清兵以前幾次過失，燒殺搶掠，心狠手辣，這確實是洪承疇不宜出口的，今天，范文程以三朝老臣，拐彎抹角，終於說了出來，並指出，清兵若不一改變往日的作風，奪取天下也是一句空話。

多爾袞一聽，不由信服地點頭，說：「范先生此言，擲地有聲，孤敢不引以為戒？此番入關前，一定要嚴明紀律，對百姓做到秋毫無犯，而且，凡明朝的苛捐雜稅及虐民之政，概行廢除。」

當下，君臣二人，便細細商談入關後的具體措施。

幾天之後，在范文程、洪承疇等人的襄助下，多爾袞以攝政王的名義，向皇帝寫了一份長長的奏章，詳細闡明了滅亡明朝、統一中原的大計。皇帝集六部九卿共同商討後，批准了這個計畫——這其實只是走過場。

四月初八日，六歲的福臨擺駕篤恭殿，頒下恩詔，謂自己年幼，不能親履戎行，特命攝政王多爾袞代他統率六軍，往伐中原。乃賜多爾袞大將軍印，一切賞罰俱便宜行事，「其諸王、貝勒、貝子、公、大臣等，事大將軍如事朕。」又賜多爾袞御用黃傘一、纛二、黑狐帽、貂袍、貂褂、坐褥、涼帽、蟒袍、蟒褂等，以示優遇。

次日，多爾袞率英郡王阿濟格、豫郡王多鐸、及恭順王孔有德、懷順王耿仲明、智順王尚可喜及滿蒙八旗的三分之二、漢軍八旗全部，詣堂子行禮後，鳴炮啟行，范文程、洪承疇隨侍左右，浩浩蕩蕩，向關內進發……

五

崇禎皇帝

1 崇禎罪己

李自成率軍進入大同，繼續麾軍北上，大同距北京不過數百里，可身居紫禁城的崇禎皇爺卻仍蒙在鼓裡。

這天，崇禎照常在乾清宮批閱奏報。說來也怪，這些天，除了江南還斷斷續續有奏報到京，其它各地的消息漸漸少了起來，就是自動請纓的李建泰，離京後天天有奏報的，眼下也不常見了。他不知越來越多的地方已陷入大順軍手中，塘報根本就無法突過敵佔區送達北京；而那些向他催餉猴急的官員，眼下多已向李自成拜表請降，做了大順朝的開國臣子，還只道是他們也像李建泰一樣，「毀家紓難」，解決了糧餉的問題，雖然自己也常常納悶，但皇爺卻寧願朝好的地方想。

這天，家住定縣的王承恩的弟弟逃難來京，王承恩細心盤問，才知三月初十日，流寇的一支偏師已陷真定府，督師李建泰已被流寇殺害——其實，這位弟弟沒完全搞清，此時的李建泰只是投降了李自成，後來他更投降了清朝，又還過了一回內院大學士的癮。

王承恩大吃一驚，一顆心一下沉到谷底。李建泰是自請長纓，並受皇帝派遣，督師剿賊的，當時皇上對他寄託了莫大的希望，不料卻又是鴉鴉烏。熟悉內情的王承恩明白，眼下皇上是再也派不出督師，派不出兵了，下一步只有困守京師，坐等流寇來攻了。

他想，皇上已下旨催調寧遠和山海關兩處兵馬了，寧遠兵怎麼還不來呢，這唐通和吳三桂也真不知緩急，坐失封疆就坐失封疆罷，整個國家都要完了，還能顧東北那一塊嗎？看來，該向兩處下箚子催促。

進宮見到皇帝後，他猶豫半晌，欲說還休。

崇禎抬頭看見王承恩臉上有淚痕，不由問道：「什麼事使你不快活？」

王承恩趕緊跪下來磕頭，好半晌才奏道：「皇爺，大事不好，真定府業已失陷，李建泰被害五天了。」

崇禎大吃一驚，怒聲喝道：「胡說，李建泰身為督師，指揮全域，幾天前尚有奏報到京，如被流寇殺害，地方官豈能沒有奏報，京師豈能沒有消息？」

這真是皇帝不急太監急啊。王承恩無法，只好連連磕頭說：「皇爺，奴才豈敢欺蒙，這是千真萬確的消息，是奴才弟弟親口跟奴才說的，眼下這消息已傳到京師了。」

說著，就把弟弟的原話複述了一遍。崇禎仔細聽著，雙手不自覺地抖了起來，一轉身，竟把手邊的一隻汝窯青瓷茶盅拂到了地下。

按說，李建泰以輔臣督師，統籌全域，凡地方文武皆受其節制，如果他有閃失，前方必有奏報，就是全軍覆沒，兵部派在前線的偵騎也會有消息報來，怎麼堂堂的督師陣亡，朝廷竟毫無所聞呢？

但王承恩言之鑿鑿，不似有假。於是，乃下旨，緊急召見兵部尚書張縉彥於平台。可張縉彥遲遲不來，崇禎等得心焦火躁，不覺手蘸茶水，在御案上寫起字來，一邊的王承恩不知皇爺寫什麼，崇禎見王承恩在探頭，索性側過身，示意王承恩看，王承恩一看，原來御案上寫的是「文武百官，個個該殺」八個字，王承恩默默地看著，只能嘆氣。

眼看著御案上的八個大字縮成了幾團水珠，可張縉彥卻還沒來，崇禎真有些坐不住了，便又重新寫字，這回八個大字尚未寫完，外面終於傳來靴子著地的「橐橐」聲，崇禎明白，張縉彥到底還是來了。

「真定失陷，李建泰遇害，卿知之乎？」這一回，崇禎開門見山，沒有繞一點彎子。

張縉彥對此似早有準備，他不說話，只重重地磕頭——去年七月，他還只是兵科都給事中，升尚書才幾個月。因在兵部，他的消息還是比別人靈通些，李建泰當時毛遂自薦去督師，很多人都清楚內情，他的衛國只是保家。不想流寇自風陵渡過黃河後，只兩天就打過了他的家鄉曲沃。他在得知曲沃不保後，情緒一下低落到谷底，一天才走三十里，一到保定府，便稱病不再往前走了。

張縉彥很鄙視李建泰，為保家，不惜欺君；也不明白皇上，究竟是甘心受欺，還是真的不明白，世間會有毀家紓難的大臣。這麼鄭重其事地派出無兵無餉的督師大臣，究竟是自欺呢，還是欲欺人呢？眼下賊兵已分兵兩路，從山西、直隸直指京師，局面已是十分不堪了，自己雖為兵部堂官，但任職不久，對失敗擔不了多少責任，所以，在崇禎連連追問下，他矜持半晌，索性一推說：

「臣身在城中，耳聾目瞶，前方之事，不得消息久矣。」

崇禎對此說大為不滿。乃狠狠地用指關節敲著御案，咬牙切齒地說：「你、你、你身為本兵，職掌所在，別人說不知猶可，你怎麼可說這種話？」

張縉彥雖又重重地磕了一個頭，口氣卻有幾分倔強地說：「臣自接掌兵部，就不曾領到一文錢經費，部兵除了家在南邊的無處可走外，其餘大多不辭而別。所以名為兵部尚書，卻派不出一個偵騎，自然無從得知前線消息。」

崇禎一聽這話，半天開口不得。

不錯，眼下朝廷除了勸勳戚、大臣捐輸，卻已大半年沒有向朝臣們關餉了，自然談不上按時發放各部經費。俗話說，皇帝不差餓肚兵。兵部無錢養兵，派不出偵騎，自然也成了瞎子、聾子，自己倒是怪非其怪了。

這時，張縉彥卻還要火上添油，竟又奏道：「臣聽逃進京的難民說，陷真定的流寇只是偏師，其主力正由太原北上，在攻陷寧武後，已揮師直下大同、宣府，眼下居庸關是首當其衝了。」

崇禎一聽，不由說：「流寇雖陷寧武，不是還有大同、宣府等重鎮嗎，大同駐兵十萬，陽和、及宣府駐有大軍十萬，流寇前頭尚有好幾處關隘，居庸關怎麼就會首當其衝呢？」

張縉彥明白真正耳聾目瞶的還是皇帝，他也顧不得許多了，率性將自己所知，一古腦說了出來：「啟奏皇上，目下京師人人都在哄傳，說大同、陽和、宣府也於近日迎降了。」

「你，你，你這不是胡說嗎？」崇禎雖覺背上有冷汗涔涔流出，可仍強作鎮定地大罵張縉彥說，「好你個張縉彥，居然當面說謊，欺瞞朕躬。你說兵部派不出偵騎，怎麼就偏聽謠傳？大同、陽和、宣府為九邊重鎮，巡撫、巡按、總兵有好幾個，除此之外，朕還派有杜勳、杜之秩監軍，二杜乃是朕的心腹，若宣府、陽和有變，就是這班文臣武將瞞匿不報，杜勳、杜之秩還能不向朕奏報嗎？」

這一問，張縉彥可有口難開。皇帝對文臣武將的不信任，早已是溢於言表了，但張縉彥清楚，這一班閹人其實比外臣更不可靠，只是皇帝已處在這班閹人的包圍之中，自己若據實奏聞，不但會惹怒皇帝，且會得罪這班太監，到時裡外不是人，此時此刻，保命要緊。權衡利害之後，他只好連連磕頭說：「臣該死，臣不該將道路傳言奏聞，惹得皇上生氣，臣實在不該。」

身為兵部尚書，不能將切確的消息奏報，而是採自道路傳聞，要在平日，張縉彥這奏對不是不稱旨，而是欺君罔上，不丟官也必受嚴譴。可眼下崇禎無心計較這些了，他只厭惡地揮了揮手，說：「別說了，事已至此，朕也不怪你。你只說說，當有何計，解今日之困？」

張縉彥鬆了一口氣，趕緊磕了一個頭，說：「皇上，事急矣，別的大話高調，都不應說，速催促援兵，捍衛京師，這是唯一的救急之方。」

崇禎也想到這層了，於是說：「朕也思慮及此。眼下手中有兵的，左良玉在武昌被張獻忠纏住，脫身不得，再說，也緩不濟急；劉澤清在山東，朕幾次下詔催調，他公然拒不奉調，且在往江南撤；山海關的唐通、寧遠的吳三桂，朕都已嚴旨催調，除了唐通已奉敕開拔，前去協守居庸；吳三桂卻還杳無音信，但不知卿還有何策？」

這些情況，張縉彥都清楚，眼下皇帝問起還有何策，他只好連連磕頭道：「赳赳武夫，罔知忠義，事已至此，唯可以利祿驅眾，皇上一定明白微臣之意。」

崇禎明白，這是讓他加封這班武夫的官爵。但一想，吳三桂、唐通、劉澤清都是總兵，武將做到總兵已是無官可加了，剩下的只能封爵。於是他一咬牙，狠狠地說：「只要這班人能為朕出力，朕又何曾吝嗇爵祿。」

張縉彥知道皇帝口氣鬆動了，於是又磕頭奏道：「還有一事，臣敢冒萬死奏我皇上知道。」

崇禎說：「有事直說無妨，不要繞彎子。」

張縉彥聽皇上如此說，膽子大了幾分，乃說：「眼下漕糧已斷，京師倉儲不豐，皇上既決意固守，應盡快多發內帑，四處徵調穀米，不然——」

話未說完，崇禎立刻皺眉，且打斷他的話說：「剛才不是說多封爵位嗎，怎麼還要銀子呢？內帑內帑，這幾年有出無進，內庫早空，哪還有內帑！」

張縉彥一見皇上這口氣，知道儘管是要他直說，這痛腳也是踩不得的，只好歎口氣，跪安出來。

張縉彥走後，崇禎一人在殿中走了幾回方步，終於下定了決心。乃令王承恩擬旨，一口氣封了十多個侯爵、伯爵，像吳三桂、唐通、左良玉、黃得功等擁兵大員、及守大同的姜瓖、守宣府的王承胤等，一律進爵為伯；總兵劉澤清在山東不肯奉詔，可越是桀驁不馴的越得羈縻，於是，劉澤清反還封侯爵；又懸出賞格：無論軍民人等，凡能擒獲李自成、劉宗敏的，可賞萬金、封伯爵。

這樣安排之後，崇禎想，眼下尚未得到酬勞的，就只剩下替他監軍的太監了，可不能辜負杜勳等家奴。於是，他問一邊的王承恩道：「杜勳可有兒子？」

王承恩清楚皇帝的意思，是要加恩杜勳等人。他想，外面早在哄傳，說姜瓖、杜勳等人都早已暗通流寇了，這裡卻還在加恩封爵，國家都要完了，再高的爵位也不起作用了，誰還信這些呢？但他又不敢說穿，只好說：「他有一個兒子，是侄子過繼過來的；杜之秩也是如此。」

崇禎說：「那好，各賞杜勳、杜之秩一個錦衣衛千戶的世職吧，其餘各處監軍，也可酌情封賞。」

王承恩不敢怠慢，趕緊退下擬旨。

然而，就在崇禎皇爺大封姜瓖、杜勳之際，身為宣府監軍的杜勳，早已與李自成接上了關係，眼下正身著緋袍、八騶前導，出城三十里去迎接李自成。

李自成親統大軍從西門進城，鎮台衙門成了他的行宮；而崇禎爺派來宣旨的欽使——一個小太監也從北門進了城，他懷抱著聖旨，興沖沖地直奔鎮台衙門。這時，李自成正高坐在大堂，聽杜宣、王承胤等辦交代。這個太監不知就裡，卻在轅門滾鞍下馬，不顧守門的大順軍衛士攔阻，大搖大擺進門，手捧黃封，用那太監特有的鴨公嗓子高聲叫道：「有旨——」

雖然一連封了許多侯許多伯，崇禎皇爺心知肚明，這已是病急亂投醫了，能否一劑之後，漸有起色，真是只有天知道了。

百無聊賴的皇爺，沒有塘報又盼望，見了塘報又害怕，這也不是那也不是的他，天才黑便躲入後宮睡覺，心想，反正就是這個樣子，只能聽天由命了。但睡覺也不能安穩——多少日子以來，總是惡夢連連，這天也是，剛一闔上眼，竟夢見了太祖爺朱元璋。

夢中的他，正和皇后，還有田妃、袁妃在御苑泛舟。此時的北海，碧水藍天，楊花飛絮，他坐在舟中，后妃分坐兩邊，宮娥內監，環立船頭，龍舟由王德化、曹化淳親自搖槳，緩緩地行駛在水面上。樂聲中，大家忘情地貪看春光美景，指指點點，十分舒暢，真是好一片太平景象。

不想好景不長，就在這開心一刻，天色突變，水面上颳起了一陣怪風，隨即烏雲壓頂，波浪滔天，御舟受不住這顛簸，眼看就要傾覆了。不想在這萬分危急的時刻，天空中又出現一個青面獠牙的妖怪，自稱李自成，手持巨叉，亂舞著向他撲來，后妃們嚇得發出聲聲尖叫，他一邊躲藏，一邊喊人救駕，可王德化等人卻在一邊冷笑，他茫然無計，只能等死了。

這時，空中一道閃電，隨著一聲霹靂，太祖爺在雲端出現了，站立左右的，是一個金甲神人，神人只一揮手，便有一陣清風，輕輕拂過，張牙舞爪的李自成，還想與神人對抗，可只幾下，便被神將打得狼狽而逃，隨即雲消雨霽，風平浪靜。

於是，他率后妃們跪地謝太祖爺，不想太祖爺望著他，卻連連嘆氣說：「朱由檢，你這個斷送朱明三百年天下的不肖子孫啊，竟還有心來遊山玩水！」

說著手一揮，海上立即掀起一陣巨浪，只兩下，便把他的御舟掀翻了，他和后妃們全落到了水中，他雙手撲騰、掙扎，撲騰著、撲騰著，就把身邊的袁妃撲騰了……

「皇爺，皇爺，您又做惡夢啦？」皇帝做惡夢，都是由身邊的后妃喊醒的，今天袁妃已是見怪不怪了。

崇禎終於清醒過來，睜開眼睛，朦朧中，只見袁妃已坐起來，睜著一雙睡眼在奇怪地望著他。想起夢中的情景，他不由睡意全消，一翻身坐了起來，望著窗外幽幽的月光，歎了一口氣說：「唉，朕幾時有過遊山玩水的雅興？」

袁妃不知此話何意，是啊，前幾代皇帝都愛遊幸，正德爺甚至動不動就跑到大同府去了，可當今皇上除了出宮去祭天地，根本就沒離開過紫禁城，連西苑也很少去，做后妃的，只能跟著天天守著偌大的宮殿，像坐牢似的，簡直就憋悶極了，她正想就話答話，勸皇上也出外走走，可皇上卻已起身下床了。

只見他趿著鞋，在御榻前踱著方步，眼睛漫無目的地向四周瞅著，口中喃喃地說：「該做的、想到的朕都做了，而敗國亡家的事，朕可從未做過，朕哪點像是亡國之君呢？」

袁妃只好起身，將一件仔羔皮小襖披在他肩上，說：「皇爺，小心著涼了。」

他沒有搭理她，繼續想自己的心事。

夜將盡未盡，天欲明未明，前面傳來鼓聲和鐘聲，穿過層層疊疊的宮苑，清晰地送進他的耳中。他徘徊歎息良久，直到天邊出現了一線魚白色，大殿飛簷斗拱的輪廓更清晰了，才輕輕地咳嗽一聲。

隨著這一聲咳嗽，立刻有四個當值宮女走了進來，送上洗臉的熱水和漱口水，他匆匆盥洗過後，走出東暖閣，來到前殿，宮女們已為他端來了熱氣騰騰的燕窩粥，可他卻揮了揮手，讓端下。又張開雙臂，示意宮女們為他將袍服、帽飾穿戴整齊，便向外揚了揚手，門邊立刻閃出一個當值的太監的影子，於是他朝那個影子點點頭，低聲吩咐說：「準備去奉先殿。」

太監們雖不明白皇爺為什麼天剛亮便要去奉先殿，但也不敢問。院子中，立刻傳出太監的呼喝聲：「皇爺擺駕奉先殿！」

這聲音好尖好刺耳，一聲遞一聲，在空洞的大殿中迴響。

奉先殿取「奉先思孝，接下思恭」之意，是宮中的家廟，裡面供奉著歷代祖先的畫像。崇禎的突然到來，使當值的太監們好一陣驚惶失措，可崇禎皇爺卻不管這些，一步跨進正殿，便在太祖爺畫像面前的黃緞拜墊上直直地跪了下去。在幽暗的燭光中，他抬頭望見太祖爺的巨幅畫像，當接觸到那冷竣的目光時，竟然覺得與夢中的太祖極相似，他不由自主地抖了一下，連連磕頭，口中默默地祈禱道：「太祖爺，十七年來，孫兒朝乾夕惕，宵旰憂勞，從不曾有過一絲一毫的懈怠，究竟是哪裡做錯了呢？」

可太祖爺卻只默默地望著他，毫無表情。

太祖爺不回答，崇禎皇爺就這樣直直地跪著，在心中反省自己獲罪於天的地方，這樣一跪就是好半天，直到自己的膝蓋跪酸了。

好像是神的暗示——就在前往乾清宮的途中，他終於想起，怪不得惹得太祖爺責備，自己確還有一件該做的事未做，這就是下罪己詔。

這以前，每逢大災年或重大事件發生，他都下過罪己詔，向天下臣民宣示自己的過失，表示要痛改前非。但眼下看來，那種罪己詔，都是由輔臣或秉筆太監執筆，因此，未免輕描淡寫，有些諉過於臣下，眼下國運如此不堪，連太祖爺也震怒了，所以，這罪己詔再也不能諉過於人，應對自己痛下針砭，好好地檢討一番。

想到此，他決定親自動筆。

朕嗣守鴻緒，十有七年，深念上帝陟降之威，祖宗付託之重，宵旦兢惕，罔敢怠荒……

走筆匆匆，才開了個頭，自己一看，感覺還可以。心想，場面話應到此為止了，該往主題上靠，這就是為什麼國事日非？

禁鎖深宮幾十年，朝中弊政，百姓疾苦，雖看不見，卻不是聽不見，就是有些直言無忌的大臣，也上書指出過——最使民不堪命的弊政，無過於加徵，百姓除應繳的正課之外，攤派極多，「遼餉」、「練餉」、「剿餉」，十餘年來，沒見減賦，只有加徵。正因為朝廷的加徵，才讓流寇乘機而起，用「不納糧」來獲得民心。要說官逼民反，也不為過。

但仔細一想，這能怪自己嗎？國庫空虛，財政支絀，這是因為滿洲崛起，背信棄義，屢犯京畿，數次征討，罔有成效，兵連禍結，戰亂連年，從那以後，國庫便被掏空了，自己若不加徵，何以應付這「左右支絀」？

第二，便要怪李自成、張獻忠等流寇怙惡不悛，賊心不死，屢撫屢叛，抗拒天兵，眼下甚至稱兵犯闕，威逼皇都，試問，李自成、張獻忠還不算是禍國殃民的罪魁禍首嗎？

接下來，便是官員的腐敗與無能，這情況，那乩仙說得最好，「官貪吏要錢」。用李自成的話說，是「食肉紈絝」，這班該死的傢伙，個個該殺。為什麼前朝便有那麼多的能臣，像太祖爺的臣子，個個了得，而自己的臣子便個個無能呢？

有此三問，崇禎皇爺真是感慨不已，心想，雖是罪己，卻不能不把真相告訴世人，這就是朕並非亡國之君，而臣子卻都是亡國之臣。想到此，他不由筆走龍蛇，一口氣寫下去：

乃者，災害頻仍，流氛日熾，忘累世之豢養，肆廿載之凶殘，赦之益驕，撫而輒叛。甚至有受其煽惑，頓忘敵愾者。朕為民父母，不得而卵翼之；民為朕赤子，不得而懷保之，坐令秦、豫丘墟，江楚腥穢。罪非朕躬，誰任其責？所以使民罹鋒鏑，蹈水火，血流成壑，骸積成山者，皆朕之過也。使民輸芻挽粟，居送行齎，加賦多無藝之徵，預支有稱貸之苦者，又朕之過也。使民室如懸罄，田盡污萊，望煙火而無門，號冷風而絕命者，又朕之過也。使民日月告凶，旱潦薦至，師旅頻仍，疫厲為殃，上干天地之和，下叢室家之怨者，又朕之過也。至於任大臣而不法，用小臣而不廉，言官首鼠而議不清，武將驕懦而功不奏，皆由朕撫馭失道，誠感未孚。終夜以思，侷促無地，用是大告天下，朕自痛加創艾，深省夙愆，要在惜人才以培元氣，守舊制以息煩囂，行不忍之政以收人心，蠲額外之科以養民力。念用兵徵餉原非得已，各撫按官急飭有司，多方勸輸，無失撫字。倘有擅加耗羨，蒙混私徵，又濫罰淫刑，致民不堪命者，立行拿問。其有流亡來歸，除盡豁逋賦，仍加安插賑濟，毋致失所。至於罪廢諸臣，有公忠正直、廉潔幹才、尚堪用者，不拘文武，著吏、兵二部確核推用。草澤豪傑之士，有恢復一郡一邑者，分官世襲，功等開疆。即陷沒脅從之流，能捨逆反正，率眾來歸，准許赦罪立功；若能擒斬闖、獻，仍予通侯之賞。嗚呼！忠君愛國，人有同心；雪恥除凶，誰無公憤？尚懷祖宗之厚澤，助成底定之大功，思克厥愆，歷告朕意。

崇禎皇爺終於將這份《罪己詔》寫完了，先是默念了一遍，雖是自己罵自己，該說的話卻都說出來了，抬頭一看，王承恩不知幾時進來了，正站在一邊，恭敬地望著他，於是，他將稿子往王承恩前面一推，說：「你看看，這麼寫可好？」

王承恩跪著接了稿子，伏在地上，將這篇罪己詔細讀一遍，讀得眼淚汪汪，直往下流。

憑心而論，要說「罪己」，這樣寫仍是把責任推向別人，說什麼「任大臣而不法，用小臣而不廉」，這是一筆罵倒，不留餘地，其實，大臣也不盡是「不法」、「不廉」之人，像袁崇煥、盧象升輩，那是何等肝膽相照的俠義之士，但他們落得什麼結果呢？這應該歸結到自己大事不察、小事苛求啊，既然是下罪己詔，就不能為這班屈死的冤魂說一二句嗎？何況就是時下，滿朝公卿中，仍不乏忠君愛國之士，這麼說，他們能不寒心嗎？

他很想勸諫幾句，但回頭一想，已經晚了──閒時不燒香，急時抱佛腳。已到這個時候了，下這樣的罪己詔，就是說得十二分的徹底，責任全攬在自己身上，又有誰看？

但皇上既然寫了，又讓自己看，不說幾句恭維話不行，於是他磕了一個頭說：「皇爺這罪己詔真是寫得太好了，就是石頭人見了，都要感動的。」

崇禎望見王承恩熱淚盈眶，又聽他這麼說，認定自己這文章是真寫得好。心想，古往今來，能有幾個君王，敢像自己這般反思，這般肯認錯？哪怕就是翻遍史冊，只怕也找不到。激動之餘又想，這樣做，能挽回天意嗎？一想到那個噩夢，不由心寒，望了望身後懸著的那塊寫有「敬天法祖」的匾額，歎了一口氣，命令王承恩道：「趕快發交內閣轉抄，布告天下。」

王承恩其實是來白事的，此刻跪領聖旨，轉身將其交與身後一個小黃門，自己仍復轉身跪下，奏道：「皇爺，本兵張縉彥在宮外候旨。」

崇禎一怔，說：「他來做什麼？」

王承恩不敢隱瞞，怯怯地說：「好像是已得確信，陽和、宣府真的不守了。」

2 還有大軍五十萬

張縉彥手中這份塘報，是近在昌平的巡撫何謙遞來的。據何謙所知，不但大同不守，陽和、宣府也在近日接連陷於賊手。

才下過罪己詔的崇禎皇爺，不覺眼前一黑，幾乎一下在龍椅上昏厥。

王承恩一見皇上容顏突變，吃了一驚，他趕緊跪直，抬頭去望皇上，口中嚷著「皇上，皇上，你怎麼啦？」

可皇上卻沒有答他的話，只雙眼呆呆地瞪著，就像是一尊雕像，直到王承恩連喊三聲，才猛然醒悟過來，可尚未答言，兩行熱淚就無聲地流了下來，一雙手不停地抖動著，說：「陽和、宣府歷代為軍事重鎮，城池十分堅固，眼下竟一齊丟了，這又如何是好？」

王承恩無法回答這個問題，只好說：「張縉彥仍在宮外，何不召他進來，聽聽他的主意？」

崇禎語無倫次地說：「是，是，快與朕鳴景陽鐘，召輔臣，不，不，六部九卿全與朕召來──」

先是召張縉彥，又說召輔臣，最後竟要召六部九卿，王承恩正無所適從，不想崇禎又自言自語地說：「唉，將這班人召來又有什麼用處呢？別召了，就讓張縉彥進來吧。」

張縉彥步履踉蹌地進來了，請安後仍不起身，靜靜地跪在那裡，等皇上問話。好半天崇禎才哆嗦著說：「張縉彥，你是說，說──」

天語含混，張縉彥卻明白，忙磕頭說：「是，陽和、宣府已於三日前易手。流寇果真要犯居庸了。」

崇禎雖然久住深宮，不知外面的世界，但面前的輿圖示得明明白白，宣府三衛已在北直隸境內，而居庸關更是距京師才一天路程。這就是說，流寇鐵騎若是下居庸，包圍京師便在呼吸之間了。

「那，那唐通呢，還有吳三桂呢？」崇禎迫不及待地問。

張縉彥頷下一小撮山羊鬚連連抖動，囁嚅半天才說：「唐通雖已赴居庸關協助，但才二萬人馬，無異於杯水車薪；吳三桂還在途中，人馬雖然精銳，也是緩不濟急。」

一個是杯水車薪，一個是緩不濟急，崇禎一聽兵部尚書下這樣的斷語，不由連連頓足說：「這，這，這可如何是好，張縉彥，你說你說？」

望著御座上方寸全亂的皇爺，張縉彥膝行近前，說：「皇上，事急矣，縱有天兵天將，恐也難退賊兵，三十六計何為上？皇上當自省。」

崇禎自然懂得三十六計走為上，可此時此刻，能走得成嗎？

張縉彥見皇上呆呆地望著自己，那眼光有些發綠，不由心驚，忙連連磕頭說：「皇上，這以前侍郎金之俊等人主張遷都，皇上為浮言所蔽，沒有採納他的主張，此人平日談兵，頗有見地，今日何不將他召來，看他還有什麼妙著？」

彷徨無計的崇禎皇爺，已不記得因金之俊等人，自己說過什麼絕情的話了，忙點頭說：「好好好，就宣金之俊。」

金之俊邁著沉重的步履進宮了，來之前他已得知陽和、宣府不守的消息，心想，眼下河北、山東諸州縣都已陷賊，南下之路已截斷，皇上這時宣召，還有什麼意義？但他還是來了，磕頭請安畢，便伏在地上，聽皇上問話。

望著奉召而來的金之俊，崇禎皇爺終於從經緯萬端中，理出一絲頭緒來，立刻就記起這派人勸他遷都的細節——當時他懷疑臣下有擁立太子之嫌，於是，只一瞬間，本已打定的主意就輕易地否定了。眼下流寇將至，自己又問計於他，他是否稱心如願，幸災樂禍呢？想到此，不甘屈辱的皇帝，心中又升起了絲絲敵意，乃強作鎮靜，用那暗啞的音調說：「陽和、宣府終於不守了，你肯定知道。」

金之俊木然地磕頭道：「微臣在兵部，何謙的塘報最早過目，西來流寇已逼近居庸，南來的流寇已越過真定，若兩下會師，下一步就要犯闕了。」

崇禎一聽犯闕，不由惱火，一拍御案道：「胡說！陽和、宣府雖不保，不是還有居庸關嗎？昔淮南子有言：天下有九塞，居庸其一。想流寇乃烏合之眾，手下多是脅從，豈能越此天險？加之唐通、吳三桂已奉羽檄，數萬寧遠兵已經赴援，唐通已到居庸，吳三桂行將入關，另外，直隸、山東之兵也可依仗，都是百戰之師，合總數仍有近五十萬之眾……」

崇禎滔滔不絕地說開來，金之俊聽著聽著，不由抬起頭，仔細地打量起御座上的皇帝來，可望了半天，御容雖然憔悴，眼神雖然無光，但口中吐詞，仍不失清晰，思維似也未亂，不由詫異道：皇上不像在夢遊呀，怎麼說夢話呢？

崇禎似也察覺到了自己的失態，說著說著，猛然打住，說：「金之俊，你在聽嗎？」

金之俊重重地磕了一個頭，說：「是，臣一直在聆聽綸音。」

崇禎歎了一口氣說：「朕都說到哪裡了？」

金之俊回奏道：「皇上說，合河北、山東之兵，仍有五十萬之眾！」

崇禎點點頭，滿腔悲憤地說：「金之俊，你與朕實話實說，朕不是還有大軍五十萬嗎，何以就不能禦敵於國門之外呢？」

金之俊此時再也忍不住了，匍伏在地，忽然放聲大哭道：「皇上，事急矣，多說何益！」

崇禎卻不耐煩地催促道：「你說，你說，何以就不能禦敵於國門之外？」

金之俊無奈，只好奏道：「皇上，該說的臣都已說過了——第一，大同、陽和、宣府皆是敗兵，各總兵官無心戰守已非一日，從他們望風而降的情況看，只怕早已與流寇暗通消息了，居庸關雖險，王之胤、唐通雖願死守，但流寇勢眾，且兵分兩路前來，孤城一座，斷難阻遏流寇出入；第二，就說寧遠兵精銳，但人數太少，眾寡懸殊，且緩不濟急；第三，流寇掩有陝、晉、豫三地，糧草源源不斷有供應，而京師存糧不多，漕運已完全斷絕，一旦圍城，人心必亂。流寇有此三利，我軍有此三不利，神京何能久守？」

崇禎一聽，又想罵人，但話到嘴邊，竟變成了徵詢的口氣：「那，那依你所說，國家已是無望了，朕，朕，也只有死路一條了！」

崇禎那「死路一條」四字，幾乎是一個字一個字咬出來的，很是淒厲和絕望，聽得地上的金之俊心膽俱裂，身為人臣，他雖恨皇帝不納忠言、執迷不悟，但望著皇帝到了這地步，他又生出無限的同情心，乃連連磕頭，並回奏道：「皇上，據微臣看來，形勢雖極其險惡，但仍不是無可為，只要皇上能下定決心，摒棄雜念，尤可挽狂瀾於既倒，救國脈於懸絲。」

崇禎說：「你是說遷都？」

金之俊說：「皇上，此時此刻，何所謂遷都，遷都雖次於御駕親征，但仍可大張旗鼓，行前詔告天下，走時冠冕堂皇，後宮眷屬，皆可扈從；內庫重寶，盡可車載。而今機會已去，只能是倉皇突圍，據臣所知，陸路雖已被截斷，海道尚稱通暢，京師距天津不過二百餘里，趁兩路流寇合圍前，皇上精選京營禁衛，輕騎簡從，甲兵在前，鑾駕在後，乘黑夜直奔天津，由天津乘海船南下留都，只要皇上平安到達留都，或可為我皇明留一線生機，不然——不然，已是臣子所不忍言了。」

金之俊說著說著，早已涕泗滂沱。

此時的崇禎，當然明白所謂「不忍言」是指什麼，但就這麼倉皇突圍麼，還有其他選擇嗎？金之俊看出皇上在猶豫，正想再陳明利害，可御座上的皇帝，卻向他頻頻揮手，並說：「卿毋多言，朕此番再不優柔寡斷了。」

金之俊本還有許多話要說，見皇上不耐煩了，只好噤了下來。

崇禎皇爺反覆思量，還真的做突圍打算了，但行前得先與皇后商量。

從乾清宮去坤寧宮，不過才幾步路，平日多是步行去的，但不知為何，此時的皇爺，只覺雙腿沉重，舉步為艱。一邊的王承恩看出皇爺腿軟，便勸他乘上步輦。

崇禎皇爺上步輦前，立在乾清宮前石階上，舉目四望：前三殿，後六宮，層層殿闕，道道宮牆，披繡闥，俯雕甍，一時盡收眼底。想到從今以後，就要遠走南都，眼前一切，都將歸流寇所有，捲土重來，真不知何日，他那顆心，霎時就鉛似的沉重起來。

周皇后這些天來，也日日心焦火躁，無人時，更是偷偷流淚，可一聽皇爺駕到，不由用飛快的速度揩去淚痕，重施脂粉，在宮女的攙扶下恭迎聖駕。

皇爺下了步輦，疾步上前扶起皇后，一把抓住皇后的手，便直入裡間，身後的宮娥見狀紛紛止步，眼看皇爺又返身將布簾放下，將皇后拉到寢宮邊上的死角，宮娥們只好各自退出，待確定身邊只有皇后後，皇爺乃急不可耐地說：「事急矣，朕已決心南走留都。」

皇后聞言大吃一驚。昨天，她似乎聽皇上念叨，說流寇還在山西境內，她便暗暗祈禱，請上天保佑，諸將用命，一定要守住大同、陽和，今天怎麼就要遠走南京呢？皇帝歎了一口氣說：「還，還大同、陽和呢，流寇行將犯闕矣！再，再，再就，就就——」

皇帝一急，竟結結巴巴起來。

但周皇后還是聽懂了，一聽懂，就如晴天霹靂——昨天周奎還藉送食品的名義，讓府中親信丫頭前來，想從皇后口中得一個實信，因為周奎已聽到遷都的風聲了，若皇上南遷，他這個國丈焉有留在危城之理，所以，他得及早做準備。皇后當時雖然心中無底，但憑她的見識，皇上斷無捨棄眼前一切，隻身南走之理。她雖沒想過昌平十二座祖宗陵墓，但卻時刻想著祖宗留下的這一切，所謂天家富貴，可不是一個捲包便可走人的，單只內庫那金山銀海，能棄置不顧嗎？不想今天皇上口中，果然出現了一個「走」字，皇后回過神來，立刻就有了權衡，於是急不可耐地問道：「幾時走，怎麼走？」

皇帝定下神，也不口吃了，說：「越快越好，輕車簡從。」

周后說：「這麼說，這一班宮監是帶不走了。」

皇帝急了，腳一頓，說：「還宮監呢，連皇嫂娘家也顧不得了。」

皇嫂是指熹宗朱由校的原配張皇后，崇禎即位，就由她懿旨轉述先帝遺命，崇禎平日對這位皇嫂禮敬有加，想起此番倉皇南下，天津的海河還不知解凍否，且倉促之間，能否徵集到多的船隻，就是能，一條海船又能容留多少人？皇帝及貼身太監；后妃及她們的貼身宮女；太子、王子、公主及他們的親隨，還有必不可少的、一定數量的護衛，這麼一來，得有多少人呀？種種設想，盡藏不可知的變數，所以，金之俊說「輕車簡從」是對的，除了護衛，大臣當然不顧了，至於其他皇親國戚，包括皇帝的近親，都只能愛莫能助。

但皇后心中，雖然沒有張皇后這位皇嫂，卻捨不下周奎這位老國丈，還有自己的兄嫂及侄子全家、妹子妹夫全家。若這麼走了，那不是六親不認了嗎？想到此，皇后說：「若這麼走，臣妾寧願以身殉國。」

崇禎吃了一驚，萬不料皇后能發出如此的豪言壯語，忙說：「這是為何？」

皇后說：「皇上試想，皇上以萬乘之尊，竟如此狼狽而走，且不說海上風濤，路途凶險，就是捨祖宗陵園於不顧，捨勳臣國戚於不顧，捨患難與共的臣民於不顧，縱能到達南都，天下臣民又將如何看待皇上？」

皇帝說：「你以為朕想這樣麼，這不都是流寇逼的嗎？」

皇后搖了搖頭，說：「據臣妾看來，局勢還不至如此。」

皇帝說：「你知道什麼，據今天的塘報說，流寇已到達北直隸的宣府，若攻下居庸關，便可直達皇都。」

皇后仍固執地說：「這不過是臣子為推卸責任，故意這麼說罷了。據臣妾所知，最厲害的莫過於後金的辮子兵，有滿萬不可敵一說，可後金兵不也犯過闕麼，到頭還不退了？流寇再厲害，總比不上辮子兵，只要苦守三五天，勤王兵馬一到，還不煙消雲散？」

皇帝一聽，這話也有道理——他心中其實也實在捨不下這一切，經皇后這麼一說，不由又活動起來，心想，既然勤王兵三五天就會到，這麼堅固的皇城，守個三五天算什麼呢，再說，還有天險居庸關呢。

3 金之俊出山

金之俊沒能說動皇帝南下，自己卻受皇帝差遣北上——去任昌平巡撫，協守居庸關，這是皇帝固守待援計畫的頭一個步驟。

十幾年投閒置散，門庭冷落，望秋先寒，熬到今天，「終膺疆寄之命」，金之俊明白，皇上實在是派不出他自認為合適的人了。

還在流寇陷大同時，消息傳來，京城一班大老爺們就在想溜了。年老的上疏告退；多病的告假；家中有父母的便說無人侍奉；若是碰巧有父母病故的，「丁憂」更是冠冕堂皇的理由，什麼「墨絰從戎」、「金革毋避」的奪情理論全不顧了。有趣的是那個以「知恥」二字，得崇禎賞識的狀元魏藻德，才三十郎當年紀，「老」與「病」皆沾不上邊，家中父母春秋鼎盛，且有兄弟侍奉，可也虧他想得出好主意，竟上奏章自薦：「願出京催督糧餉。」

此舉使崇禎失望極了，且不說天子門生、狀元及第，就是入仕才幾年，便得晉大學士，以兵部尚書兼工部尚書出任首輔，一日九遷，位極人臣，眼下形勢危急，縱拿不出回天手段，也應該留下來與君父共患難，不料也想「出京督糧餉」——其實是開溜。崇禎雖不好當面斥責他，只以「警報方急，卿為首輔，應佐朕理機務」為由，硬將他留下來。

金之俊不想開溜，他的家在南邊，且不說關塞重重，山高水遠，就是家中拖兒帶女的，上次途中那一場驚險，也使他不敢再貿然南下，於是「天降大任於斯人也」。

其實，崇禎皇爺何嘗不清楚，此時派一個不知兵的書生去昌平，無補於實際，但恰在此時，守成昌平十二陵的營兵發生了鬧餉的事，只要自己還是皇帝，十二陵絕不能有意外，必派人去安撫，加之金之俊是南方人，不怕他逃走，於是恩詔頒下，金之俊也當了一回欽差出行時，只曾應麟為他在德勝門餞別，比較起一月前的李建泰，那以輔臣督師的氣勢，真不啻天壤之別，二人不由相對唏噓。

「豈凡兄，流寇眼看就要兵臨城下了，你還兩手空空，迎著賊的來路去，這是何苦？張縉彥與你共事幾十年，就不能為你說一句話嗎？」

金之俊不由歎了一口氣，神色慘然地喚著曾應麟的表字說：「玉書，眼下怨天尤人都沒用，大勢去了，流寇就要來了，皇上不願棄守京師，仍在指望援兵，攖城死守，我可斷定，這是斷斷乎守不住的，去昌平是送死，留京是等死。既然反正是一死，又何必落個忤旨的罪名呢？」

曾應麟仍有幾分不平地說：「唉，時至今日，皇上才想起你，你也不覺太晚了嗎？」

金之俊又歎了一口氣說：「雷霆雨露，總是天恩，做臣子的，可不能因這信任來得太遲便可不盡職盡責呀？」

曾應麟見他如此一說，不由敬佩，執手告別，二人眼中都含著淚花。

一路之上，居然也旗傘頂馬，護衛儀從，引他去昌平，金之俊端坐馬上，不時向遠處遙望，流寇雖還在居庸關外，但這一路之上，卻盡是兵燹後的慘象，德勝門外，到處是東一起、西一起的饑民，他們蓬頭垢面，衣衫襤褸，十個一群，五個一團，有的在燒野火禦寒，有的卻吆喝著，在圍追野兔。

金之俊望著這成夥的饑民，他們似乎生活得很快活，半點也沒有饑寒凍餒之態。他似乎記起有人向他透露過，說自正月十五以來，四鄉進城的人忒多，出城的人忒少，守城的懷疑是流寇裝扮成饑民混進城，但報上去後，上頭卻沒人理會，眼下他看著這夥饑民，更相信了這個說法，看來，一旦流寇薄城，饑民內應，京城一定會不攻自破。

離京越來越遠了，他也感覺到越走越荒涼，越走越冷寂。仲春天氣，正是農忙時候，近在京郊，仍滿目瘡痍，放眼四顧，雖阡陌縱橫，卻無人耕種，該是長小麥、豆苗的地方，卻只見茅封草長，野雉驚飛；該是住著人家，且是歡聲笑語的村落屋宇，而今是一片斷井頹垣；好好的房子，只剩下四堵光牆，雞犬相聞的里閭，已是廢墟一片；偶然碰到一兩個人，不是老嫗便是老叟，面帶菜色，哼哼唧唧，傴僂提攜，去荒郊挖草根、尋野菜，十幾里下來，竟碰不到一個青壯。

這裡可是皇陵的所在地啊，自成祖以下，大明十二位先帝皆長眠在昌平的天壽山南麓。從某種程度上說，風水寶地的皇陵，關係著大明皇朝的國運，其重要性要勝過紫禁城，雖說去年，滿洲的辮子兵曾在這一帶擄掠，可虜兵一過，朝廷不是迅速派出大員，帶著銀子和糧食前來善後嗎？時過一年，為什麼不見有半點恢復的景象呢？但轉念一想，流寇馬上就要來了，恢復又有什麼用呢？他不由自己笑自己太癡。

昌平這邊，奉旨聽勠的巡撫何謙，已在昌平城郊等著他。

何謙也是他萬曆己未科的同年，在京時不少往來，很是知己，眼下他容顏十分慘澹，見了金之俊，就像來了救星，遠遠地便向他拱手，走近又一揖到底，雙眼淚花盈盈，說：「豈凡兄，小弟還以為你會藉故推託呢。」

金之俊忙跳下馬回禮，又望他苦笑說：「藉故，我能藉什麼故呢？不過，我倒是勸你不要再想回京了，好多人想走都找不到藉口呢，何必要學我們那同年蔡維立呢？」

「蔡維立」便是在太原殉難的巡撫蔡懋德，維立是他的字。他也是被皇帝以剿賊不力被褫職的，只因大順軍來得快，他還沒來得及走，所以弄了個「以身殉職」。金之俊知何謙老家就在河北高陽，有老母在堂，便勸他趁此回鄉。

何謙搖頭說：「我明白你是好意，不過我不能走，這一走算什麼呀，有人會說我畏罪潛逃，所以我要回京，聽皇上怎麼處分。」

金之俊知他有幾分迂，便低聲說：「你睡醒沒有，眼下已是俗話說的：鴨子過河各顧各了，你怎麼還在想這些？」

說著，便把那天六部九卿會議的情況、以及眼下各位大臣都在尋藉口開溜的事，向他說了一遍。何謙毫無表情地聽著，搖頭說：「大明真是無可救藥了。」

因與行轅尚有很長一段路，二人於是重新上馬，何謙於馬上向金之俊介紹這邊情形：眼下守居庸關的號稱二十萬，實數不到八萬，且分為四股，一股是原大同鎮總兵王樸的兵，王樸敗死錦州後，其殘部約一萬五千，由一個副將帶領，駐居庸，士兵紀律最壞；另有一股是總兵馬岱的人，約兩萬五千，戰鬥力最差；還有守陵的三營兵，若一萬五千，由總兵李守榮統帶，老弱居多，也沒有多少戰鬥力；真正能戰的是唐通的兵，約兩萬，唐通原是守三海關的總兵，前不久晉封定西伯，因他的銜最高，兵又精，故以他為主帥。

何謙又說，目前兵少尚在其次，最急莫過於欠餉。俗話說得好，無糧不聚兵。當兵的提著腦袋來吃糧，真想一刀一槍博個功名、混個出身的人極少，大多還是想養家餬口。目前各軍都欠餉，多的長達一年，不但欠餉，連飯也吃不飽，鹽菜馬乾更不要提，官長平日體恤士卒的、少喝兵血的，士兵還能忍受；若是平日劣跡斑斑的，便彈壓不住了。這回譁變，是馬岱的兵，由一個六品千總帶頭，上百人一聲喊，竟把北關幾家商號搶了。不想這幾家商號都有背景，有兩家還是皇親開的，於是立刻告了御狀，皇上怪罪下來，身為巡撫，他自然不能免責。

「你是如何善後的呢？」金之俊忙問。

「善後？這情形有什麼後可善？」何謙苦笑道，「只能跟為頭的說好話了。要知道眼下情形如乾柴烈火，你能動蠻嗎？告訴你，連退贓都不敢提，皇上追比只能由兄弟我硬頂，上頭哪知這苦衷？」

金之俊不由吃驚，說「這麼說，那些為首的也不曾受到懲處？」

何謙雙手一攤，歪著頭望著他說：「豈凡，你是真不明白呢，還是怎麼的？眼下軍中，已有不少人與流寇暗通消息。甚至已有流寇混入軍中，據兄弟所知，這次譁變就是這班人操縱的，他們已吃過雄雞血酒了，一旦有事，生死與共。所以你能懲處嗎？明明知道是那麼幾個人，你也只能看著，不然，是你抓他呢還是他抓你呢？」

二人並轡徐行，前面不遠處出現了一座很大的兵營，軍士們沒有上操，他們在營中走動，還有三五一夥走出了轅門，何謙介紹說，駐這裡的是新開來的山海關防軍。

金之俊發現，與軍營相對，大路這邊出現了一長串窩棚，一面敞開，三面用茅草遮著，裡面隱隱約約，有人影在蠕動，還有些頭上沾著茅草、卻也塗脂抹粉的青年女子，露出十分憔悴的臉，向外面張望，半點也不想迴避；一些半樁子的娃娃，有男有女，都赤身露體的站在一邊瞧熱鬧。金之俊不解，問何謙說：「關後怎麼有這些窩棚，這些女人又是幹什麼的？還有，那麼大的女娃子，怎麼還光著身子？」

何謙吞吞吐吐地說：「這，這裡是買賣街，這些人是趕大營的，他們專門做士兵的生意，與軍人方便，女娃子不穿衣，總是窮唄。」

金之俊不由生疑，說「這年頭了，有什麼東西可買賣？再說，只看見人，並無櫃台和貨物呀。」

何謙見他窮問，只好苦笑著說：「老兄不知，這窩棚裡的草窩就是櫃台，女人就是貨物，雖說無吃的、穿的、用的可賣，但可以賣肉呀。」

金之俊一下明白了，原來這些女人都是營妓。這麼多的營妓，都擺在路邊，且不說有礙觀瞻，也不利於軍風軍紀呀，但自己只是巡撫，只管地方不管軍，再說，這些兵也不會服自己管。想到此，他氣憤地說：「真正無恥已極。」

何謙見金之俊這麼說，不由長歎一聲說：「豈凡兄，你住在京師，大概不知外邊情景。單說近畿一帶，這些年來，天災人禍，連綿不斷，老百姓何嘗過了一天安生日子？穀未熟謂之饑，菜未熟謂之饉。他們可是連能吃的野草也吃光了，遑論穀物青菜？處此兒啼母哭的情景下，是顧臉皮呢，還是顧肚皮呢？須知他們也是人啊！」

總兵李守榮聞訊趕來了。李守榮就是負責保衛皇陵的，應該受地方節制。他平日尚能自律，約束部下也還有些手段，但這回參與譁變的，竟有他的標兵，所以一聽新巡撫來了，也有些心虛。行過禮後，不等金之俊問他，卻先貿貿然問道：「大人履新，陛辭時，皇上可曾指撥的餉？」

這一問，可叫金之俊不好回答。他只好模稜兩可地說：「此番鬧餉，已是通了天了。事情到了這地步，皇上總會想辦法的，想必不日之內，便有的餉可撥。」

可李守榮對這回答並不滿意，他囁嚅了半天，終於說：「大人，以前何大人去上頭催餉，回答時便也是這麼說的，眼下弟兄們學乖了，不是幾句白話可打發得了的，按說，大人履新第一天，標下不該說這些，可又不得不說，在這班人心中，奶子長，便是娘，若再沒有實信，只怕不堪的還會接著來。」

金之俊心中已有底了，聽了這話，也不覺奇怪，只說：「難道他們要挖皇陵，迎流寇？」

李守榮既不搖頭也不點頭，只說：「大人，標下話已說到這份上了——事已至此，什麼事都有可能發生，到時可不能怪標下言之不預。」

保衛皇陵的兵也不可靠了，天子禁軍也暗通流寇。金之俊聽了只覺渾身的肉都在抖——崇禎八年，高迎祥、張獻忠等流寇陷鳳陽，太祖爺的龍興之地、鳳陽的皇陵被毀，巡撫以下各官員皆處極刑，連已死了的守陵太監也被戮屍。

他想，自己究竟是會被流寇殺死，還是因失陷皇陵，被綁赴西市呢？

這裡金之俊走馬上任，居庸關這邊營地就已得到消息，唐通忙向杜之秩說：「這時候了，崇禎居然派了這個人來，杜公公，我只怕這小子不落教。」

杜之秩往太師椅背上一仰，胸有成竹地說：「王德化已差人給我打了招呼，說此人在兵部很討人嫌，本兵張縉彥很不待見他，便攆到這裡，這種人做鹽不鹹，做醋不酸，我們怕他個鳥。再說，他新來乍到，諒他也不敢招惹我們，就是有心作梗，又能折騰幾天？」

唐通點頭說：「監軍大人心中有數就好。」

二人正說著，大同方面已派來了信使，由總兵羅岱領來，還在二門，羅岱便大聲說：「監軍大人、唐大人，大順皇帝的兵距此只三十里了。」

在裡間的杜之秩和唐通忙走出來，唐通說：「啊，這麼快？」

那個信使趕緊跪下，呈上一封書信，並說：「這是杜勳公公給監軍大人的信，請二位大人照上面說的辦。」

原來姜瓖在大同迎降後，又招降了陽和、宣府，眼下派信使來此，其目的不言而喻的。杜之秩卻不管這些，他一邊接信，一邊和顏悅色地對這個信使說：「辛苦了辛苦了，快起來。」

信使站起來，於一邊講起宣府迎降的經過：大同的姜瓖迎降後，立即遵照李自成的命令，寫信約宣府總兵王承胤投降，其時，王承胤尚有些猶豫——他名為主帥，手下幾個總兵與他資歷相差無幾，若投降，這一班驕兵悍將不一定都跟著來，最忌的還是杜勳這個監軍，萬一他不從，於軍中號召除奸，那就不但事難成，且自己不保首領。眼看大順軍逼近宣府，大戰在即，他不得不做出決斷，於是，藉機前來拜會監軍。

先問監軍大人可知流寇已拿下大同的消息？不想杜勳卻說：「知道知道，不是流寇拿下大同，是姜瓖迎降。」

王承胤故作吃驚地說：「迎降？這消息只怕不實罷。姜瓖身為總兵，深受皇上信用。且多年與流寇周旋，就是他有心投降，流寇能不報復？」

不想杜勳卻冷笑著說：「鎮台大人，眼下這形勢明擺著，流寇禮賢下士，招降納叛。明朝守土將士，無不望風歸降，連那個射瞎李自成右眼的陳永福都降了，榜樣在前，崇禎已到了靠牆牆倒，靠壁壁歪的地步，眼下做臣子的都是鴨子過河，各顧各了。」

王承胤打定主意投降，原以為最大的障礙在杜勳這裡，不意才開口，監軍大人卻是這麼個說法，這反倒讓他有些惶然。

不想這時，杜勳又眯著眼，歪著頭，只用一句話，就直截了當點穿了王承胤與姜瓖暗通消息的事：「我的王大人，姜瓖不是有書來嗎？你我既然為同事，好事可不能背著我，有福同享，有難同當嘛。」

王承胤開先聽到「姜瓖有書來」還心一緊，右手本能地去摸刀把，聽到後來，好像一天的烏雲全散了，不由說：「哎呀呀，別說了，杜大人，您老說哪裡去了，有什麼事，標下怎敢瞞您呢。」

二人算是不謀而合，王承胤又以杜勳的名義，把另外幾個帶兵官找來，和他們商談，大家都願聽他二人的，只把個巡撫朱之馮瞞得死死的。

這朱之馮是京郊大興人，天啟五年中進士後，一度在戶部任職，後在山東做地方官，官聲尚可，就是有些書呆子氣。他不知主將和監軍早已與流寇通款，當聽到大同迎降後，居然還將眾將召集於城樓，將明太祖遺像掛在上頭，讓眾將歃血為盟，宣誓死守。

眾將這時不由訕笑，杜勳則明白告訴他，說他們已與新順皇上通款，請他一道投降，朱之馮得此消息，竟還大罵杜勳，說他無恥，有何面目去見崇禎皇上。

杜勳到了此時也懶得與他計較，只帶著人出城去迎接了。朱之馮在城樓上徘徊，心中十分失望，待他遠遠地望見大順軍開來了，便讓身邊的軍士點火放炮，不想軍士都不信他的。於是，他自己親自點火，不想這時紅衣大炮的火門都被釘死了，他的家人還在後面拖他的手肘。

朱之馮開炮不成，不由一人在城頭大哭。

這裡大順軍不傷一兵一卒，就順利進入宣府，全城都張燈結綵恭迎，無人理睬朱之馮，朱之馮便在城頭草遺疏，勸崇禎帝如何收拾人心，激勵士卒。然後自縊而死。

杜之秩聽完介紹，也看完了杜勳給他的信。杜勳信中讓他在大順軍到來前，先封好府庫、衙署，不讓圖書、籍冊流失，保證全城治安，約束士兵，不許乘亂搶劫，並將不願投降的官員捉獲，出城恭迎大順軍。

他將信遞與唐通，說：「前頭烏龜爬了路，後面烏龜照著爬，你照這信上的辦，便仍可當你的定西伯，榮華富貴照舊。」

唐通草草看完信，不由精神振奮，說：「好，好，真是此處不留爺，自有留爺處。」

羅岱其實是最先得知消息，眼下也跟著高興，並自告奮勇說：「哼，捉獲不投降的官員這事好辦，就交與敝鎮好了。」

杜之秩和唐通正為這事稍稍作難——他們雖樂意降，但讓他們就去抓巡撫，卻還是有些難以撕破臉皮。

金之俊沒料到，自己上任才一天便做了俘虜，且俘虜他的不是流寇，而是穿著大明號衣的官軍。

那天，聽過何謙的介紹後，他便有某種預感，只是沒料到，流寇會來得這樣快，而杜之秩等人會在流寇到來之前便動手，使他來不及在生與死的路上做出抉擇，竟這麼糊裡糊塗就當了俘虜。

「該來的終於來了，這是命中注定的，是禍躲不脫，躲脫不是禍。」他一邊在心中這麼安慰自己，一邊很配合羅岱的兵，由他們捆，由他們綁，由他們拿走所有東西，其實，也沒有什麼值錢的東西。俗話說：債憑文書官憑印，可他這個巡撫連印也沒有，因為何謙還沒來得及向他辦移交，自然也就沒有交印。而崇禎皇爺發給他的諭旨以及文憑官誥，他又沒有帶在身上，而是放在何謙尚住著的巡撫衙門裡。

羅岱的兵也沒有十分為難他，雖說眼下他們目中只有李闖王，可畢竟新降，面對的又是過去的長官，變臉也不會變那樣快，所以，他被押到羅岱的大營後，立刻就鬆了綁，羅岱沒有出來見他。金之俊明白，羅岱實在沒必要見他這樣的階下囚，而應該換上甜蜜的笑臉，去迎接新主子——和杜動的迎降毫無二致，杜之秩也是緋袍八騶，郊迎三十里，恭迎大順皇帝陛下。

於是，金之俊就在羅岱營中住了下來，他可以在營中走動，只有一名幕僚陪著他，兩名小卒看守著他。從這個幕僚口中，知道何謙已逃走——他對周圍情形比金之俊熟悉，在羅岱動手時，早已翻過撫院的圍牆，腳板上抹清油，溜之跑也，金之俊不由暗暗為他慶幸。

羅岱的營盤紮在背風的山坡上，金之俊立在大營中，可以看見大隊大順軍的人馬進入居庸關。真是車轔轔，馬蕭蕭，旌旗獵獵，刀光閃閃，他懷著異常複雜的心情，遠遠地看著這些兵，騎兵過後是步兵，步兵之後是馬拉的紅衣大炮，炮兵過後又是著戎裝的婦女，婦女後面還跟有成團的叫化子。一撥一撥的，旗號各異，服裝各異，走了整整一天，隊伍還未走完。

到黃昏時，又出現了大隊十分精壯的馬隊，打著杏黃大纛，騎一色的黃驃馬，馬上人皆是金盔金甲。突然，人群中，出現了一頂黃羅傘蓋，傘下一人，遠看十分威武，也很有精神，他想，此人大概就是應運宏猷的新主了。但暮色蒼茫，他看不清此人究竟是何嘴臉，當然，他也無心知道這些，只一個勁想，京師完了，大明的江山完了，自己一家老小也完了。

白天就這麼過去了，誰也沒有來理睬他。到了夜晚，正東的天壽山方向燃起了沖天大火，照紅了半邊天空，畢畢剝剝的火光中，夾有斷續的鼓聲、號角聲，還有人興奮的大喊聲。監視他的那個幕僚低聲告訴他，這是大順皇帝的親軍，在放火焚燒皇陵的享殿。

直到這時，金之俊才突然想起，保衛皇陵的總兵李守榮去哪裡了呢，難道他也降了流寇？流寇居然放火燒毀皇陵，幹出這滅絕天理的事，這以前，不是有很多人都在暗中傳說，說流寇是仁義之師麼，既是仁義之師，為什麼又毀人陵墓且放火呢？

他回頭望了望這個幕僚，此人白天監視他時，整日陰沉著臉，眼下他的口氣是那麼低沉，是那麼鬱鬱，看來，此人良心未泯，從賊大概也是迫不得已罷。於是，他長長地歎了一口氣，自言自語道：「唉，若真是仁義之師，便不應該毀人廬墓，更不應說是皇陵，朱明擁有天下二百七十餘年，難道沒有半點恩澤供人們念想，值得下此狠手？」

此人聽他這麼說，忙用手在他肩上輕輕拍了拍，低聲說：「金大人，千萬不要亂發議論啊，他們不是焚過鳳陽皇陵，且將陵頂也捅穿了嗎，十二陵自然也是要焚的，守陵的李鎮台去攔阻，當場被砍成了好幾塊呢。」

金之俊這才知李守榮已被殺了，心想，國破家亡，自己即將步李守榮的後塵，一家人陷在賊中，只怕連遺骨也無人來搬運呢？轉而又想，俗話說得好，身在何處，家在何方，此時此刻，便不能講究了，五尺之軀又算什麼，到處黃土可埋人，累累白骨，焉知家在何所。有此一想，便打定主意隨他去，心裡一放鬆，下半夜居然朦朧入睡。第二天上午，有一夥人擁到了他住的帳中，此時他已起床了，盥洗畢，正吃著監視他的兵丁送來的早餐。

這夥人不再是官軍穿戴，胸前的號衣是大順軍字樣，他們比羅岱的兵凶多了，一進來，便不由分說，將他踢翻在地，然後五花大綁，一邊罵罵咧咧，什麼髒話都有，一邊一步步將他踢著走。

他想，這是要殺了，殺就殺吧。

可這夥人並沒有殺他，而是將他一直推到了總兵衙門。一路之上，他看見大街上店舖照常在營業，妓院裡仍是燈紅酒綠，除一下增加了許多大兵，行人仍是熙來攘往，就像沒發生什麼事一樣。到了總兵衙門，他抬頭一看，只見大堂上坐了好幾個人，一個個橫眉怒目地望著他，他想，誰是李自成呢？這時，那個抓他的小頭目上前，跪下磕頭稟道：「啟稟劉爺，狗官金之俊帶到。」

一聽稱「劉爺」，他便以為這人是劉宗敏，並不是李自成，可還未容他想完，背後有人用腳在他膝彎上狠狠地踢了一腳，他雙腿一軟，就直直地跪了下來，又有人將他的頭扳起來，與坐正堂的這個人四目對視。

其實，此人並不是劉宗敏，劉宗敏此時要辦的事很多，審犯人的事還懶得過問，所以，李自成臨時指派了劉芳亮。此刻，劉芳亮鼻孔裡「哼」了一聲，問道：「什麼名字？」

金之俊懷著一線求生的希望，回答說：「金之俊。」

「原任什麼官？」

「昌平巡撫。」

劉芳亮待他回答完，便極不耐煩地翻著手中一本薄薄的簿子，看了半天，才自言自語地說：「什麼，昌平巡撫，昌平巡撫不是姓何嗎？」

這時，兩邊立著的人中立刻有人說：「稟大將軍，何謙已被撤職聽勘，這小子命大，被他翻牆跑了，金之俊是新任，才來一天。」

劉芳亮尚未發話，旁邊坐著的幾個官員早不耐煩了，紛紛戳著他的背脊，七嘴八舌地說：「官做到巡撫，一定是個大貪官，不知搜括了多少民脂民膏，與老子砍了，砍下這顆狗頭做夜壺！」

「巡撫不殺殺什麼人，殺！」

「這等狗官，留著也是蹧蹋糧食，押下去砍了！」

劉芳亮正要揮手，就在這時，金之俊眼角似乎瞍見旁邊有人，在向劉芳亮搖手，又低低地說：「先不要這麼急吧。」

於是，劉芳亮略點一點頭，他又被提起來，推出去。

這回金之俊留了心，他在低頭走過那個人時，突然回過頭將那人認真地瞧了一下，終於，他發現了一張熟面孔——陸之祺。

陸之祺是嘉興平湖人，萬曆己未進士，曾官陝西布政使，與金之俊不但是萬曆己未科的同年，且為江浙同鄉，平日關係極好，去年李自成攻破長安，陸之祺投降了大順軍，現任大順朝刑政府左堂，這相當於明朝的刑部侍郎，自然參與審犯人。他想，看來，陸之祺有心救他，但必然會勸降，自己怎麼能降流寇呢？若不降，仍會被砍頭，他不由想起了留在京城的妻小。

押解他的兩個士兵如狼似虎，不容他有半點遲緩，幾下就將他推到了轅門外，並令他立在一邊，也未鬆綁，像在等候什麼，這時，又有十多個不肯降的官員被押進去了，他們多是文職人員，其中有巡撫衙門的好幾個幕僚及昌平縣令。這時，堂上立刻傳來吼聲、斥罵聲，十多個人只審了不到一袋煙久，估計只問了姓名、官職，便被押了出來，可他們沒有金之俊幸運，被推到轅門外後，就在距金之俊不遠的地方一一被砍頭，才一瞬間，便被砍翻了十五人，霎時人頭滾滾，熱血橫流，真比殺隻雞還快速。

金之俊看不下去了，小腿肚也在不停地抖，可正面對著殺場，他不敢有半點反感的表示，只好閉上眼睛，但殺人者粗暴的斥喝聲、被殺者慷慨殉節的怒罵聲、以及可憐的、絕望的哀求聲，仍聲聲入耳，一股股血腥氣，也撲面而來，他幾乎要昏厥了。

「豈凡兄，委屈你了。」一個聲音在叫他，他不由睜開眼睛，只見陸之祺已站在面前，低頭向他拱手，隨即，看押他的士兵便為他鬆綁。此時，他真是百感交集，也沒有理會身邊的陸之祺，只輕輕地撫摸著自己被捆痛了的雙手，長長地歎了一口氣。

「走吧，我們好好地談談。」陸之祺沒有在意，仍客氣地相邀。

旁邊有十多具屍首擺著，不往這邊走便要往那邊走，金之俊就像大病一場，渾身乏力，挪不動雙腿。陸之祺看在眼中，立刻向他身邊的小卒示意，兩個小卒的態度馬上變了，他們左右攙扶著他，將他扶到了陸之祺住的地方，並扶他在太師椅子上坐好，小卒退下後，陸之祺親手為他倒了一杯茶，然後低低地說：「剛才嚇著你了吧？」

金之俊仍沒有開口，但卻喝了一口滾茶，潤了一下乾渴的嘴唇——直到這時，他才定下神來。

「豈凡兄，剛才的場面你是看到了的，想必你也不會以此來責怪小弟我罷。」

金之俊長長地歎了一口氣，說：「處此亂世，能怪誰呢，要怪只能怪命。」

陸之祺於是抒了一口氣說：「這就是了。再說，古往今來，有興就有廢，我大順皇帝上應圖讖，下順民心——」

陸之祺在京時，與他一樣，也是開口便是忠孝節烈，不想今日卻像是變成了另一個人，金之俊聽著十分陌生，尤其是他用「我大順皇上」稱李自成，金之俊立刻想到昨晚的放火與今天的殺人，不覺反感，忙連連搖頭，並打斷陸之祺的話說：「志遠兄，請你不要說這些吧，蒙貴軍不殺，我已很知足了，如再格外施恩，讓小弟回京與家人見上一面，然後退歸林下，小弟一定晨昏三叩首，早晚一炷香，為老兄祈福。」

陸之祺正興致勃勃地欲下說詞，不想被金之俊打斷了，心裡便有幾分不樂，眼下聽金之俊所說，不由面露難色，說：「眼下京城雖未攻下，但已被我軍圍得鐵桶似的，飛鳥難過，若崇禎帝一心死守，兩軍勢必大動殺伐，處此形勢之下，我兄欲見家人，不是強人所難麼？」

金之俊一想，這倒也是，於是歎口氣說：「京城才有多少兵，早晚是守不住的，兄既被重用，何不向你們的皇上進言，多做好事少殺人？」

陸之祺一聽，不由笑道：「豈凡兄，這是不用你來囑託的，我大順皇上自起義以來，便立志替天行道，所過之處，不但秋毫無犯，且愛民如子，其德政，可是有口皆碑呢。」

說著，便大談闖王這一路來，大行仁義的善舉，什麼憐貧惜寡，放賑救災，就如活菩薩轉世，這中間，自然是少不了要說到那首著名的民謠，即「闖王來了不納糧。」

金之俊只覺好笑，冷丁地便問道：「不納糧，貴軍吃什麼？」

陸之祺一怔，忙改口說：「是三年不納糧。」

金之俊說：「三年之後呢？」

陸之祺說：「三年之後，江山穩固了，完糧納稅，可以商量。」

金之俊聽了，不由露出一個含意雋永的微笑。陸之祺將他這態度看在眼中，便告誡道：「豈凡兄，眼下我軍將士，對明朝的官員、勳戚是恨之入骨了，早在長安時，大家便有定議，攻下北京後，一定不能饒恕這班貪官污吏，有一個要殺一個，昨天皇上集群臣會議，大家又重申此議，總哨劉爺更是摩拳擦掌，表示進京後要大幹一番，剛才為了救你，小弟已在權將軍劉芳亮面前，將你好好地誇讚了一遍，說你並未外放過，在朝為官，清正廉明，又有經濟之才，劉將軍對什麼『經濟之才』聽不進，但聽說你『清正廉明』，加上又是我的同年兼同鄉，他才點頭，不過，此事尚未稟過上頭，故我兄仍是前途未卜。所以小弟勸你還是收斂一些的好，俗話說，人到矮簷下，不得不低頭，我兄不是還在惦記著一家老小嗎？」

金之俊聽他這麼一說，不由長長地歎了一口氣，說：「難得你如此周全，只是你費了這麼多力，才將這條賤命救下，又有什麼用處？弟這些年讀聖賢之書，所學何事？這叫弟怎麼向江東父老交代？」

陸之祺已從杜之秩、唐通等人口中，知道了金之俊出任昌平巡撫的經過，對金之俊很是同情，想說服他為大順朝出力，眼下見他開口便提聖賢，很是反感，不等他說完，便連連搖手說：「豈凡兄，你若這樣想，就是走彎路了。古往今來，聖賢關於興亡的道理說得很多，我兄想必熟知，所謂桀之所亂，湯受而治之；紂之所亂，武王受而治之。眼下朱明自萬曆以來，當皇帝的只知搜刮百姓，卻從無半點體恤小民之心；崇禎即位後，開始雖用了一些手段，但隨後就仍重用宦官，對臣下刻薄寡恩，一點也不行自責，幾個有作為的臣子，像袁崇煥、盧象升、楊昌嗣輩，不是慘死在西市，就是被他逼死在戰場。宰相換了一個又一個，宦官提升一批又一批，黃道周、劉宗周等直臣鋃鐺下獄，王德化、曹化淳等佞幸左右弄權，就拿仁兄的遭遇來說，若不是杜之秩這種小人，能有今日嗎？眼下連三歲小孩也知道，朱明氣數盡了，崇禎已是回天乏術了。我大順皇上『受而治之』，這是上應天命下順民心的大好事，我兄是有抱負的人，應該識天命、知變通，又何必死下一條心，去為崇禎殉葬，這值得嗎？」

金之俊閉目端坐，既不反駁，也不點頭，由著陸之祺侃侃而談，就像是一尊木菩薩。

4 北京在望

李自成做夢也沒有想到，明朝擺在山西的幾隻攔路虎——陽和、大同、宣府、居庸關的近五十萬大軍，竟於一月之內，望風歸降，連杜勳、杜之秩等皇帝的親信家奴，也如此離心離德，投降時比其他人還乾脆，還沒有顧忌。

居庸關終於在望了，千年雄關，曾經阻擋了多少入侵的強敵，使他們功虧一簣，望關興歎，而今在他這個大順天子腳下，竟化為坦途——杜之秩、唐通為了表忠心，硬是趕到了榆林堡迎接，此地離關有三十里之遙。

望著關前那披紅掛彩的牌坊和焚香恭迎的官員，望著他們抬著勞軍的羊羔美酒和擁到馬前獻上頌詞，他雖然意氣發舒、興致勃勃，卻又有幾分不解，回頭望著牛金星，說：「從長安出發，數千里行程，除了一個周遇吉，幾乎再沒有對手，崇禎怎麼淨養一班無恥小人？」

牛金星笑著說：「崇禎鬼迷心竅，有眼無珠，終致江山不保，這既是我皇上齊天洪福，也是氣數使然。」

李自成忽發奇想，竟對牛金星說：「眼下崇禎在做什麼呢，他是不是想到過要逃走呢，若真是逃走，我們可要費一番手腳呢。」

牛金星尚未作答，一邊的宋獻策卻說：「其實，這以前是有可能的，既然手中無兵無將，自應是三十六計走為上，若能逃到江南，以江南的財賦，整軍經武，捲土重來未可知，可眼下晚了，他已經沒有機會了。」

是的，無邊風月你不賞，且去陰山背後啼，小崇禎大勢去矣，請看我大順皇帝將金甌從容打理。李自成想到這裡，不由逸興遄飛，遐思萬種，就是大順朝的丞相、大將軍們，也一個個無不興高采烈，忙著安置降兵，接收府縣，哪怕就是進軍途中，也不忘相聚一處，把酒高歌，暢談進入北京城後的打算……

上燈時分，李自成終於駐蹕居庸關總兵府，用過晚膳，他正用熱水泡腳——多年馬上征戰，他雙腳起了老繭，走路時有些脹痛，進入長安後，秦王府有一個太監會修腳，每天經他修理拉捏，雙腳無比舒服，於是，修腳成了他的習慣，每天必不可少，眼下，他正躺在胡床上，雙腳浸在熱氣蒸騰的大銅盆內，牛金星、劉宗敏、宋獻策、李岩及李錦、高一功等人魚貫而入，與皇上叩頭行禮，李自成知道他們是來議事的，不由坐起來抹腳穿鞋，一邊招呼眾人起來賜座，一邊問宋獻策道：「軍師，唐通何在？」

宋獻策心想，皇上問唐通，一定是想從他口中了解有關明軍的情況，忙躬身回答說：「回皇上話，吃晚飯時，任之已簡單地盤問過唐通了，又告訴他皇上必有垂詢，讓他做準備，所以，眼下唐通正在外面等皇上宣召呢。」

一聽李岩已先盤問過唐通，李自成不由望李岩一眼，親切地說：「任之，唐通都說了些什麼？」

李岩於座上欠身拱手回答說：「啟稟皇上，唐通就他所知，略談了北京的防務，據他說，北京眼下僅剩三萬殘兵，根本就不敷城守，加之很多守土有責的官員都已聞風而逃，所以，北京城牆雖固，城頭卻空空如也。不過，有一新的情況，倒是值得一提，這就是吳三桂也已奉崇禎之召，率寧遠兵進關勤王。」

一聽吳三桂奉召勤王，李自成略感意外，他的本意，是想了解一下北京城的守備，肯本就沒有去想山海關外，崇禎還有一支寧遠軍，眼下一聽李岩所言，忙問道：「吳三桂，吳三桂就是那個守寧遠的總兵嗎？他幾時來的？帶了多少兵馬？眼下已到達何處？」

李岩說：「據說吳三桂手中有約五六萬寧遠鐵騎，至於具體情況，臣尚未問清楚，還請皇上親自垂詢唐通。」

李自成一聽，忙宣召唐通。

已被崇禎封為定西伯的唐通，此時正站在大門外。昨天還是這座府第的主人，眼下卻只能向著守門的大順軍士兵裝笑臉，套近乎，一聽宣召，趕緊進來，趨前幾步跪倒，向李自成行三跪九磕之大禮，李自成由他磕完才賜他坐下說話，他雖謝坐，卻仍有幾分惶恐。

李自成略問過他的籍貫、年齒、資歷，見唐通每回答一次，便要站起，於是又吩咐道：「坐下，朕賜你坐下回話。」

唐通雖謝過恩，卻仍是每問必起立，李自成索性由他，接著便單刀直入地問道：「唐通，你說吳三桂已率五六萬寧遠兵入關？」

唐通又站了起來，恭恭敬敬地說：「回皇上話，臣是二月十七日奉崇禎上諭入關的，在路上走了十多天到達居庸關，據臣所知，同時奉詔的便有吳三桂，他最遲也不會晚於二十日接獲上諭。」

李自成說：「寧遠距北京有多遠的路程？」

唐通說：「回皇上話，臣自十六歲從軍戎邊，至今已二十一載，對關內外軍台道里，知之甚詳。這以前以山海關為起點，有內七外八之說，即從山海關至京師為七百里，從山海關至瀋陽為八百里，寧遠在錦州西南，距山海關大約一百五十里，兩下相加不到千里之程。」

李自成默算一下，吳三桂奉召之日，正是自己進入大同之時，時過二十天，唐通雖近一百餘里，但他已於十天前到達居庸關，這麼一算，吳三桂應該早已趕到北京了，不由問道：「那——吳三桂是幾時進入北京的呢？」

唐通說：「據臣所知，吳三桂尚未到達北京。」

李自成說：「你們不是先後接到崇禎的諭旨嗎，既然你已趕到居庸關，吳三桂為何就沒有趕到北京呢？」

唐通忙說：「吳三桂與臣情況有所不同，故他未必能於十天之內，從關外趕到京城。」

李自成說：「這又為何呢？」

唐通說：「吳三桂駐地在寧遠，寧遠以北便是滿韃子的地方，他若撤寧遠之防，滿韃子立刻便會來佔，據臣所知，那裡的百姓不願臣服滿人，吳三桂奉詔之日，百姓們便痛哭失聲，紛紛要求隨大軍入關，百姓都是拖家帶口、扶老攜幼，且趕著牲口，背著農具，一天不過走三五十里，就是吳三桂自己及部將，也要在走前安頓好家小，能帶的盡量帶走，他部將多在關外有產業，怎能比臣輕身快馬？臣昨天還接到吳三桂的信——他尚不知臣已棄暗投明，仍在與臣通消息，據來使說，吳三桂所率大軍還才過山海關，眼下大約已到達豐潤、開平。」

李自成一聽，不由連連點頭，接下來便要與近臣商量應對之方了，這是不宜讓新降的唐通聽的，於是他揮一揮手，唐通跪安退下。

唐通一走，劉宗敏立刻說：「照這小子所說，吳三桂已成了崇禎的救命稻草了，他新受封伯爵，對崇禎感激涕零，說不定要為崇禎效死力，豐潤距北京不遠，五六萬人馬擺在那裡，無論從哪裡看都有些礙手礙腳，咱們不如兵分兩路，一路仍去佔北京、收拾崇禎，一路由我帶著，直接去對付吳三桂。」

劉宗敏說完，李自成雖連連點頭，卻又遲疑半晌才說：「不急不急，依朕看，寧遠和山海關這兩支兵，是崇禎最後的本錢，當然要拿來押上，這原在意料之中，眼下山海關的唐通已降了，吳三桂將作何打算，值得大將軍親去嗎？」

說到這裡，他便用那炯炯目光，在眾人身上巡視，最後停在李岩臉上，鼓勵地說：「任之，你說說，吳三桂在得知宣大、居庸數十萬大軍都不戰而降後，他會有何感想呢？」

李岩與唐通簡短交談後，便一直在想吳三桂的事，劉宗敏圍城打援之策，和自己想到了一起，眼下見皇上點名垂詢，也沒有多想想，皇上為什麼要這樣說，又為何單挑自己問話，只就事論事地說：「臣以為大將軍所說，很有見地，眼下明軍雖然望風披靡，北京城雖已在我掌中，但吳三桂手中這支寧遠兵卻不可小覷，據臣所知，寧遠兵驃悍勇猛，因長期與滿韃子周旋，馬上功夫十分了得，這也是崇禎手上最後一支生力軍，崇禎之所以遲遲未調來勤王，只不過不想放棄關外土地，眼下算是孤注一擲，所以，皇上在處置吳三桂一事上，無論招降或是剿滅，都應該慎重。」

李自成一聽這話，把頭一偏，不置可否。牛金星一見這情形，便輕輕咳嗽一聲，又坐直了身子，做出了發言的表示。李自成見了，忙說：「丞相有何高見？」

其實，李自成在向李岩問話時，牛金星便在觀察皇上的臉色，寧武戰後，皇上對劉宗敏的態度，牛金星心中已有底了。劉宗敏英勇善戰，這以前賴他之力良多，但劉宗敏粗疏，在李自成面前不但恃功自傲，且有些不甘屈服之意，這是讓李自成最難忍受的，眼看大功告成，劉宗敏的作用正在一步步失去，眼下據牛金星觀察，李自成不但不想讓劉宗敏再有立功的機會，就是將數萬大軍交到他手上，也有些放心不下，剛才點名讓李岩說，李自成的本意，是不想自己出面否定劉宗敏，想讓李岩說出與劉宗敏不同的意見，自己再出面裁決，這樣可不露痕跡，不想李岩不知機，竟附和劉宗敏的意見，所以，牛金星開口便否定劉宗敏、李岩的意見，他說：「臣之所見與汝侯、任之將軍略有不同。」

李自成一聽，忙鼓勵說：「有何不同，快說說。」

牛金星於是順著李自成開先的提示，並進一步發揮說：「我軍自年初出發，一路順風，三晉及宣府、居庸約五十萬明軍都望風歸降，這說明，明軍已成土崩瓦解之勢，崇禎真正拿得出手的就只這支寧遠兵了。據臣所知，洪承疇當年率師援錦，麾下有八個總兵，除王樸、曹變蛟被殺，唐通、馬科、白廣恩不都降了我們麼，所謂見一斑略知全豹，唐通、白廣思輩不過如此，臣敢斷定，那吳三桂也強不到哪裡去，眼下當他看到昔日的袍澤紛紛歸降，心中未必就沒有畏懼，未必就不想想，大廈將傾，獨木難支，就憑這五六萬人馬，若與我大順軍對抗，必是為崇禎殉葬，當周遇吉第二，這合不合算？所以，臣斷定，吳三桂心中，應早有打算。眼下他不是已進了關麼，皇上只需發一道聖旨，溫語慰勞，令他前來歸順，他一定會率全軍來歸，根本就用不著再勞動大將軍去征討。」

牛金星說完，李自成連連點頭，說：「丞相所言，可謂登高望遠，表裡洞透。」一下過這句讚語，才把眼來瞅一直未作聲的宋獻策，說：「軍師以為然否？」

牛金星這看法，完全是迎合上意，李岩對此大不以為然，但既經皇上肯定，他便不宜再爭，只想軍師能發一言進行補救，至少對牛金星這話少許駁正，不想宋獻策見皇上垂詢，忙說：「臣以為丞相此議，確有見地，吳三桂雖然受崇禎之封，進伯爵，但究其本心，並沒有真正抗衡我軍之意，皇上若是招降得法，他一定會率眾來歸。」

李自成見軍師也是這個意見，不由更加高興，他掃了李岩一眼，然後望著宋獻策說：「既然任之說這個吳三桂不可小覷，軍師又憑什麼說他無心抗衡呢？」

宋獻策說：「因為他與唐通幾乎同時奉詔勤王，雖說百姓拖累，致緩師行，但他若真心想救崇禎的急，只要一進山海關，便可派輕騎疾進，步兵隨後進發，山海關至北京這一路道路通暢，來往十分便利，騎兵一二天便可進入北京，協助城守，何必要在途中耽擱這麼久呢，須知此時的崇禎望救兵，豈止是望眼欲穿四字可形容的，臣敢說，崇禎之所以沒有棄北京南下，只怕就是指望他的救兵。可他自奉詔到現在，整整有一個月時間，卻還才到豐潤，這證明吳三桂早已看出，杯水車薪不能濟事，自己率兵救援北京，無異於飛蛾投火，徒燒自身，於是徘徊觀望，待價而沽。」

宋獻策這麼一分析，真是吹糠見米，且十分吻合眼下明軍土崩瓦解，紛紛投誠的大趨勢，眾人雖沒見吳三桂的面，卻似已看到他心裡是如何想的了，於是都說軍師分析得對。李岩見此情形，只好歎口氣，不再作聲。劉宗敏見自己的主張不被採納，心裡有氣，但也只好說：「那說吳三桂來降，誰去好呢？」

牛金星說：「此事不急在一時，就依軍師所說，吳三桂既然存心觀望，只要我軍能迅速拿下北京，絕了吳三桂的指望，他一定會自動來降，不然，唐通不是他昔日同僚嗎，讓唐通去現身說法，也是順理成章的事。」

李自成連連點頭稱是。於是，本應該做為頭等大事來討論的事，就這麼敷衍過去了，接下來，才是他們今晚要議的正題，這就是進入北京後，如何處治崇禎及他手下那一班勳臣國戚、降官降將。

此事一經提出，劉宗敏和李錦、高一功等人立刻精神振奮起來，這班人對崇禎及貪官污吏最為痛恨，在向北京進發的途中，便在議論，一旦拿下北京，要如何報復他們，所以發言踴躍，說進京後，那班貪官污吏，一個也不能漏網，要統統逮捕起來，他們的妻女，要罰與有功將士為奴，對他們本人，則拷掠追贓，不交出贓銀，要讓他們皮肉盡脫。

眾人紛紛其說，你才說完他又來，唾沫橫飛，興高采烈，李岩和宋獻策對此卻興趣不大，也插話不進；至於牛金星，身為丞相，他的心思早放在皇上的登基大典上，到時看要如何隆重，如何符合古禮……

看看堂上兩排巨大的庭燎已快燃盡，眾人關於懲罰明朝官員的設想，也談得差不多了，興頭過後，不由接二連三地打起呵欠來，李自成見此情形，只好宣布散會。

李岩和宋獻策一起，最後離開，走出總兵衙門，抬頭一望，已是斗轉參橫，因見左右無人，李岩伸了一個懶腰，又長長地歎了一口氣。宋獻策見他情緒不怎麼高昂，清楚是為了吳三桂的事，不由關切地說：「任之，眼下我軍細作已遍布京師，九城全在我軍掌握之中，山人算定，不出三日，我們便可進入皇城，那個崇禎帝不死便俘，就是你說的寧遠兵可虞，依山人看，只要我軍進了城，崇禎皇帝沒了，明朝滅了，吳三桂也就沒轍了，你又還有什麼事放心不下呢？」

不想李岩卻連連冷笑說：「北京北京，他們對此十分看重，你怎麼也如此看重呢，所謂高飛之鳥，死於美食；深泉之魚，死於芳餌。焉知這北京就不是我大順軍的陷阱？」

宋獻策聞言，不由大吃一驚，他四下望了一眼，見劉宗敏一行早已出了轅門，兩廊的哨兵距他二人很遠，而地坪裡除了幾個流動哨，便只有軍師府的衛隊還等在轅門外，這才稍稍放心，但仍用極細的聲音說：「任之，眼下滿朝文武，無不認為勝利在握，待進入北京，正式行過登基大典，剩下的事，便是君臣共商，如何偃武修文、與民圖治了，你怎麼還說這樣的話呢？」

李岩卻沒有這麼多的顧忌，他仰望星空，又輕輕歎息說：「偃武修文？你看今晚這會議，他們津津樂道的是什麼，這有半點商國政、議大事，如何偃武修文、與民圖治的樣子嗎？」

宋獻策說：「誠然，現在還不到時候，要知道，像皇上，還有汝侯、滋侯他們這些人，這以前就是迫於暴政才起義的，所以，他們對明朝的貪官污吏，無不恨入骨髓，眼下勝利了，終於將他們推翻了，要狠狠地懲罰他們，這也無可非議，所謂惡有惡報，善有善報，這你總不能說不該吧？」

李岩搖搖頭，不以為然地說：「雖說勝利在望，但畢竟還未完全平定，該考慮的大事還多，比方說，眼下漕糧已斷，京城饑民很多，進入北京後，首先要考慮的便是軍食和民食，還要考慮賑濟饑民，這是一天也不能緩的，因為它關係到民心的穩固；另外，北京一旦攻陷，一定諸事畢集，諸如皇宮寶物極多，宮眷成群，難保不發生搶劫、不發生縱火、強姦；各衙門的文書檔案應該封存，不能隨意丟失；誰率部進宮，保衛皇宮，誰負責彈壓亂民，維護市面秩序？還有，其他各部隊不宜久駐城內，應開赴城外，負責對外警戒，布置遠局，並要重申紀律，嚴禁害民殃民的事發生，這些都是應該在今天商定好的，因為一旦進城，都各行其是，要聚攏商量都不容易；我原以為今晚會要討論這些大事，不想一坐下來，卻是大談懲貪，貪當然要懲，但天下草創，江南未平，人心未服，對貪官污吏的懲罰，應放在後一步，不然怕引起人心騷動，再說，政權在手，何在乎這一班蛀蟲，有法可在，還愁他們不吐供繳贓嗎？」

李岩侃侃而談，有理有據，宋獻策一聽，不由佩服地點頭，說：「任之，你所說的這些，的確是當前要務，不過，皇上和這班大將軍眼下正在興頭上，我們也不便去掃人家的興，反正也只有三天了，等進了京，舉行過登基大典，這些事便會浮出水面來，到時再辦，也不為遲。」

李岩卻仍是不以為然，且連連冷笑說：「這些事在我看來，已是刻不容緩，怎麼可等呢，再說，你未必不能由此及彼，想遠一些嗎，還未進京，便是這個樣子，一旦到了那花花世界，還不信馬由韁，為所欲為嗎？」

宋獻策雖連連點頭，卻又勸道：「任之，你的遠見卓識，山人的確佩服，不過，你也不要太書生氣，有些事還是走一步看一步的好，不要想得太遠。記得在太原時，山人便提醒你事君宜慎，你怎麼老記不住呢，要知道，今非昔比，過去大家跟隨闖王起義，走州過府，死裡逃生，還有些群雄聚義、打夥求財的味道，就是放縱一些隨便一些，也無可無不可；眼下呢，可不同了，君臣名份已定，尊卑上下已分，做臣子便要有做臣子的樣子，古往今來，多言獲罪的例子還少了嗎？就是同僚之間，也要講究寬仁，講究相互聯絡，盡量渾俗和光，與時俯仰，要知道，曲高和寡，鶴立雞群，可不是好事，好多人吃虧便吃在這上面。」

宋獻策與李岩真是莫逆之交，這一席話可是掏心掏肺，李岩聽著，心中感動，便又長長地歎了一口氣說：「獻策，你說的都對，我又何嘗沒想到呢，可不知為什麼，我總總忘不了皇上過去對我的那一份知遇，所以，有事便想說，有時忍也忍不住，不說出來，心裡便不好受。」

正說著，二人的護衛已牽馬向這邊來，遂不再言語。

5 銀子不如燒餅

流寇終於蜂擁而至，轉眼之間，便將這座皇都包圍得如鐵桶一般……

午門上的景陽鐘又響起來了，一下一下，十分急驟，穿雲破霧，在北京城上那陰霾的空間徘徊，這是崇禎皇爺在親自撞鐘。因為大臣們遲遲不來，他也不知撞了多少下，撞得自己氣喘吁吁，也不知停歇。

天險居庸關說降就降了，二十萬大軍齊解甲；十二陵說燒就燒了，大明的列祖列宗地下蒙羞，將唐通用十二道金牌召來協守居庸，不想他反戈相向；吳三桂的五萬寧遠鐵騎遲遲不來，其他勤王之師更是沒有蹤影，封爵位、蔭子弟、賜田莊，都不能打動這班人的心。朝士中，當初主張遷都的人不來，反對遷都的人也不來，這一班食君之祿、卻又不能解君父之憂的臣子們啊，平日無事時口談忠孝，什麼主憂臣辱，主辱臣死，可真正到了該他們死時，怎麼就一個也不見了呢？

王承恩見皇爺仍在撞鐘，只好勸道：「皇爺，還是免了吧，據奴才所知，大臣中，有心肝的不待皇爺催促，早已上城督戰去了，沒有上城的，全是沒肝沒肺，來了也不頂用。」

崇禎連連頓足說：「國家如此危急，居然還有躲在家裡的人？」

怎麼就沒有躲在家裡的呢，且還有與流寇通款的呢。可眼下王承恩不想說多了，因為再說也是廢話，但皇爺咄咄逼人，他只好冷冷地說：「還是想一想其他辦法吧。」

其他辦法？還有什麼辦法呢？

擺在沙河的三大營近三萬人馬遇賊即潰，眼下北京城的防兵僅剩下不到三萬老弱疲兵，但皇城內外女牆即有十五萬四千有奇，五座城堞還攤不上一個兵。他雖將宮內所有青壯太監全派到了城上守陴，一些知兵的皇親國戚也全上了城，倉促上城的這些人沒有炊具，只好每人發二十個大錢，在街市上買燒餅充饑；這時黃沙障天，淒風苦雨，冰雹雷電交至，那些老兵久未領到薪餉，一個個口出怨言，誰也不願意出死力守城，只抱著雙肩倦縮著身子，席地而臥，奉旨守城的襄城伯李國楨手持鞭子去驅趕，才將這人趕起身，那人又睡下了。

李國楨束手無策，只好將實情一一上奏。

崇禎皇爺聽完奏報，雙眼圓圓地瞪著李國楨，就是不知說什麼。

李國楨只好說：「據臣所知，吳三桂的寧遠兵前鋒已到了豐潤一線，距此不過一兩天的路程，也就是說只要能守個三五天，便有希望了。」

崇禎皇爺說：「你看這個樣子，像是能守三五天的嗎？」

李國楨說：「當務之急是要設法鼓舞士氣，只要能像滿虜入侵時那樣，全城上下，同仇敵愾，守個三五天不算什麼。」

是啊，皇后也是這麼說的，滿洲的辮子兵五次入關，兩次包圍京師，時間可不止三五天，北京城不是巋然不動，安如磐石嗎。既能對付滿洲兵，為什麼就不能對付流寇呢？

崇禎記起滿洲兵第一次入侵京師時的情景，那時賴袁崇煥救援得快，他屯兵朝陽門外，督手下滿桂、祖大壽等猛將苦苦與滿洲糾纏，加之四面八方的援兵趕來，終於迫使辮子兵退走，可眼下的吳三桂怎麼就不能像袁崇煥那樣，迅速趕來呢？吳三桂興許是怕，儘管朕晉他為平西伯，可他心中的疑懼不會消失，因為袁崇煥就在救援京師時被下了詔獄，最後在菜市口受了剮刑。

他在殺了袁崇煥後，便隱約覺得袁崇煥一案可能有冤情，像他那樣手握重兵的邊將，若真要謀反，若真的與滿虜勾結，能在寧遠屢敗滿虜嗎？滿虜能繞過寧遠來攻北京嗎？北京城能為我有嗎？一代名將，竟慘死在自己手上，袁崇煥死後，邊關無人。

崇禎從袁崇煥身上又想到了盧象升，又想到了楊昌嗣，黃鐘毀棄，瓦釜雷鳴。景陽鐘空自哀鳴，喚不回以往的歲月。

想到此，一種自責自怨之情油然而生，他想，若要鼓舞士氣，只能痛責自己。那麼，除了下罪己詔，還有什麼辦法？

予智予雄的崇禎皇爺，已完全沒轍了，僅剩下自暴自棄的一招。回到乾清宮後，他再次提筆親草罪己詔：

朕以眇躬，上承祖宗之丕業，下臨億兆於萬方，十有七年於茲。政不加修，禍亂日至。抑賢人在下位歟？抑不肖者未遠歟？至干天怒，積怨民心。赤子化為盜賊，陵寢震驚，親王屠戮，國家之恥，莫大於此。朕今親率六師以往，國家重務，悉委太子。告爾臣民，有能奮發忠勇，或助糧草器械，騾馬舟車，悉詣軍前聽用，以殲丑逆。分茅胙土之賞，絕不食言。

自己匆忙讀過，雖覺語無倫次，詞不達意，念起來也佶屈聱牙，根本不及以前寫的那樣朗朗上口，連王承恩也比他寫得好，但他顧不得了。只吩咐王承恩，發交內閣宣布。

接下來，他又讓王承恩召集親信太監，準備親自督率，上城備守禦。就在這時，司禮監掌印太監王德化匆匆進來，奏道：「啟稟皇爺，杜勳在宮外候旨。」

一聽杜勳候旨，崇禎還以為自己聽錯了，忙倒一句說：「誰，誰，杜勳，他來幹什麼？」

王德化硬著頭皮說：「杜勳自大同失陷後，不幸被流寇裹脅，他不忘皇爺大恩大德，於賊中逃回，據說，他眼下有一計，可脫皇爺於困厄。」

一聽杜勳是「不忘皇爺大恩大德」才「於賊中逃回」，崇禎雖明白這是假話，但卻對「脫困厄」三字產生了興趣，或者說生出了一線希望心，於是說：「他如果是來為流寇做說客，那就不要來了，朕是抱定了死社稷之心的；如果是有別的事，那就讓他進來吧。」

崇禎話音剛落，只見一個人影一晃，杜勳從外間閃身進來，他不敢直起身子，一進門便跪倒在地，連連磕頭說：「皇爺，奴才杜勳救駕來了。」

崇禎似沒有聽到杜勳口中那「救駕」二字，只問道：「自你出任督師，朕已蔭你一錦衣衛世職，至流寇陷大同，朕傷心不已，不但恤典從優，且準備為你設祭招魂，可你，你怎麼不能為朕盡節？」

杜勳磕頭說：「皇爺不知，當時，守將已降，開門將流寇放進城來。事出倉促，流寇紛擁而至，奴才只好拔刀與之巷戰，不想馬失前蹄，將奴才掀下馬來，流寇一擁上前，奴才是力盡才被俘啊。」

崇禎聽了，稍覺安慰，點點頭，又問道：「你既不能殺賊而死，想必是已降了流寇，今日來見朕，還有何說？」

杜勳說：「奴才雖陷身賊中，卻無日不思念皇爺，今脫身來歸，是想脫皇爺於困厄。」

崇禎說：「你有何能耐，可使流寇退兵？」

杜勳聽崇禎如此一說，膽子不由大了，乃哭著說：「皇爺，我的好皇爺，眼下京師完了，大明的江山完了。」

崇禎一聽，不由皺著眉說：「杜勳，就是要朕聽你這句話嗎？」

杜勳繼續流淚奏道：「皇爺，不是的，這些日子，奴才在流寇那裡，見著了流寇的頭目李自成，李自成知奴才是皇爺身邊人後，對奴才還算客氣，奴才乘機向他求情，並說大明三百年江山，深仁厚澤，百姓感戴，大王可不能滅亡我大明，亡明必遭天譴。」

崇禎點點頭，說：「那李自成如何說呢？」

杜勳娓娓言道：「李自成聽奴才說後，便說，皇上是個好皇上，就是那班臣子壞了事，尤其是東林黨人，只會高談闊論，不會治理國家，活生生把大明的江山搞亂了。如今要我退兵不難，第一，要皇上把那些東林黨人全殺了；第二是以黃河為界，劃疆而治。黃河以南為我大順的國土，黃河以北為大明的國土。大明再每年貢我黃金、白銀、美女，這樣可保相安無事。」

崇禎一聽，不由一邊冷笑，一邊用足尖蹴杜勳的腰，罵道：「杜勳，原來你是來勸朕投降的。李自成是犯上作亂的賊寇，犯下滔天罪行，眼下不但要與朕劃疆而治，分庭抗禮，且讓朕歲貢金銀，如果真的依你所說，還有什麼大明的江山社稷，朕將來有何面目去見列祖列宗？」

杜勳一見皇上生氣，不由慌了，只連連磕頭，一邊的王德化更是膽戰心驚，不知所措。四城緊閉，杜勳是縋城上來的，上來後，即向他們道明來意：大順皇帝已知他們的忠心，令他們務必在城破前讓崇禎皇帝無法逃走，只要到時能交出崇禎，一定保證他們的安全，並各人照舊當官。他們聽了十分高興，正要打發杜勳出城，不想杜勳卻說要面見皇帝，勸他投降，那模樣，得意洋洋，信心十足。

王德化當時就不主張他見皇帝，因為他知道，崇禎是絕不會投降的，這樣做只有風險，絕無益處，但杜勳堅持要見。

眼下皇帝顯然動怒了。王德化想，一旦皇帝要殺杜勳，不但自己與李自成那方少了一個牽線人，且皇帝必然遷怒於他，到時下旨一道問罪，那麼，以往一節，豈不都是枉費心機？

他偷眼瞧了一下杜勳，杜勳雖也臉色發白，但還算能沉住氣。只見他連連磕頭，大聲哭道：「皇爺，事已至此，不給李自成一個答覆是不行的，不要說眼下代王、晉王尚在他們手中，就是李自成手下那一班驕兵悍將，也一個個正磨刀霍霍，耀武揚威的。看來，進城後會有一場大的屠戮。那可更是國將不國，皇爺也更無面目見祖宗了。」

此時的崇禎，耳聰目明，早聽出這個狗東西在訛詐自己，想起自己這些年不用忠臣，卻信任這一班宵小，以致奸臣當道，忠臣遭殃，他不覺汗顏無地。心想，杜勳真該殺千刀、剮萬刀，下油鍋也不為過，但眼下卻遲了，他已殺不得這個閹豎了。

想到此，他不由加緊蹴他，並破口大罵道：「滾，你與朕快滾！」

罵走了杜勳，崇禎明白，流寇下一步就會攻城，想到城上是一盤散沙，士兵們連三餐飲食也無法保證，他不由心慌意亂，不知自己下一步將怎麼辦，一邊的王承恩提醒說：「皇爺，俗話說得好，皇帝不差餓肚兵，眼下第一要務，是讓守城的士兵吃飽肚子。」

這時，李國楨又一次赴宮請旨，說再不指撥的餉，不要說流寇打進來，就是城內的士兵，也會先殺進皇城。

崇禎一聽，驚惶失措地望著李國楨，不知說什麼，又回頭來望王承恩，王承恩也一臉慘白，無話可說。此時，周皇后已聞訊來到前殿了，就立在屏風後，她一聽君臣對話，竟不顧一切、像呵斥小孩似的大聲說：「趕快發內帑，此時此刻不發內帑，還要等到什麼時候？」

崇禎似大夢初醒，忙把那頭點得像小雞啄米似的，連連說：「是、是、是，發，發，發。」

李國楨見皇上終於鬆了口，又緊逼一句道：「臣請旨，幾時發，發多少？」

崇禎瞪著一雙驚恐的眼睛，嘴唇哆嗦著，雙手不停地抖著，說：「就發，就發，馬上發，只要他們肯賣命，朕每人發一個元寶還不行嗎？」

皇爺終於明白了，這剿流寇雖說也是打國仗，其實卻更是他的家事，是為他朱家消災了難，於是，破天荒慷慨起來了。

可李國楨和王承恩卻怎麼也高興不起來，他們分頭召人來宮中領銀子，或去通知管內庫的官員發銀子。

一到內庫，任司禮監秉筆太監十餘年的王承恩，可是開了眼界——皇帝的內庫分幾大類，分放金、銀、珠寶、彩緞、瓷器及大明歷代皇帝所鑄的銅錢。打開銀庫那鏽跡斑斑的鐵鎖，推開那沉重的鐵門，只覺一股霉氣迎面撲來，直逼得王承恩向後退了幾步，睜眼一看——天啦，只見滿屋子的銀子，有馬蹄狀的，有圓柱狀的，有成塊的，每塊上都鐫刻了重量及鑄造年份，分別碼成了大山，上面一層銀子因氧化，顏色已如黑漆，伸手去抓時已脆腐如豆渣，扒開這一層銀灰，才現出燦燦銀光。

這就是內庫啊！幾十年來，自萬曆到崇禎，國庫空虛，內庫豐盈，這其實是公開的祕密，可皇上卻諱莫如深，生怕臣子們眼紅，袁崇煥以書生總綰遼東兵符，一日九遷，官符如火，君臣之間，相知相契，為什麼後來受酷刑，竟被活活剮死？不就是因他不知機，竟數度上疏提出發內帑充軍餉嗎，眼紅皇上的私房錢，這可是大大地拊逆鱗啊！

看到這裡，想到這裡，王承恩感慨殊深——大明列祖列宗，個個都鑽在錢眼裡，至萬曆帝，更是唯財是舉，當時的歲入已達四百三十五萬有奇，而歲出不過三百四十餘萬，盈餘有百萬之巨，可這位皇爺仍不知足，熬鹽煉鐵，開礦斂財，孜孜以求，苛索未已。當時的大臣李三才就上疏指出：「陛下愛珠玉，民亦慕溫飽，奈何崇聚財賄，而使小民無朝夕之安？」

可縱是金玉良言，又有誰聽？眼下好了，流寇終於來清庫了，山河破碎，銀子化灰，守城的每人一個大寶，就能守住皇城嗎？

是的，替祖宗守財的崇禎皇爺，眼下就是捨出整座金山銀海，只怕也買不回大明尺寸江山了。眾人都默默地搬銀子，因空氣中瀰漫著氧化銀的粉塵，王承恩感覺有些嗆鼻子，只好退了出來。

得知每人一個元寶，已實打實落地發到了士兵手中，崇禎皇爺不覺鬆了一口氣，心想，這下總好了，重賞之下，必有勇夫，一個元寶不是五十兩嗎，這些兵，只怕一生也沒有摸過光閃閃的銀元寶，眼下懷抱這個平生罕見之物，還不爭先為朕賣命？想到此，他再度慷慨起來，又傳旨下去，說：「只要眾士卒奮勇殺賊，朕還有重賞。」

可奉令傳旨的王承恩，遲遲不肯動身。崇禎皇爺火了，怒斥王承恩說：「你與朕去呀，去督促他們，怎麼，你也眼紅元寶嗎？」

王承恩翻身跪下，連連磕頭道：「皇上，眼下城內米珠薪桂，比較十天前，麵粉已上漲二十餘倍，一個元寶，早已不值幾何，士兵們說，皇上與其賞元寶，不如賞燒餅。」

崇禎皇爺此時的心，已麻木如死灰，聞言只能發出蠢想：內庫銀餅是有的，哪來的燒餅呢，這以前的列祖列宗，都只知屯集金銀，就連麵粉也沒有多的庫存，想起圍城前，張縉彥建議他多屯糧食，他沒有採納，當時只恨張縉彥眼紅內帑，沒有想到會有今天。但崇禎皇爺至死也不相信，一個元寶也有不如一個燒餅的時候，這不是天大的笑話嗎？

這時，城外突然傳來幾聲驚天動地的紅衣大炮聲，城內立時升起了沖天的煙柱，接著便是金鼓聲、號角聲，以及一浪蓋一浪的喊殺聲，直讓崇禎皇爺心膽俱裂，身邊的宮女們不知所措，一個個都嚇得大哭起來。

崇禎皇爺不由也跟著哭起來。王承恩見狀，只好跪奏道：「皇爺，哭有何用，銀子都化灰了，江山能是鐵打的嗎？」

話雖如此，崇禎皇爺仍不免悲憤難平。心想，朕怎麼會成為亡國之君呢？朕即位之初，沉機獨斷，刈除奸逆，撥亂反正；即位之後，憂勤惕勵，殫心治理，恭儉有制，勤政愛民；十七年來，無心歌舞，無心酒色，既未大興土木，勞民傷財，也非昏庸懦弱，信任奸臣，殘害忠良，凡亡國之種種，朕都避之而唯恐不及，無日不在想天下大治，無時不在想大明中興，歷朝歷代，哪有這樣的亡國之君？難道這是天意？他左思右想，漫無頭緒，最後仍只能歸結到姚廣孝取的派名上：高瞻祁見祐，厚載翊常由，大明江山傳到由字輩就該完，後面的十個字是成祖的強人所難；他不由又想到那一班被流寇罵為「食肉紈綺」的臣子，在廷則門戶糾紛，疆埸則將驕卒惰，真是個個該殺！可眼下完了，他們都離朕而去了，他們一定去逢迎流寇，並在流寇面前道朕的過失，他們其實是徒勞的，後人只要細讀朕的罪己詔，便能看出朕的盛德。那麼，流寇進城，朕以萬乘之尊，天下仰視，能接受那班狗彘不如的流寇、舉刀架劍於朕身的侮辱嗎？不能，絕不能，朕是當眾說過的，朕要以身殉社稷，就是死，也要死得像一個勤政愛民之君。

想到此，他不由掀起自己的龍袍一角，在御案上鋪好，手執朱筆，在龍袍內層寫起遺詔來：

朕涼德藐躬，上干天咎，然皆諸臣之誤。朕死無面目見祖宗，自去冠冕，以髮覆面，任賊分裂，無傷百姓一人。

寫完後，他的心反而鎮定下來，癡癡地瞅著身邊煢煢孑立的王承恩，說：「完了，王承恩，朕決心以身殉社稷，可氣的是那一班文武大臣，平日口談忠孝，到頭來，竟沒有一個能從朕於地下的。」

王承恩此時已哭成了一個淚人，乃拜伏於地，奏道：「皇上，奴才蒙皇上天高地厚之恩，無以為報，今若有萬一，奴才將追隨左右。」

崇禎吁了一口氣，口氣嚴肅起來，大聲說：「王承恩聽封！」

王承恩不知皇爺葫蘆裡賣的什麼藥，跪在地上，呆呆地望著上頭。崇禎卻十分威嚴地傳授口諭：「封司禮監秉筆太監王承恩為九門提督，京營兵馬，悉尊調遣。」

王承恩拜伏在地，誠惶誠恐地說：「皇爺，皇爺，奴才從不知兵，當監軍也不合適，怎能當得九門提督？」

崇禎淒然一笑，說「王承恩，你就謝恩吧，朕封你為九門提督，並不是讓你帶兵，哪來的兵呢，只不過為壯行色罷了，朕就要走了，身後能有統領京營兵馬、提督九門的重臣相隨，也不枉身殉社稷了。」

王承恩這才明白，於是磕頭謝恩。

六

大順皇帝

1 最後的門檻

北京城終於被大順軍攻破了。

其實，說「攻破」並不合適，大順軍只在平則門、西直門等幾處虛張聲勢，放了幾炮，做出了攻城的樣子，城門就被曹化淳、王德化的人打開了，接著，德勝、宣武等內外城門同時開啟，守城的士兵和小太監都脫下征衣、戰靴而逃，於是大順軍從容入城。

城破之前，崇禎皇爺也一度想突圍，他親手持火槍，讓王承恩帶著一班親信太監，左右保護著他往外走。但才走至正陽門，便在守城太監的弓箭、火槍壓制下被迫退回去——皇帝本是太監手中的奇貨，這以前可挾天子以令諸侯，眼下卻又可將這個活寶，做為獻與大順皇帝的見面禮，可不敢讓他輕易走脫。

崇禎皇爺眼看突圍不成，這時皇后和袁妃已在宮中自縊，他只好拔劍將公主殺死，又打發太子及另兩個兒子出宮，投國丈周奎家。自己於天明後，偕王承恩出玄武門，爬上煤山，於老槐樹下自縊，王承恩則縊於他的旁邊。

崇禎之死，宣告了朱明一代皇朝的結束。朱元璋於一三六八年戊申滅元朝稱帝，十六傳至朱由檢，朱由檢於一六二八年戊辰稱崇禎元年，至一六四四年甲申自殺，前一個天干合上「戊」，後一個地支合上「申」，這大概也是天意。

曹化淳、王德化等人早已與杜勳有約，一旦大順軍攻城，便開城門迎降。

當時，大順軍負責攻東直門的是小將羅虎。這羅虎才二十餘歲，打仗忒勇猛，就是不守紀律，他聽人說過北京，說起皇宮如何金山銀海，美女如雲，早就心癢難熬了，巴不得早一天打開城門，衝進去好好地風光一回，所以，一到北京，他便請戰，對攻城的事，勁頭十足。

三月十九這天，天剛濛濛亮，他就帶人準備攻城，不想雲梯尚未架起，城門便「轟隆隆」地開了，他喜不自禁，於是，帶著一班小兄弟立刻長驅直入。

這夥人都騎著高頭大馬，勇武精悍，一進城，不管三七二十一，打馬直奔皇宮。這時守宮的太監早逃了，他們如入無人之境，先在皇極殿前，抬頭仰望殿閣規模，果然雕欄玉砌，龍樓鳳閣，煞是雄偉壯麗。

眾小將不由一齊咋舌，說怪不得人人都想當皇帝，原來當皇帝可以住這樣的房子，比較起來，長安的秦王府、太原的晉王府簡直就是土地廟了。

到了後宮，那班未自盡的妃嬪和宮女們都躲了起來，皇宮中犄角旮旮特多，假山洞呀，小密室呀，小巷道呀，彎彎角角，都可以暫時藏人。眾將開始還未發現女人，卻被這麼多金碧輝煌的房屋和豪華氣派的陳設驚呆了，於是，羅虎連衣帶鞋在坤寧宮皇后的龍床上連跳三跳，又從這邊滾到那邊，再從那邊滾回這邊，口中大聲唱起了兒歌：「當皇帝呀睡龍床，懷裡抱的貴妃娘，貴妃半夜要撒尿，一下尿到了海龍王——」

身邊小卒打趣說：「小羅爺，貴妃那物事莫不是一個豁口子。」

羅虎不理睬小卒，卻在龍床上翹起二郎腿，大聲嚷著說：「老子只要能當一天皇帝，死了就是埋在馬桶裡也值。」

有此一說，那些士兵們都輪番在龍床、龍椅上打起了滾……

李自成並沒有馬上進城，因為崇禎及太子下落不明，須加緊搜索，按事先安排，御駕要等清宮之後，才由眾文武將他迎進城，進城時，且要舉行隆重的入城式，這已是破城後的第三天了。

有些情況是事先已預料到的，像御駕從何門而進，暫住何宮，出警入蹕，誰為扈從，其他各軍分紮何處？丞相、軍師和大將軍都做了相應的安排，就沒想到城門開得這麼快，因而局面有些失控，等李自成派李岩持他的尚方劍趕去彈壓時，宮內小規模的搶劫和強姦已快結束了，只有宮女們的啼哭聲，和這班壓抑已久、眼下已盡情宣洩了的軍人們的歡笑聲。

李自成對此雖十分惱火，但他卻不想處分這些人。羅虎是他的心腹愛將，處分他難免在大家心中留下陰影，更何況令他高興的事太多了——十五年前，他因驛站被裁撤而失去生計，被迫當兵、造反。當時，只是為了肚子，心想，能飽餐一頓，就是死也做個飽死鬼。十五年來，東奔西逃，出生入死，勝少敗多，那時整天疲於奔命，心想，這條小命遲早要玩完，終有一天，像高迎祥那樣，被俘後押到北京城獻俘，然後綁赴菜市口，吃朝廷三萬六千刀的魚鱗剮，眼下能逃過一天算一天，只要不死老子就賺了。萬萬沒想過，堂堂大明朝，也有敗在自己手上的一天，這真是「只要守得菀爛，不怕沒有蘑菇吃」啊，十五年時間，居然讓老子龍飛九五，玩個天旋地轉，朱元璋還不就是這麼來的？

原先宋獻策、李岩不是主張暫緩進軍嗎，說朱明還一時不會就亡呢，看來，他們也有失算的時候，天大地大，都不如我的福大，我上應圖讖，是當天子的命，不然，固若金湯的北京城，怎麼就如此不堪一擊呢？想到這裡，他不由得意忘形，彷彿整個身子都可以飛起來。

因高興得有些不能自持了，自然就不會計較部下的小過，只吩咐按軍師的安排，整隊進城。元順帝是從德勝門逃走的，元順帝的逃走，宣告了元朝的滅亡，明朝的開始；眼下，他李自成也從德勝門進去，去宣告另一個新朝廷的開始。

此時，北京城內外城門一齊開著，百姓們都焚香頂禮，恭迎他的入城，一路之上，只見家家門上都黏著上寫「順」字的紅紙，眾人齊擁到他的馬頭，瞻仰他的儀容，稱讚大順軍的英武，一時人頭攢動，萬人空巷。

隊伍來至承天門，紫禁城高大的宮門，層層向他敞開，遠遠望去，巍峨的殿闕，威武雄壯，就像來到了天上。

此時李自成的情緒已高昂至極點，他只覺耳邊有些嗡嗡然，心在胸膛內狂跳不止，抬頭仰望，只見眼前一片模糊，一邊的宋獻策開先尚未發現皇上的神態有變，只連連催促道：「皇上，皇上，箭射承天門。」

進宮前，要由皇帝親自箭射承天門，這是宋獻策事先的安排，說要這樣，方可鎮住宮中的煞氣。李自成被他提醒，立刻伸手接過衛士遞來的弓箭，他本工騎射，且箭法很準，雖眇一目，卻正好有助瞄準，於是他洋洋得意地對眾人說：「朕射中天字，必一統天下。」

說完，彎弓搭箭，瞄準了承天門的匾，可此時並不遙遠的、藍底金字的承天門牌匾，竟有些看不真切，那三個字更是模糊，只好朝著自己認定的方向一箭射去，只聽「忽」的一聲，箭矢飛出，竟釘在「天」字的下面。

眾人不由愕然，牛金星趕緊說：「好啊，陛下射中天字的下面，這不是穩得天下的意思嗎？」

於是，眾人都歡呼起來，並齊稱萬歲。

李自成先是怔了一下，隨即又高興了，扔下弓，直朝前走，只見十分空敞的大坪前，五座高樓突起於城樓上，他一看便明白，這是到午門了，這時，眾文武都在午門前下了馬，獨李自成仍昂然坐在馬上，直達皇極門前。

皇極門後便是天子正衙皇極殿了。按預定程序，他將在皇極殿行正式的登極大典，但大典前，他只能先住正殿右邊的武英殿。今天因只是入城式，他按事先的安排巡視整個紫禁城，可不必急著去看皇極殿，但還是忍不住了，也不用左右扶持，自己很是輕鬆地跳下了烏駁馬，然後昂著頭，一步步登上石階，左右身後，跟著一大群文武大臣，都邁著沉穩的步履，遠遠地，把肅穆、莊嚴的眼神投向他，使得他都不知手腳如何放了，這時，一陣穿堂風迎面拂來，他身子一抖，竟然打了一個寒噤——直到這時，他才發現自己有些不對。

昨晚和文武大臣們議事，直達東方破曉，才睡了半個時辰便聽說破城的消息，羅虎已帶人首先衝進城了。接著，內外城門齊開，報喜的一撥接著一撥，這事才了那事來。護衛們雖不敢打擾他，由牛金星代他聽取彙報、並及時做出處置，但帳外的馬蹄聲、談話聲，聲聲入耳，他再也睡不著了，於是起床盥洗，做入城的準備，因睡眠不足，早餐沒有味口，雖擺了一大桌，卻只吃了一小塊棗糕，半碗小米粥。

接下來，便聽取關於崇禎及皇太子下落的報告，因為這是一件大事，不能不慎之又慎。可城雖破，卻一直沒有崇禎和三個兒子的消息，他不由焦躁起來，心想，可不能讓崇禎走脫了。在明朝降臣黎志升的建議下，他下令懸重賞尋找崇禎及太子的下落，有能捕獲崇禎的封萬戶侯，捕獲太子的封伯爵，提供線索的賞五千金，隱匿不報的夷九族。

這樣一折騰，他已經有些頭昏腦脹了。

這時，入城的時辰到了，他被人們擁著，才短短的一段路，走了幾乎大半天，因被這種興奮的情緒支撐著，忘乎所以，並不覺得有什麼異常，不想跳下馬後，才感覺腦袋的昏暈更甚了，心中翻江倒海似的欲嘔吐。皇宮的台階真多，門檻也不少，左一道右一道，才上完又下，下完又上。出了皇極門，便是皇極殿，那三層漢白玉石台階，並不太高，但此刻在他眼中，竟如高山般的險峻，待一步步登上最後一道石階，只覺雙腿很是沉重，眼睛望物竟有些霧翳。心想，這石階怎麼這麼長呢，爬了這麼久還未爬完呢？再望望中間那石刻的蟠龍，正張牙舞爪地望著他，像是要飛出來抓他一般，心一慌，腳步便有些亂了。

他想，這是怎麼搞的呢，十幾年來，馬上征戰，食少事煩的情況很多，就是一連餓好多天的事也有，自己從來都能保持充沛的精力，沒出現過這種情況，看來，一定是這些天事情太多、太疲勞了，車輪戰似的，昨晚睡眠不足，今早又吃少了東西，各種原因聚在一起，精力有些不濟。雙腳更乏力了。他留神左右，御道兩邊只有引路的兩個太監，後頭劉宗敏與牛金星距他有好幾步遠，且走的是邊上窄階，他想回頭招呼劉宗敏上來搭一把手，但一想，這裡是御道啊，御道可是只有皇帝才能走的，所謂階梯不同，尊卑有別，就是自己的親爹老子在，也只能一邊去，自己出生入死十幾年，為的不是這一天嗎？怎麼能讓他人與我並肩呢，這是很不妥的。三級石階算什麼，這麼些年，什麼樣的高山峻嶺沒爬過，什麼樣的大河大江沒涉過，小小的三級漢白玉石台階，作工是如此精巧，安放是如此平穩，我只再忍一忍就登完了。

想到此，便咬牙堅持往上走。

宋獻策在後邊一直在留意他的神色。他雖走在牛金星的後面，但因在邊上，有時還是能從側面遠遠地望到皇上的臉，上最後一道台階時，忽然瞥見皇上臉色有些發白，額頭有冷汗涔涔滲出，覺得有些不對，但他不能越過劉宗敏和牛金星上前，又無法喊別人上去，只能乾著急。

三級漢白玉石台階終於上完了，雕龍畫鳳、金壁輝煌的金殿、御座就在眼前了，眾人不由都停下來，挨挨擠擠地站在平台前，誠惶誠恐地望著皇上，等皇上跨過最後一道木門檻升殿。

李自成幾步跨上前，此時眼更花了，頭更脹了，竟把前面的高門檻看錯了位置，還距他有一步半的距離，他卻做一步跨過去，真是半步的誤差啊，那跨過許多名山大川的腿，竟被這矮矮的、最後一道木門檻絆著，把不住重心，只聽「撲騰」一聲，竟重重地從殿外摔到了殿內。

這一下，身後的文武都呆若木雞……

崇禎皇帝的屍體終於找到了——始終不承認自己是亡國之君的大明天子，終於及時結束了自己的生命，能以身殉君的只是太監王承恩，他被崇禎任為九門提督，尚來不及履新，便陪著崇禎，吊死在他身邊的一棵小槐樹上。

這結局，多少讓人覺得有些意外，接著，太子和永王、定王也找到了，他們是由周皇后的父親、嘉定伯周奎獻出來的。周奎在崇禎時代享盡了榮華富貴，但國難時卻沒有盡力保護自己的外孫，當然，也不能說他這不是明智之舉，因為在這種情況下，他想保住這三個外孫，為殉國的君王留下血胤簡直是奢望。

李自成終於可以放心了。在皇極殿摔了一跤，此事雖在他和眾臣心中都留下陰影，但偶然的事故與大喜相比，簡直算不得什麼，在喝下侍從奉上的一碗參湯後，他立刻又精神煥發起來，且又像沒事似的高談闊論。

下午，他先在武英殿的龍床上美美地睡了一覺，又在王之心、王德化的陪同下，到各處巡視了一遍，到上燈時，他下旨在武英殿內，召見他的文武大臣，商量處理各項大事。

這是進城後的第一次正式會議，方方面面的人都來了，要商討的事也很多，但大家一開始卻無心會議，而是坐下後左顧右盼，對周圍的建築、陳設指指點點，大發個人感慨。

這班人，都是跟隨皇上出生入死打天下的功臣。在眾多的將領中，他們衷心擁戴闖王，矢志不渝，哪怕就是連吃敗仗、生死懸於一線時，都沒有變過心。十餘年來戰功赫赫，經歷非凡，闖王賴他們同心協力的輔佐，經過了九九八十一難的打磨熬煉，終於九轉丹成，今天，他們勝利地進入了皇宮，扶持過去的闖王一步一步，走向了紫禁城。皇上終於坐上龍椅了，他們可以放鬆放鬆了，那麼，沒有看過的自然要看一看，哪怕只是摸一摸；沒有嘗過的自然想嘗一嘗，哪怕就是不能盡興也好，眼下他們有這個資格。

這以前，他們生活在社會的最底層，打娘肚子裡出來，整日饑腸轆轆，在他們的字典裡，只有「能吃的」、「不能吃的」兩個概念，能吃上白麵饃就是過年了，幾時知道世間上還有魚翅、海參？鄉里人，多見石頭少見人，他們自睜開眼睛，就生活在整片的黃土地上，爬不完的山圪樑，走不盡的土坷拉；長大後跟著闖王造了反，雖打家劫舍，走州過府，但中原地區十餘年動亂，賊過如梳，兵過如篦。大戶紳糧，值錢的東西無不藏著、掖著，有的甚至埋到了地下。所以，他們就算見了世面，也不過打了些糧食，搶了些錢，知道黃閃閃的是金，白晃晃的是銀，幾時見過這麼多作工精巧、質地考究、雖不是生活的必需品，卻是價值連城的寶物，且既不藏也不掖而是成堆地擺著、擱著，這是寶石，那是貓眼，這裡金鑲玉璧，那裡銀胎罩漆，看得眾人眼花撩亂，頭昏目眩。

他們中，就連牛金星這樣的讀書人、連李岩這樣出身官家的子弟，也對皇宮中的有些寶藏叫不出名字，說不出用途。嘖嘖連聲的稱讚之餘，都在心裡說：娘的，人說天家富貴，這話一點也不假，原來皇帝是這麼做的。

李自成幾次想打斷眾人的議論，但欲言又止。他不忍心打斷他們，再說自己的心情不是和他們一樣嗎？這時，郝搖旗拍著身邊羅虎的肩膀，說：「好小子，咱們的皇上還沒有登龍床，你卻先過了半天皇帝癮了，現在你就該去埋馬桶。」

羅虎自知有愧，乃朝李自成咋咋舌頭，悄悄地笑著說：「可小侄連皇后娘娘的屁股也沒摸到哩。」

眾人於是都說皇后娘娘，那個周皇后已死了，張皇后雖在他們進城後才自縊，但也沒有看清面貌，於是，他們便議論宮中的妃子和宮女，如讓他們說下去，只怕會出葷段子，牛金星見狀不由皺眉，他望了李自成一眼，見李自成也在皺眉，便輕輕地咳了一下，正色說：「大家還是聽皇上說吧。」

眾人這才知興奮過了頭，不由一齊噤聲。於是，李自成講了一個開場白，接著便由牛金星講今天，要議的事很多，首先自然是皇上的登極大典。

其實，關於皇帝的登極大典應無可爭議，與會者只是聽主持此事的總裁牛金星宣布，記住自己該做什麼。日子是宋獻策觀天象、查曆書，慎之又慎排出來的，是幾個好得不能再好的黃道吉日，由皇上自己選定；地點自然是做為天子正衙的皇極殿；至於李自成幾時進入正殿，穿什麼袍服，這也好安排；但百官的朝拜卻頗費周章。本來，自漢朝的叔孫通制禮後，朝儀便有一套完整的程序，到時淨鞭三下響，文武兩邊排，進行到哪一步便奏什麼樂章，臣子們又如何配合音樂跪拜起舞，鴻臚贊禮，御史糾儀，千餘年來，改朝換代雖略有變通，但大抵如此。已被錄用的明朝的降官降將自然是駕輕就熟，但大順的舊臣、那些追隨李自成馬上打天下的大將們，卻真是大小姐上花轎——生平第一回。所以，李自成和牛金星商量，登極之前，非讓他們排班演練不可，千萬不能出半點差錯。

這些安排，牛金星自認是大手筆，一切全聽他調度，他也滿有把握做好這篇大文章，所以在會上，他照章宣布，臨場發揮，談得頭頭是道，眉飛色舞，最後，他用諄諄告誡的口吻向眾人說：「這是第一件大事，千萬馬虎不得，大家可要聽清楚，並認真記住做好，不然，這麼威嚴的場合，出了笑話，可不是兒戲。」

李自成用滿意的目光望著牛金星，又徐徐巡視眾人，眾人都點頭叫好，且也保證認真學好，一條念過，便催著念下條。

但聽眾中卻也有心不在焉的，像李岩就是。崇禎死了，明朝完了，這已是活生生的事實，但是，真正的大事並未了結——眼下大軍已完成了對北京的佔領，接著便應該迅速退出，分屯城外，不然，十幾萬人馬擠在城中，且不說沒有這麼多的營房，就是軍民混雜，也會出現許多難以防範的事；另外，據諜報，吳三桂率數萬寧遠鐵騎，已到達豐潤，這裡卻既未派人去招降，也未採取半點防範措施，萬一吳三桂來攻，豈不措手不及？

他幾次想發言，但登極這個大題目擋在前頭，所謂國不可一日無君，所謂名不正則言不順，登極為當今第一大事，只有皇上舉行了登基大典，才能名正言順地號令天下。為了這件大事，牛丞相可沒少費心思，還在北伐途中便在構思，又花費了不少時間與明朝的官員商討，從《尚書》、《周禮》到明朝的朝儀大典，反覆推敲比較，盡量做到有典謨、有訓誥，甚至連每一道程序奏什麼樂章都要更定，最後總算制定出一套自認為最隆重莊嚴，遠勝前朝多多的儀式，先請眾人討論，再請皇上批准。李岩想，既然從皇上到每一個臣子都這麼認真，自己又何敢打斷呢？

牛金星說了整整兩個時辰，把所有的安排都說到了，又反覆交代了好幾次，這些天的緊張奔波，待他說完，眾人都有些支撐不住了，只得連聲說好，李自成也顯得十分疲勞，但仍振作精神，咳嗽一聲，讓眾人重新集中注意力，然後喜孜孜地說：「終於盼到這天了，牛丞相說，這是一篇大文章，做好了可表率萬邦、天下景仰，做砸了可要招人恥笑。的確，這是一篇大文章，且只能做好不能搞砸，朕看，日子就定在四月十七這天吧。」

見眾人一副無可無不可的態度，又跪著指頭算日子，說：「還有二十多天時間，朕看這些天大家就不要幹別的，只去好好地演習禮儀吧。」

眾人都點頭遵旨，甚至七嘴八舌地提問，人群再次騷動。這時，遠遠地鐘鼓之聲悠然，飄揚在寂靜的夜空十分悅耳，聽慣了軍柝、熟悉了看星星辨時辰的李自成，一時還不習慣這鐘鼓之聲，也沒有去留神鐘鳴幾下、鼓響若干，但心中似乎有人在催促，在提醒，讓他早早地回到後宮去。

其實，眾人被皇宮的堂皇富麗所傾倒，他，這個未來的皇宮的主人，心中未必沒有同感，尤其是想到今後就可天天與這些東西為伴，萬物為我而設，唯我獨尊，唯我獨有，他的心就不能平靜。不想他還來不及去欣賞這些，清理這些，卻被自己的手下先撈了一把。宮中太監數萬，宮女八千，眼下太監雖然無恙，宮女卻死的死，逃的逃，還有很大一部分落入了羅虎等將士手中。他心中雖覺懊惱，但仍在王之心、王德化等太監的的引導下，一一盤點了後宮，又在劫後的宮女中，挑選出了好幾個絕色宮女，預備充實他的姬妾隊伍。這班女人中，有一竇姓宮女，讓他印象特深，此女身材高挑，膚色白皙，尤其是那媚眼，嫣然一笑，勾魂奪魄，這是長安宮中見不到的，也是晉王府中的妃子比不上的，這以前，為了打江山，他無心在女色上下功夫，眼下終於江山一統，是應該享享清福了，崇禎擁有這麼多的美人無福消受，我可不是崇禎那窩囊廢，何況我年近四十，尚無子嗣呢，若千辛萬苦打下江山，百年之後無人接替，豈不是百忙乎了嗎。

想到這裡，他揚手制止了大家的議論，待眾人靜下來後，望了一下牛金星，掰著指頭說：「張獻忠未服，江南未平，滿洲事未了，事情還有很多，御前會議明天接著開。」

大家一聽這話，知道皇上並不是真要討論這些，而是示意要休息了，於是一齊站了起來，待李岩想插話時，已來不及了。

2 英雄與美人

劉宗敏回到府中，心中有些怏怏。

十餘年來，他輔佐闖王打天下，並肩作戰，抵足而眠，今日終於成功了，他應該高興，但不知為什麼，自從在寧武城下向皇上吼過後，事雖過去，他心中總有些溝溝壑壑。想當初，李自成和他稱兄道弟，高興時，你捶他一拳，他踢你一腳，不高興時，相互罵娘也是常有的事，有吃大家吃，有穿大家穿，確如李自成說的，只有一壺酒便你喝一口他接著喝；只有一塊餅，逢中掰開一人一半。可如今不同了，自成就要做皇帝了，住進了這麼輝煌的宮殿，極盡人間的奢華，皇宮雖闊，卻不能你住一宮我住一殿，龍椅雖寬，卻不能你坐一半，我坐一半，不但如此，自己在他面前還不能隨便，見面必行跪拜之禮，自稱微臣，稱他萬歲，他高高在上，受之不疑，自己在下，誠惶誠恐；稍有疏忽，便是不恭，出言不慎，就是犯上。自成私下對他說，上了殿來是君臣，關起門來是兄弟，這話能算數嗎？他劉宗敏就不眼淺自成當皇帝，也怕自成不能讓他安生做臣子啊！

今天，聽了牛金星的這些安排，他不由有些焦躁，回府的路上，他心中就為這事忐忑不安。

大順軍進城後，一班高級將領們，紛紛佔住了前明官員的高門大宅，劉宗敏住進了總兵吳襄、吳三桂父子的府第。吳家為世代將門，吳襄官至總兵，吳三桂更是封了平西伯，所以，吳府基宇宏開，花園樓台，很是壯麗，雖比不上皇宮，卻也極盡人間富貴，在北京城算得數一數二。

此時已是二更天了，從馬上下來的他，身上感覺有些寒噤噤的，他的親兵劉義早已先下了馬，此時忙跟上來，接過他的韁繩，把兩匹馬牽到後面去，他正邁著大步穿過庭中甬道，忽見他二叔劉貴生迎候在正廳，正望著他笑，他不由習慣性地望了一下夜空，說：「叔，怎麼還不睡哩？」

劉貴生仍掛著一臉諂媚的笑，口中喃喃地喚著劉宗敏的小名說：「柱子，我睡不著哩，放著這麼好的府第，這麼好的家具，我還未看夠，還有這麼軟和的床，這麼好的被，我捨不得在上面打呼嚕。」

劉宗敏不由笑了，說：「叔，屋好床褥好，應該也睡得好，若睡不著，那還不如不要呢。」

劉貴生連連點頭說：「柱子，我會睡好的，你不要催。」

自從佔領長安，李自成便把留在家中的兩個叔叔接來，封他們為侯，跟他一起享清福。劉宗敏家中親人不是被殺了，就是餓死了，只剩一個遠房叔叔劉貴生，這個劉貴生是個孤老頭，年輕時不學好，媳婦跟了別人，大順軍路過藍田時，他便來投奔，劉宗敏只好讓他跟自己住在一起。因在軍旅中，只能鑽營帳，那已比在家中鑽窯洞、睡狗窩好多了，不想進了北京城，竟一下住進了王侯府第，第一天進門，劉貴生就如落難的窮書生，中了狀元還招了駙馬，潑天的富貴讓他應接不暇，那窮瞌睡早不見蹤影了。

劉宗敏此時有些餓了，僕婦們不待吩咐，當家婆頭一擺，眾婢女一陣風似的端來了酒菜，於是他讓劉貴生坐在一邊，叔侄二人邊喝邊聊。

「叔，其實這裡還不算最好，皇宮比這裡好多了。」劉宗敏得意地說。

劉貴生一聽，忙說：「這裡還不是皇宮？人可要知足哩。」

劉宗敏笑了，說：「這裡只是伯爵府，比起皇宮來可差遠了，皇宮裡連那地上鋪的也是金磚哩。」

劉貴生一聽，便嚷著說：「那他李闖王天天睡在金子上？我不信他闊到用金子鋪地，哪天帶你叔瞧瞧去。」

劉宗敏搖了搖頭，說：「去皇宮可不是走親戚，就是大臣們不奉詔也不能隨意去的。」

劉貴生不信，說：「連你叔也不能去？你不是他最貼心的兄弟嗎？你們既是兄弟，他便也應叫我叔，這以前，他住的地方，你想去就能去的，就是你叔，也去聊過好幾回，未必到了京裡，他便跟你立起規矩來了？」

劉宗敏又搖搖頭，歎了一口氣說：「當初是當初，現在是現在。眼下人家是皇上，臣子在皇上面前，不能沒有規矩。」

劉貴生從侄子說話的口氣中，似乎窺見到了什麼，於是憤憤不平地說：「這可要不得。按說，他是老大，你是老二，他當萬歲，應當封你當個九千歲或一字並肩王什麼的，那個趙匡胤不是封他那瓜園夥伴鄭子明當九千歲了。」

劉宗敏不由搖了搖頭。剛才在宮裡議大事，可還沒有誰議到如何酬勞諸將，如何安排他們，他想，將來李自成會封他一個什麼呢，難道一個汝侯就算完？

這裡劉貴生說完，見侄子不答話，又喃喃地說起了古人：「趙匡胤千里送京娘，後來又和鄭子明義結金蘭，打瓜招親之後還有一齣斬黃袍，趙匡胤後來醉酒，又把個鄭子明給殺了，於是陶三春就斬黃袍，大侄子，看起來，這個九千歲還不好當。」

劉貴生在家時最愛聽秦腔，自己閒時也能吼幾句，他的歷史知識便是從秦腔中得來的，眼下見侄子無聊，便和他說《斬黃袍》——其實，說趙匡胤酒醉後，是錯殺鄭子明那是假的，人一做了皇帝，肚子裡便會長出無數彎彎腸子，那班跟他的人，聽話的便杯酒釋兵權，不聽話的自然要殺，金鑾殿上那龍椅窄得很，並排坐兩人豈不礙手礙腳？大侄子，你可要小心。

劉宗敏聽叔叔胡謅戲文，聽到後來，心裡不由抖了一下，他一邊為叔叔斟酒一邊想，自成哪天也會唱「悔不該錯殺了鄭賢弟」嗎？於是，他又想到了今晚的會議，想到今後幾天要天天去宮中演禮，演什麼鳥禮呢，還不就是跪拜，就是磕頭，難道進了北京，連磕頭也要重新學？

坐在大廳裡，思前想後，他身上一會兒寒噤噤的，一會兒又熱烘烘的。身冷時心也連著冷，身熱時便只想發洩，只想找一件事來宣洩胸中的鬱悶。

劉貴生又笑瞇瞇地說：「這府中所有東西你心裡也有數嗎？」

劉宗敏不知此話何意，便說：「俺才入住，走還未走到頭呢，哪能有數呢？」

劉貴生詭譎地笑了，說：「老叔就知道你沒有數，因為你還未來得及盤底。這府中，除了金銀財寶，還有很多值錢的，不說別的，光漂亮的婆姨就有好幾個，一個個全肉肉的，身上能掐出水來呢。」

劉宗敏不由怦然心動。打下太原城，進了晉王府，他們還每人能攤上兩個婆姨，偌大的皇宮，除了羅虎他們乘亂撈了一把，其餘便被李自成照單全收，他們這些當大將的，連人家指頭縫裡漏下的一點渣渣也沒得到，當郝搖旗揶揄羅虎時，他便有氣，覺得自己虧，眼下他佔據吳襄府第，眼皮子底下的，難道也讓溜走嗎？於是，他興沖沖地說：「是嗎？」

劉貴生說：「沒錯，老叔我都瞧見了，那群婆姨中，有一個水蛇腰子的，最晃眼了，聽說是那老鼈的兒媳婦，不，老鼈兒子的小老婆。」

劉宗敏終於記起來了，叔叔說的，一定是吳三桂的愛妾陳圓圓。他在居庸關時，便聽唐通說了，說吳三桂有一個愛妾，名叫陳圓圓，是南京名妓，原是崇禎的岳父田皇親從南京買來，準備獻與崇禎的，不想崇禎不要，田皇親這個老鼈自己受用不了，便贈與吳三桂。

唐通說到這事時，竟流涎三尺，說陳圓圓比月裡嫦娥還要美，他當時十分神往。試想，不美的女子，田皇親能花大價錢買來獻給皇帝嗎？能上貢的總不是差的，不是皇后娘娘，也比皇后娘娘差不了多少。他當時就存了一份心，留了這個意，不想進城後事多，竟把這事給忘了，若不是叔叔提醒，豈不是懷中嫦娥讓別人嗎？

想到此，他不由一拍大腿，起身便往後面來……

吳三桂還是去年十月回了一趟北京城，至今已快半年了，因父親吳襄六十大壽，他顧不得軍務倥傯趕回來，在京師待了不到一個月。

也就是那回，才二十出頭的陳婉芬得遇吳三桂。

婉芬生就美人胎子，容比月妍，肌逾雪潔，生長寒門，決定了她終生以色事人的命運。十歲便由名師指點，學丹青、攻詞曲，牙板琵琶，無所不會，一曲方終，坐客傾倒，尚不到破瓜年紀，便以豔名周旋於風月場中，慕名而至者，無不一擲千金，若不是那回田弘遇的蘇州之行，她或許老死江南，也就和柳如是、董小宛、李香君等江南名妓一般，遇一知己，從良為妾，到老來，色衰愛馳，無非是與春花同落，與秋草同腐而已。

田弘遇是田貴妃的父親，當年崇禎寵田妃，田弘遇恃國丈之尊，在北京城呼風喚雨，不想人算不如天算，三千寵愛在一身的田妃竟患上肺癆，置浩蕩皇恩於不顧，薨於崇禎十五年，田皇親深感失去奧援的恐慌，竟來到蘇州，想在美人堆中淘寶，尋一個能替代田妃的女子，獻與皇上，從而找回昔日的恩榮。

婉芬終於出現在他的眼中。懷抱琵琶，輕移蓮步，才獻上一曲，眼界高似天的田皇親就已醉了，於是，萬斛珍珠千斗金，田皇親載著圓圓回了京。

他急不可耐地上了一道奏章，說自己深感皇上宵旰憂勞，無以為樂，願獻小女，以娛耳目。可此時的崇禎，還有什麼心思留連女色，他已被滿韃子及李自成、張獻忠弄得筋疲力竭了，所以，他一看這摺子就惱火，心想，難道田弘遇以朕為桀紂之君，國事蜩螗，竟有心思徵歌選美？

於是，提起朱筆，將田皇親的奏章逐詞逐句批駁，然後擲還與他。

田弘遇不意自己這馬屁拍在馬腿上，誠惶誠恐之餘，很有些「提著豬頭沒廟敬」的感歎，就在這時，吳三桂出現了。

才三十出頭的吳三桂出身將門，眼下手握重兵，雄踞一方，時代多警，軍人受寵，田弘遇巴結不上皇帝，便想方設法巴結將軍，於是，陳婉芬得遇吳三桂於田府。一個是人中呂布，少年得志；一個是拜月貂嬋，無枝可依。於是，他們在田府上演了一齣《鳳儀亭》。在田弘遇看來，崇禎皇爺也是大年三十翻黃曆，好日子不多了，能巴結上吳三桂，算是退而得其次。

於是，油壁香車，載送吳府。只可惜軍書頻催——滿洲的老憨王皇太極突然死了，只要滿洲內部有事，將是我千載難遇的戰機，霎時，烏雲密布三海關前，崇禎皇帝一連下了三道聖旨，催吳三桂趕赴軍前待命，於是，新婚的蜜月才過了一半，吳三桂便懷著十二分不捨離開了婉芬。

那天，婉芬在閨房中作畫。她慶幸自己名花有主，終於找到了可意郎君。她要把這一份無法言傳的幸福訴諸筆端，於是在她的筆下，出現了挺拔的松柏，和附翼在松下叢開的牡丹，這是一幅精心勾勒的、濃墨重彩的工筆畫，蒼松偉岸，虬勁多姿，牡丹疏花細蕊，一片璀璨。

她特在畫的左邊留一處空白，除了題款，應補上團圞的月亮，可就在她畫月亮時，吳三桂皺著眉頭進來了，她並沒有發現吳三桂的不快，只立刻放下筆，迎上去說：「好了，才畫完，題款的就來了。」

吳三桂幼時曾就學於名畫家董其昌，雖算不得高足弟子，但閒時潑墨揮毫，很見功底，故在那武人成堆的遼錦，他得以儒將著稱，眼下，婉芬開口求正方家，不想他卻喚著她的小字，神態淒然地說：「圓圓，我要走了。」

「走？」婉芬一驚，問道：「不是說要在家過了年才去的麼？」

吳三桂微微歎了一口氣，一把摟住她的腰肢，說：「我豈忍心言別，無奈君命難違。」說著，就向她說起滿洲老憨王已死的事。婉芬可不願聽這些，只把臉挨上來，用那吳儂軟語、唧唧噥噥地說：「不要走，阿拉勿讓儂走。」

一聽這又滋又甜的鄉音，原籍江蘇高郵的吳三桂的心就軟了，但處此亂世，鷹隼思秋，他是想有所為的人，兒女情豈能化解英雄氣？於是，他輕輕地、卻又是堅決地將圓圓推了開，說：「得得，兩情既是久長時，又豈在朝朝暮暮。」

一聽這話，婉芬只好退在一邊。一幅月圓花好的畫就只差圓月和款識了，可吳三桂此時已無心用正眼看它了，圓圓無奈，將它擱置几上，何日平胡虜，良人罷遠征？她只能把這閨怨化為良好的祝願，默默地藏在心裡。

吳三桂匆匆地走了，這一走就是天旋地轉的大變。

雖然就在他走後才四個月，崇禎就嚴詔催督，令他火速度寧遠鐵騎回援京師，但圓圓卻遲遲得不到三桂班師的確信，深閨的圓圓，呆望著月未圓而花盛開的畫，屈指數歸期，日日盼望，日日焦心，做不完的遼西夢，望不完的落日圓，望來望去，望來的卻是李自成的大順軍。

「咚」一地一聲，這是大門被人撞開的聲音。圓圓此時正躲在老夫人房中，一聽這聲音，不由膽戰心驚。自從昨天大順軍進城後，吳襄一家雖未立刻遭到屠殺，但劉宗敏卻帶著他的大將軍府的全套人馬，搬到了吳家，吳家宅基廣大，佔地達十數畝，上下三進，前面有大廳和明三暗五的廂房，中間有中廳和套房，後面有東西花廳，再後面還有花園、戲樓，東西大跨院。

劉宗敏的入住，是沒有任何商量餘地的，就像這裡原本是大順軍的軍營，由一個中軍官前後左右看了看，也不與主人打招呼，這邊指了指，那邊點了點，於是，原來的主人便被限時限刻搬走，將房子騰出來，除了身上的衣服，其餘所有的東西都不准帶走。於是，吳襄一家百餘口，除了逃走的奴僕，剩下的暫時擠到了後面最西邊的小套院內。

生死關頭，什麼也顧不得了，外面不斷有官員或命婦自殺的消息傳來，或全家殉難，或家主投繯，不死的女人，幾乎都披散頭髮，鍋灰抹臉，把自己扮成吊頸鬼，但亂蓬之中，不掩芳草，那個尖嘴猴腮的「老陝」、劉宗敏的叔叔，生就一雙獵豔的色眼，終於發現了圓圓。

那是在圓圓跟在家人後面，搬往後院去的途中，她的臉太白，腰肢太弱，任煙灰、鍋灰塗抹，就是無法韜光晦澤，劉貴生只瞅了一眼就笑了。

吳襄沒有死於國難，也沒有讓自己家中任何一個人自殺報國的打算，別人的自殺是絕望，他可沒有絕望——只要手提精銳鐵騎的吳三桂在外，吳襄便覺得自己硬氣，他想，三桂遲遲不行是有道理的，五六萬精騎救不了崇禎，那無異飛蛾投火，但五六萬精騎或許能救全家的命，他李闖王既要江山，便也要愛惜將士生命，到時，三桂來歸，還能不官復原職，闔家團圓？所以，眼下劉宗敏要房他騰房，要物給物，毫不猶豫。

卻不想劉宗敏要過房子，還要他兒子的心肝，當劉宗敏乘著酒興，帶著一班全副武裝的護衛撞開他們棲息的後院大門後，家中僅留的老僕吳良，手提一盞燈籠，顫抖著上前打支交。

「啊，大，大將軍。」吳良這一聲招呼打得很響亮，他這是有意讓其他人都聽到。接著，放下燈籠，跪下給大將軍請安。可朱顏酡然的劉宗敏根本就沒有聽他說什麼，而是從他身上跨過來，這時，跟在後面的劉貴生上前用腳踢了踢吳良，說：「大將軍要見一個人，你去找她出來，可不許弄個假的來糊弄。」

吳良一聽，不由說：「見個人，見誰？」

此時劉宗敏已大步跨上台階了。在他眼中，住在這後院的可不是什麼房東，而是他暫時押著的奴隸，有什麼商量不商量的。裡面的吳襄再也待不住了，他本是武人出身，雖年過花甲，卻還步履從容，走出來，迎著劉宗敏雙手一拱，說：「劉大將軍。」

劉宗敏醉眼朦朧地上前，斜了吳襄一眼說：「你就是吳襄？」

吳襄不得不上前點頭，說：「不錯，下官吳襄，犬子就是吳三桂。」

劉宗敏可不在乎什麼吳三桂不吳三桂的，他站在台階上，目光向後面那一排破舊的廂房掃過去，說：「你去把那個叫陳圓圓的叫出來。」

吳襄心中「咯噔」了一下——劉宗敏夤夜來後園的答案一下就找出來了。此時此刻，山窮水盡，只要你敢說出半個不字，這個手握兵權、殺人比割一隻雞還要不費力的大將軍，立刻就叫你喋血西園，甚至全家抄斬，但他還想做最後的掙扎，於是恭順地點頭說：「陳圓圓，稟大將軍，下官家中並沒有姓陳的。」

劉宗敏一怔，說：「沒有？就是那個田皇親從蘇州買來的妓女，怎麼沒有？」

吳襄完全絕望了。看來，劉宗敏事先已打聽清楚了，再撒謊就是不智之舉了，於是，他再次一揖到底，說：「明白了，大將軍問的是邢氏。」

「什麼，邢氏？」

吳襄到此，只好把圓圓本姓邢的身世說了一遍。一聽豔名遠揚的陳圓圓原來也姓邢，劉宗敏的興趣更濃了——李自成的原配便是這個姓，後來被部將高傑拐跑了，眼下一聽圓圓也姓邢，他不由在心中喜道：娘的，他搞一個姓邢的，咱老子也搞一個姓邢的，咱倆豈不成了姨夫？姨夫也好，半斤八兩，兩不相虧。想到此，他連連點頭，說：「就是她，快叫她出來。」

劉貴生也於一邊說：「快出來，孤家九千歲要封她，讓她來聽封。」

吳襄此時已橫下一條心了。他怕劉宗敏進去，因為那幾間小房子裡，不但有他的小妾，還有他的才十五歲的女兒，至於陳圓圓，與這些人比起來，已算不得什麼了，於是，馬上說：「大將軍，讓下官去將她叫出來吧。」

房子很暗，劉宗敏此時也不想進去，只把手一揮，說：「這樣最好。」

屋外的一問一答，屋內的婉芬已聽得清清楚楚，一時又羞又急又怕，不知如何自處——吳府雖是她的家，但她才來不到半年，身邊除了一個從蘇州帶來的小丫頭，再無親故，眼下依附在老太太膝下，像暴風中獨立枝頭的小鳥，瑟瑟地望著老夫人。

然而老夫人也顧不得她了。

就在外面一問一答時，吳襄的夫人和吳三桂的正室夫人，都把眼前的局勢看清楚了，也明白吳襄的處境，兩害相權取其輕，比較利害之後，婆媳一齊把眼光盯上了婉芬——她們已知保住她已是奢望了，生恐她一時拉不下面子，做出不利於她們這一家子的舉動，於是竟扶著她的膝蓋一齊跪了下來。當吳襄大步走進來時，屋內早已形成了勸駕的形勢，吳襄至此，只好向著婉芬一揖到底，說：「請看在三桂份上，救全家性命。」

這一揖，粉碎了婉芬那纏綿悱惻的遼西夢。

3 來自山海關的警報

才三十出頭的劉宗敏，就在吳三桂的藏嬌之所，甚至就在同一間床上，終於領略到了江南名妓陳圓圓那千嬌百媚的芳容——他一頭栽倒在圓圓那白嫩的粉頸下，頓時忘卻了北京城周圍雲譎波詭的險惡形勢，也暫時丟棄了心中那莫名的惆悵，千言萬語，濃縮成一句話：娘的，這反造得真值！

此時，燭影搖紅，香煙氤氳，錦帳低垂，洞房春深。菱枕上，香衾內，陳圓圓儘管一百個不情願，也只能玉體橫陳，如懸崖下的一莖小花，一任風狂雨暴，不知今夕何夕的劉鐵匠，瘋狂恣睢之餘，豈曾留意到身下的麗人，那秋水盈盈的雙眸中，滾動的一顆清淚？

天明五鼓，他還在那「江南山水」中流連，或奇峰突起，或山澗鳴泉，劉鐵匠整夜都忘情在迷亂的仙境裡，就在這時，劉義來到他的窗下，向他報告了一個令人震驚的消息：

左營大將羅虎，昨夜被宮女費貞娥刺死。

劉宗敏一聽這消息，不由一個鯉魚打挺坐起。羅虎是他一手帶出來的戰將，年紀雖輕，卻有一身好武藝，平日衝鋒陷陣，一直走在前頭，不想一句「當一天皇帝就死」的玩笑，終成讖語，他可還未真正享一天福哩。

他望了身邊的美人一眼，沒有再理睬她便跳下床。

來到前廳，幾個與羅虎關係最好的小將都來了，一見他，不由失聲痛哭。這時，他才明白，羅虎並未把他最先搶到手的一個宮女交出來，而是帶到駐地，昨晚就迫不及待地要和她成親，不想這宮女早做了以死殉君的打算，當她被強姦時無法反抗，但有機可乘便不放過——竟乘著羅虎酒醉，用他的刀把他殺了。

其實，死一個羅虎算什麼？就在昨天夜裡，北京城出現了大規模的強姦活動——那些許久未沾女人的大順軍兵士，一個個比紅眼騷特子還活躍，在官員的默許下，他們一個個溜進民居找女人，一時哭鬧聲響徹九城，不堪受辱的婦女紛紛自盡，單東城一條胡同裡，自盡的婦女就達數百之多。

御前會議果然再次舉行，地點仍是武英殿。昨晚會議剛散，已進佔通州的劉體純便有消息報來——本已到達豐潤的吳三桂，在得知北京才守了兩天便被攻陷後，乃率領部眾退回了山海關。

李自成心想，看來，李岩說的倒是不錯，吳三桂這支寧遠兵果然不可小覷。但他充其量也不過五六萬人馬，孤軍一支，糧餉全無，小泥鰍能掀起大浪嗎，再說，北京已破了，崇禎也完了，你就是個大忠臣，又為誰盡忠去？何況你父親、家小還在朕手中呢，看來，是撫是剿，朕都佔盡勝算，完全可指揮如意、得心應手。

想到此，他將這份奏報隨手一扔，就傳旨召幸那千嬌百媚的竇氏。這時，宮女燒起了明宮祕傳的、那種令人心旌搖盪的異香，香煙氤氳之中，半生疆場馳騁的大順皇上忽覺身子有些飄浮起來，似已進入一種遊仙的境界，當竇氏那婀娜的身影在幃幕後出現時，半是虛空半是夢的他，早已不知自己姓甚名誰了——這一夜自是風情無限，不想天亮後，傳來羅虎被殺的消息，堂堂虎將，竟殞命一弱女子手中，這讓心曠神怡的大順皇上，多少有幾分樂極生悲之感。

李自成先把羅虎手下左右兩個偏將傳來，細細地詢問了過程，其實，有什麼問的，無非就是「大家玩玩而已」，還有那沒有說出口的話就是「你玩得我們也玩得。」

李自成也不好再說什麼了，這時參與會議的君臣陸續上殿，他便揮了揮手，示意這兩個尚不夠參與御前會議的偏將下去，然後，望了眾臣一眼，搖了搖頭，無可奈何地說：「一個弱女子也不可小看，真的，你們可要小心啊。」

眾人相互望著，好像在問：我們小心什麼？皇上的口氣是那麼輕描淡寫，眾人更是漫不經心，李岩不由望了上頭一眼，這時，李自成開始說到正事了，自然是吳三桂的事，他說：「昨晚剛散會，劉二虎就送來了有關吳三桂的消息，大家先議一議吧。」

說著，就把劉體純奏報的那個情況複述了一遍。

其實，劉體純得知吳三桂已撤往山海關後，並未意識到事情的嚴重，只循例將消息報到軍師府，但宋獻策與李岩看過後，立刻覺得有文章，認為事不宜遲，應立即轉奏皇上，所以，這一晚，雖然皇上在遊龍戲鳳，兩個軍師卻在朝房秉燭達旦，邊議論邊等候皇上宣召——李岩擔心的事果然出現了，昌平之議，沒有引起應有的注意，就是要派唐通前去，後來也沒有成行，竟然讓吳三桂退到山海關了，比較起眼下這十幾萬文恬武嬉的大順軍，五六萬寧遠鐵騎已是一支勁敵了，何況卡在山海關這個戰略據點上，拉一把，泥丸可塞大海，稍不慎，一穴潰決金堤。

但奏報上去，二人靜候在宮外，卻沒有得到下文。這以前，李自成不是這種作風，他與丞相、大將軍、軍師的營帳都不甚遠，遇有緊急軍情，可立刻相見；眼下進京了，馬上就要正式登基了，宮牆道道，殿闕重重，君臣名份定矣，上下禮節當遵，所謂簾遠堂高，君門萬里，哪有說見就見的？好容易挨到天明，好容易等到君臣相聚，李岩幾乎是迫不及待了，皇上才說完，他便伸手扯宋獻策的衣，示意他開口，宋獻策無奈，只好先說道：「劉體純的奏報，臣與制將軍李岩先看了，果然不出所料，這吳三桂還野心不小，退兵山海，分明是待價而沽之意，加之他手中有五六萬寧遠兵，身後又有滿洲這個強敵，朝廷如處置得宜，不但這寧遠兵能為我用，且可為朝廷消除一個大的隱患；但稍有差遲，則有可能釀成大禍，是剿是撫，朝廷應迅速做出決斷，不然，遲則生變。」

宋獻策剛說完，李岩不待皇上發問，馬上接言：「正是此話，據臣看來，吳三桂確是個既有頭腦又有野心的人，開始時，他雖與唐通同時奉詔勤王，但卻遲遲其行，就在崇禎等救兵望眼欲穿之際，他卻在開平、豐潤徘徊不進，這說明他還是明大勢，知興亡，不肯做投火飛蛾，孤注一擲；眼下得知城破，父母已落入我手，他不立刻請降，卻率軍退往山海關，這既有待價而沽之意，也有另作他圖的可能，要知道，山海關外，就是滿洲人的天下，這些年滿人數度入關，侵擾不已，我們既要防吳三桂，也要防滿人，更要防他們聯手圖我，所以，皇上應速派重臣，帶大兵前往，先是盛陳兵威，絕其僥倖之念，再諭以大義，賜他以金銀，許他以爵祿，加之父母妻子的牽制，臣料他不難脫甲來歸。」

宋、李二位軍師在發言時，劉宗敏尚未醒過神來，昨晚的綺夢，今早的凶信，都夠他回味無窮、回思反省的，故今天這會議，開始他只略略聽了個大概，但一句話卻像一顆釘子，一下楔入他的耳中，「派一二重臣，帶大兵前往。」是的，千真萬確，這是李岩在再次建議，劉宗敏對這小八蠟子雖看不上眼，但對這個建議卻十分動心，還在昌平時，便主動提出過——鐵匠哥哥慣在戰場上硬碰硬，卻不慣衣冠叢中，溫文爾雅，揖讓恭謙，看三步走一腳，說一句轉九道彎兒，尤其是自成當了皇帝，他卻要五更待漏，唱名山呼，心中既有些不服，表面上更怕有閃失，何況他已隱隱覺察到自成對他的疑忌，所以，能帶兵戎邊是好事，天高皇帝遠，聽調不聽宣，眼下李岩又重提此議，這是千載難逢的好機會。於是，他立刻重重地敲著桌子，皺著眉頭說：「正副軍師的分析是有道理的，不過，吳三桂想憑著手中這點兵，就想向朝廷開出天價這是癡心妄想，我們若許他金銀爵祿，可就中他計謀了，再說，寧遠一撤，門戶洞開，對滿洲人確不能不防。所以臣向皇上請兵，他有五萬寧遠鐵騎，我也只要五萬秦中子弟，就在山海關下見高低，不殺他個片甲不留我不回來見你們。」

李自成雖頻頻點頭，卻又用那炯炯目光掃群臣一眼，最後停在李錦和高一功的臉上，說：「嗯，這也是一說，大家是何主意？」

李錦見叔叔在望他，立刻明白叔叔想什麼樣，忙說：「劉大將軍的主意是不錯的，不過，剿一個吳三桂值不得搬動大將軍，還是讓臣去吧，這叫做殺雞不用牛刀。」

高一功也躍躍欲試，說：「我也算一個吧。」

三人都要去，李自成顯得有些為難，他掃了宋獻策和李岩一眼，宋獻策正掉轉頭與顧君恩說話，只李岩與皇上目光相遇，他於是點名說：「任之，你認為誰去合適？」

在李岩心中，當務之急莫過於兩件事，一是吳三桂亟宜防範，二是駐在城內之兵亟宜撤出，若把大軍派往山海關，不是把兩件事合在一起辦了嗎？劉宗敏主動請纓是最好的事，不想李錦和高一功卻爭著要去。他想，若論獨當一面的功夫，這二人比劉宗敏差得可遠了，再說，李、高二人論資歷也指揮不動劉芳亮、劉體純、郝搖旗等統兵大員，可他只想了這頭，卻忽視了那頭，更沒想想皇上的用意，竟然說：「臣以為，東征一戰，關係非淺，萬一不勝，我軍便無立足之地，只能重回關中；何況寧遠兵英勇善戰，吳三桂狡猾難測，可不能等閒視之，為慎重起見，自然非劉大將軍莫屬。」

李自成一聽此言，不由暗暗地頓了頓腳——昌平的故事又重現了，那回虧牛金星察言觀色，才及時轉彎，今天自己怎麼重蹈覆轍？幸虧這時牛金星接言很快，他說：「記得在昌平會議時，大家所見略同，這就是不必高抬吳三桂，或剿或撫，我軍皆佔機先，怎麼他才往山海關一撤，便神經緊張、煞有介事了呢？依臣看，李、高二位都不必爭了，更不敢勞動大將軍了，不就是一支孤軍嗎，還是派唐通去好了，為了結其心，捨一些金銀珠寶也未嘗不可，但勞師動眾卻大可不必；另外，他父母不是在京城裡嗎，告訴他，若來降，官復原職，崇禎封伯我們新朝也封他伯爵，另外，父母無恙，家產、府第原封不動發還。」

李自成一聽，不待眾人再說，連連點頭，說：「朕認為丞相此說很有道理，崇禎上百萬大軍都完了，吳三桂那五六萬兵算什麼？再說，他就不要父母妻子嗎？朕馬上傳諭唐通，令他速帶本部人馬前去山海關，吳三桂若能識時務，唐通就代為守關，讓吳三桂來京參加朕的登極大典；他若仍不服提調，朕登基後，必親統大軍前來征剿，到時他不但父母妻子不保，就是自己性命也斷難保全。」

眾人一聽皇上這麼安排，都點頭稱是，這中間，只有劉宗敏和李岩還想再說，劉宗敏嘴唇囁嚅了半天，不知怎麼竟沒有出聲，李岩想說時，垂在案下的手卻被宋獻策死死地壓住了。

劉宗敏一步跨出文華殿，心裡很不是滋味。

李自成的安排固然使他不快，但他更不滿的是牛金星，因為他幾乎成了皇上的應聲蟲，只要有什麼話皇上不好說的，他便替他說出來，且半點也不為別人想想。心想，牛金星莫非已窺探到我的心思了，只怕都在自成耳邊進我的讒言呢，為捆住我的手腳，竟阻止我帶兵出外，是怕老子功高震主嗎？而且，他為結好吳三桂，竟然要把他的家產府第發還，這不是要我把到手之物交出嗎，是否連陳圓圓也要歸還呢？

一路尋思，心中鬱悶難消，恨不得殺幾個人出出悶氣。看看到了西華門外，親隨劉義已等在外邊，他一見劉義，猛然記起一事，乃問道：「那些夾具都做好嗎？」

劉義一聽，趕緊點頭說：「標下讓下面的人去做了，明天就有貨。」

劉宗敏說：「明天就有，一共有多少？」

「一百五十副。」

劉宗敏眼一瞪，說：「什麼，才一百五十副？少了，起碼要兩百副。他娘的這麼多的貪官，老子要全夾起來，不行，兩百副都少了，來三百吧，明天就要，告訴他們，若有延挨，軍法從事！」

劉義忙答應著退下。跟在後面的李錦不知劉宗敏要幹什麼，便問道：「鐵匠哥哥，你要劉義去做什麼？」

劉宗敏睃了一眼散朝時走在後邊的那班文臣，朝李錦眨了眨眼睛，又吐了一口唾沫說：「幹什麼，不是說好了的嗎，那班貪官污吏，眼下都沒事人一般，我們能讓他們逍遙法外？」

李錦一聽是為拷掠贓官用，覺得很過癮，便拍手說：「是的是的，小弟還以為你這兩天事多忘了呢，夾具來不及做，打板子也是一樣的，反正是讓皮肉受苦，打過了把涼水一噴，管叫他傷筋動骨。」

這時，高一功、袁宗第也過來了，李錦又把劉宗敏的打算說與高、袁二人聽，高一功說：「這是大快人心的大好事，不過，我的鐵匠叔，小侄建議你去找一個內行請教一下。」

「誰？」

高一功說：「王之心。」

劉宗敏一怔，說：「哪個王之心？」

高一功說：「不就是崇禎的那個親信太監嗎？這以前他掌管東廠，專門幹與大臣們為難的事，整人最有辦法了，你不招，他可讓你求生不得，求死不能。」

劉宗敏一下被提醒了，忙一拍大腿說：「真的，老子怎麼就沒想到。」

王之心自開城門迎降，滿以為會受到重用，可就在引導大順皇上入宮時，新皇帝竟指著他的鼻尖說，崇禎就是被你們這班閹人害了，眼下崇禎殉國，你們卻還有臉待在世上，你們統統該死。他當時雖用『早識天命攸歸，願為新朝出力』的話搪塞，但事後心中一直忐忑不安，眼下一見劉大將軍有請，心裡不由怦怦然，生怕劉大將軍拿他開刀。劉宗敏把他的心事瞧在眼中，成心想嚇他一嚇，乃圓睜雙眼望著他，說：「你以前是在東廠？」

王之心小心翼翼地回答說：「是的，奴才這以前為東廠掌印太監。」

劉宗敏說：「啊，還是掌印的，那審犯人一定在行。」

王之心不知他葫蘆裡賣的什麼藥，只好輕輕點頭。

劉宗敏笑眯眯地說：「你審案時，犯人不開口有什麼好辦法？」

王之心越加生疑了，他是知道來俊臣欲周興招供的典故的，接下來便會「請君入甕」，但不說吧，面前劉大將軍咄咄逼人，他怕過不了關，遲疑了半天，只好吞吞吐吐地回答說：「奴才雖主持東廠，但很少親自審犯人，凡事遵旨而行，交由下面去辦，不過，拷供的辦法還是略知一二。」

劉宗敏見他這個樣子，知道自己把他嚇住了，心中高興，但為了從他口中掏東西，只好放緩口氣說：「你不要怕，告訴你，皇上有旨，要法辦一批人，這班傢伙一個個都是茅坑裡的石頭，又硬又臭，要想讓他們開口，還得有些辦法，咱老子是打仗出身的，審案子沒有你辦法多，所以想向你討教。」

王之心這才稍稍放心，說：「大將軍，辦法是有的，但不知要法辦的是文人還是武人？」

劉宗敏知他在套自己口氣，便說：「大多是文人，但不知你有些什麼好法子？」

王之心這以前主掌東廠，平日拷掠人犯，真是小菜一碟，一天不打人手癢，三天不殺人心癢，開先他是怕，眼下見確實不是要審自己，為了巴結大將軍，便盡其所知，獻計獻策。

原來大明朝自太祖朱元璋起，便設錦衣衛，開詔獄，用酷刑，專門對付所謂有罪的臣子。到成祖後，更是增設東廠、西廠，家奴、番子手成群，緹騎遍城鄉，這班人手段極其毒辣，死於詔獄和東、西廠的大臣，數不勝數。王之心雖是最後一任東廠掌印太監，但談起酷刑來，仍是如數家珍。

這以前，劉宗敏只知窮百姓動不動被捉，打板子，灌涼水，九死一生。卻不知當了官後，還有被皇帝當眾脫褲子打屁股的時候，不是說刑不上大夫嗎？王之心卻連連搖頭，說當朱家的官，受刑是常事，且朝廷刑法之多，聞所未聞，從斬首到凌遲，從炮烙到剝皮楦草，五毒俱備，應有盡有。一般的刑具，有廷杖、立枷、械、鐐、棍、拶、夾棍、挺棍、腦箍、烙鐵等，酷刑有鼠彈琴、攔馬棍、燕兒飛或灌鼻、釘指、鞭脊背、兩踝致傷、用徑寸懶杆、不去稜節竹片等名目。說到個中細節，連殺人不眨眼的劉宗敏聽了，也覺背脊上麻酥酥的，不寒而慄。

王之心接著又說，單是廷杖，始於洪武八年，有大棒、小棒、鞭數種，少則二十，多則八十，被打的人如事先得知，先喝點可抗打的藥，被打後可以不死；但如事前不知，又與掌刑的太監有仇，那就必死無疑了。但凡行刑時，動手的校尉只看太監的兩隻靴尖，如靴尖向外成八字形，這是不把人打死的訊號，若靴尖向內一斂，此人就休想活命。像嘉靖朝的楊繼盛，他因彈劾嚴嵩下獄，家人知他必被廷杖，竟設法為他弄來蚺蛇膽，據說這種蚺蛇膽吞下可減少痛苦或不死，但楊繼盛卻說：我自有膽，何蚺蛇為——拒服蛇膽。果然，下獄後，嘉靖皇帝下旨，予杖一百。這一百棍打完後，屁股及大腿肉全打壞了，楊繼盛夜半將瓷碗打碎，讓獄卒用瓷片將腐肉割下，股肉割盡幾乎露出骨頭，那個用燈照著他割肉的獄卒，心驚肉跳，舉燈的手抖著，幾乎把燈也砸了。

劉宗敏聽到此，點頭歎道：「這個楊繼盛，真是一條好漢。」

王之心說：「是的，越是忠臣，越不怕死，眼睜睜看著前面的被打，他居然不聽勸阻還跟著上；可若是個貪官，才打他就怕了，就求饒。」

王之心興致勃勃地談，劉宗敏細心地聽，心想，狗日的皇帝心太辣了，打臣子居然如此殘忍；可這班臣子也是賤，這麼打還肯實心為他辦事。又想，這班太監真是無人性，居然能想出這種酷刑，這個王之心只怕就是個酷吏，等事完了，老子要讓他也嘗嘗自己的刑具。

王之心又說，所有這些刑具目前都還在東西兩廠及錦衣衛存放，有了這些刑具，大將軍還怕那班臭文人不招供？

劉宗敏高興地一拍他的肩，說：「行，這崇禎還真行，居然為了大順朝，竟早已準備了這麼多的打手、這麼多的刑具，他若健在，咱老子還真該好好地感謝他。」

打發走了王之心，劉宗敏開始盤算：明朝六部九卿，輔臣有多少，尚書、侍郎又有多少，皇親國戚有多少，功臣宿將又有多少，在京的、在職的、活著的、退休的，他手中有一本從吏部搜繳來的花名冊，單說在京的、可手到擒來的、六品以上的官員，總數便有三千之多。

他想，三千多人一時無法全部抓來，抓來了也無法處治，得分個輕重緩急，誰先誰後，不能拉下，該抓的，照單抓藥，在數難逃。這以前，他們不是說我們是流寇嗎，這一回，倒要看看，到底誰是賊？

主意打定，心裡美滋滋的。

4 群臣勸進

在長安出發時，陸之祺等文官是跟著御營前進的，眼下大順皇上已進了城，他們文官因沒有急事，直到破城的第三天才進城，因騾馬皆調作軍用，陸之祺和金之俊只能搭乘輜重車。

這時，正好崇禎皇爺的屍體被發現，李自成下令，將他從煤山上搬下來，用一張席子兜著，與殉節的周皇后一道，停靈於東華門，準備擇日安葬。

大軍進城，崇禎的下落當然是人人關心的事，金之俊是和陸之祺同時聽到這個消息的，金之俊心中不由惻然。他自出仕以來，已歷萬曆、天啟、崇禎三朝，雖一直不被重用，但朱家也不曾虧待他啊，眼下，崇禎皇帝國破身死，據說，他在自己的袍角上寫下遺言：請不要殺戮百姓。

聽到這個消息，金之俊很是感動。

朱明亡國雖亡在崇禎手上，但恁心而論，大部分責任卻不在他。即位之初，哥哥天啟帝留給他的是一個爛攤子，國庫空虛，民力虛耗，流寇蜂起，外患頻仍，以致他在位十七年，沒有過一天安生日子。他既未沉湎酒色，荒疏國政；又未大興土木，耗盡民財；更說不上橫挑強鄰，招至外患。生於深宮，長在藩邸，旁支庶出，不被重視；先天不足，後天失調，驟擔大任，用人不專；沒有出奇致勝的高招，談不上驚天動地的手段。命運決定他只是一個眼高手低、志大才疏的人；一個優柔寡斷、多疑猜忌的人；一個不能識別賢愚、駕馭人才的人。這樣的皇帝歷朝歷代，多如過江之鯉，但別人大多未亡國他卻亡國了，要說是人為，卻也是天意。

想到此，金之俊不由潸然淚下，立刻向陸之祺說：「志遠兄，小弟欲去大行皇帝靈前一哭。」

陸之祺大吃一驚，攔阻說：「不可不可，豈凡兄應該明白，眼下東華門一帶，一定是刀槍林立，虎視眈眈，我兄此去，豈不是送肉上砧板麼？再說，蜚廉死商亂，惡來哭紂王，歷史上並不以他們為忠臣，你又何必做那無益的蠢事？」

金之俊卻固執地說：「可大行皇帝卻並不是桀紂之君啊！」

陸之祺不明白金之俊為什麼要這樣做。兵荒馬亂的，他若急於回去看望家小，他會幫忙的，可卻急於要去看崇禎，這不能不使陸之祺懷疑他追隨自己的誠意。他是自己在劉芳亮面前保下的，萬一他有什麼反常舉動，自己如何向劉芳亮交代？於是他說：「豈凡兄，恕小弟直言，朱明失德，天怒人怨，眼下亡國了，明眼人都看得出來，這是天意使然，老兄就有三頭六臂，也無力回天。眼下你要去崇禎靈前一哭，又有什麼意義？縱然不怕危險，難道就不怕別人說你沽名釣譽？」

本來，陸之祺若只是硬勸，金之俊或許可打消這個念頭。不想一聽「沽名釣譽」四字，不由有氣，心想，天底下哪有這樣沽名釣譽的呢？一時也與他說不清，只好不作聲，順從地跟著走。進德勝門後，恰好有一隊騎兵經過，街道一下變得夾窄起來，轉彎時，有個大順官員與陸之祺打招呼，於是他乘這個機會，悄悄地跳下車，溜到了另一條胡同裡。

果如陸之祺所言。此時，大順軍早已在城內四處布防，到處兵勇林立，雖說早已出了安民告示，但兩邊店鋪仍未開門，門額上皆黏一紙條，上寫一個「順」字。小戶人家，軍隊皆過門不入，但凡轂門大戶的官員勳戚之家，雖也黏了順字，卻有大順軍在穿進湧出，門口還站有兩排大兵，門內則隱隱傳出哭聲。

目睹這一切，金之俊心如刀割，只好低頭疾走，不看也不聽。

他雖身著便服，仍不時遭到盤問，好容易挨到了妙應寺附近，只見從前面的小巷內出來一人，此人麻衣草鞋，腰繫草繩，頭纏白布袱子，一路哭著，跌跌撞撞地朝大內方向奔。

他一看，認得是兵部右侍郎王家彥。忙上前喚著王家彥的表字招呼道：「尊五，尊五，你可是要去大行皇帝靈前？」

王家彥睜開模糊的淚眼望他一眼，忙仰天長歎道：「豈凡，你不是去巡撫昌平嗎，怎麼放賊兵進城？」

金之俊又是搖頭又是嘆氣，說：「一言難盡，不要問了吧。」一說著，便跟在王家彥身後走。王家彥一邊走，一邊向他談起殉難諸臣的事，直到這時他才知道，輔臣只有范景文以身殉君，追隨他的還有尚書倪元璐、左都御史李邦華等數人，金之俊聽後不由歎息不已。

好容易挨至東華門，遠遠地只見宮門大開，裡裡外外全站著手持戈矛的大順軍士兵，一個騎馬的軍官手持令箭在內外逡巡，宮門外已搭起了一個蘆棚，兩扇宮門併在一起，上面並排躺著兩個人，一人身材較矮小，一床紅綾被，將全身蓋得嚴嚴實實；一個身材較高瘦，蓋黃綾被，雙腳伸出來，一隻腳穿紅色軟底靴，一隻腳只穿著泥糊糊的綾襪，腳前點一盞長明燈，兩個老年和尚在一邊誦經。

金之俊和王家彥一看，便明白這是崇禎和周皇后的遺體，心中不由一酸，那眼淚竟不由自主地撲簌簌地往下直掉。

一代帝后，終於以身殉國，殯殮卻如此草率，身為臣子，屢受國恩，面對此情此景，心中能無愧疚？金之俊和王家彥不由放聲大哭，並一路膝行，直達靈前，連連磕頭。

這時，角門裡已有幾個老臣在遠遠地哭靈，金之俊認得，他們是兵部主事劉若宜、武選主事劉養貞、外加一個給事中曾應麟——都是崇禎生前不被重用、至今地位很低的官。他們有的像王家彥一樣，身著重孝，如喪妣考；有的卻是便服，互不招呼，各人放聲痛哭。

哭聲驚動了宮中那個手持令箭的軍官。軍官跑出來，一見這場面，手一揮，便有好幾個士兵上來，將他們按住，準備用繩子捆起來，而哭靈的這幾個人像是鐵了心，任這些士兵捆綁，並不反抗。

就在這時，只見從宮中出來兩個人，一個青年將軍，年約三十餘歲，生得儀表堂堂，十分英武；另一人卻十分矮小，年約四十，相貌猥瑣，他們雖未騎馬，身後卻有好幾個護衛，那個手持令箭的軍官一見他們，趕緊低頭行禮，並口稱軍師，這兩人不理這個軍官，見眾士兵在捆哭靈的人，便走了上來，問道：「這是幹什麼？」

那個軍官忙低頭答道：「稟軍師，這班狗官竟敢來哭靈，故標下欲將他們綁去砍了。」

青年將軍不由和矮子相視一笑，手一揮說：「算了，他們身為崇禎的臣子，在此哭靈是禮所應當的事，各為其主嘛，把他們趕走算了。」

這個軍官不敢怠慢，只好將金之俊等人鬆綁，卻揮手讓手下士兵推推搡搡，將他們趕到了大街上。

金之俊來在大街上，仍回頭觀望，靈前更冷寂了，連那盞長明燈也禁受不住眾人走動時帶來的氣流，一連跳動了幾下，便熄滅了，望著此情此景，金之俊萬念俱灰。這時，大街上還在過隊伍，多為步兵，一個個肩背手提，多不似軍營之物。軍官們騎在馬上，馬肚子上也吊著包袱，有的在嚼食物，有的還在唱小曲，顯得較為鬆散，走走停停，擠滿了半條街。

金之俊他們無奈，只好跟在後面漫無目的地走。才走了幾步，陳良謨和好幾個人便被沖散了，身邊只有一個剛才一起來的王家彥，王家彥住在東城，與他家方向不對，所以，才走不遠又分了手。

這時，金之俊不由掛念家中老小來。屈指數來，雖離家才六天，可就是這短短的幾天，山河易主，帝后殉國，親朋故舊，生死殊途，自己為什麼就如此看重區區生命呢？他只覺滿臉發燒，怕見熟人，不料才出宣武門，卻隔街望見史可程和翰林院庶吉士周鍾連袂而行。這周鍾是江南金壇人，詩文俱佳，為復社領袖之一，平日他和金之俊關係很好，可此時金之俊不想和任何人打招呼，心想大行皇帝停靈東華門，他們莫不是去哭靈的？但仔細一看，二人卻像沒事人一般，邊走邊笑談，心中正納悶，不想迎面又遇見一大群人，他們中，有兵科給事中龔鼎孳、光時亨、翰林院修撰楊廷鑑、編修宋之繩、陳名夏，以及和金之俊關係較為密切的韓四維等人。

人太多，金之俊想躲也躲不掉，最先是史可程發現了他，立刻大聲打招呼，這班人一見金之俊，驚駭之餘，卻也不問他脫險歸來的事，只一齊駐步來看他，史可程貿貿然地問道：「豈凡兄，你可是已經投了職名狀了？你可真快呀！」

金之俊不解，說：「投什麼職名狀？」

龔鼎孳說：「你還不知麼？皇上有旨，將從前明官員中擇優錄用，眼下好多消息靈通的早去牛丞相那裡投職名狀了，等新皇帝登基後，好重謀出路。」

史可程說：「豈凡兄，這牛丞相還是小弟的河南老鄉呢，你如還沒有去投，我們就一起走吧，小弟負責引薦。」

金之俊一聽「皇上有旨」四字，好半天才轉過彎來，明白這「皇上」已是指誰了，心裡立刻像吞了一隻蒼蠅那麼難受。這時，這班人都圍上來，連已走過身的周鍾也被史可程喊回來，和眾人一道，望著他友好地笑。

史可程見金之俊那神態，便知他尚在猶豫，乃勸道：「豈凡兄，眼下大順皇帝已下旨，九門齊閉，凡是明朝的臣子，一個也不許外出，所以，我們想脫身比登天還難，走又走不了，不降待怎的？你不見那班皇親國戚，他們可是與國共休戚的哩，眼下不一個個俯首稱臣嗎？」

楊廷鑑也於一邊「嗤」了一聲說：「豈止稱臣，最早開城迎降的就是總督京營的襄城伯李國楨。」

光時亨也說：「豈凡兄，有道是從道不從君。朱明無道，天欲速其亡，你我也不能逆天行事，再說，我們都有父母妻子，就是拼著一時之氣，與君同殉，又置年邁父母於何地呢？」

金之俊糊塗了。當初議遷都，光時亨直指他們為亂黨，那句想擁立太子的話，幾乎可要他們的腦袋，萬不料此時此刻，他卻又來跟自己拉近乎，處此生死存亡關頭，他雖不再想從前的恩恩怨怨了，但自己也跟著這班人去投「職名狀」嗎？自己在昌平沒能盡節，且隨陸之祺入京，這已有些不尷不尬了，剛才在大行皇帝靈前一哭，似乎找到了自己，但若跟著這班人跑，這又叫什麼呢？他不由在心裡喊著自己的名字說：金之俊呀金之俊，你若成心去投賊，你又假惺惺去哭什麼靈啊？民間有寡婦再蘸，上轎前必於前夫靈前痛哭一場，那是向前夫懺悔，是向舊我的告別，是宣布新我的開始；難道我這一哭，也是假惺惺、為了再蘸嗎？

他後悔在昌平沒能一死。心想，在昌平若手中有兵，一定會像盧象升一樣，去殺個你死我活，就是被亂箭穿胸，不也就是頃刻間的事嗎？古人說：慷慨赴死易，從容盡節難。慷慨赴死時，身上有一股氣撐著，胸中有一把火扛著，可這股氣、這把火是不能經久的，一旦有了迴旋餘地，有了選擇，這氣與火便會被熄滅。

他不由又重新將這班人審視了一遍，他們中，史可程是南京兵部尚書史可法的弟弟；而楊廷鑑、宋之繩、陳名夏是去年癸未科的三鼎甲，眼下可好了，狀元、榜眼、探花爭著去投賊。他們怎麼變得這樣快呢？大行皇帝屍骨未寒，他們便急著投靠新主子，沒有半點猶豫，沒有半點羞恥之心，得意洋洋，準備做新朝的開國之臣，而那躺在東華門外蘆棚內的，只是一個無道昏君，而就是現在，他們吃的、穿的，還是這個「昏君」供給的呢。

唉，仗義半從屠狗輩，負心多是讀書人。

十字路口，面對生與死的考驗，金之俊行動趑趄、進退失據，竟不知孰凶孰吉、何去何從。史可程把這些看在眼中，乃強拉住他的膀子說：「豈凡兄，有這麼多人跟著，你還猶豫什麼，走吧。」

他明白，這班人雖打定了主意，但不是沒有顧慮，巴不得多一個人多一個伴，有責任共同分擔，有好處就看誰狠，想到這裡，他不由冷冷地說：「鄙人離家日久，先要回家看看，就恕不奉陪罷。」

金之俊橫下一條心，只顧低頭往家走。經過輔臣范景文的府門時，果然看到門前有不少人在搖頭歎息，並聽到裡面傳出一片哭聲。他很想也去范景文靈前一哭，但反過來一想，我配嗎？人家可是節義凜然，不枉稱作讀書人，而我輩不過是草間偷活的蟲豸，可不敢用這渾濁的眼淚沾污人家的清名。

接著，又從戶部尚書倪元璐家見到了同樣的情景，他真恨不得有地縫，可以一下鑽進去。

終於，他到家了。老僕李桂半掩大門，正張皇失措地探頭在外張望。一眼望見他，竟像他是從天上掉下來的，竟低聲向內喊道：「老爺回來了，老爺回來了。」

二門內的人聽見了，一齊擁了出來，老母和妻兒看見他，一時都淚眼模糊，恍如隔世。

他先在老母跟前請安，母親流著淚說：「回來了就好，自你走後，我的心就一直懸著，飯也吃不下，這真是老天有眼呀。」

說著，便要他去堂前供著的祖宗神龕前磕頭。金之俊心裡極不情願，覺得自己不能一死殉君，愧對祖宗，但又不忍拂老母之意，只好勉強跟在後面，磕了幾個頭。

回到房中，夫人這才告訴他，原來就在剛才，里正領著幾個大順軍士兵來到他們家中，說他們的王都尉看中了這所府第，限令他們即日出屋，她一個女流，母老子幼，正感到無路可走，不想就在這時，陸之祺尋到了他家，見此情景，將士兵斥退，才解了此圍。不過，陸之祺讓她傳話，若不趕快去投遞職名狀，作為逃犯，他仍有性命之虞。

他一驚，這才知自己這一逃，是逃不出陸之祺之手的，陸之祺對他太了解了。

他正在猶豫，夫人於一邊欲言又止，在他連連追問下，她又講述城破後的情景：大順軍才進城兩天，前門所有的瓦子勾欄全被包佔了，有些不慎的人家，家中女子也被拉到了軍營。長此下去，只怕凡有女兒的人家都會難免，她雖吩咐李栓也在門口黏了一個大大的「順」字，但仍不放心，又將一把剪子交與女兒，一旦不測，便要自裁，他若還不回來，她都要急瘋了。

聽她這麼一說，金之俊才明白，為什麼妻子和女兒都盡洗鉛華，臉上抹滿煙灰，一身衣裙襤褸，就像是廚下的燒火丫頭，接著，他又想起在昌平看到的那十五顆人頭，心不由軟了，只好說：「唉，黏順字就黏順字吧，順，順，既然大家都順，我們也只能順。」

他想，那班人已投過職名狀了，看來我也得去投，他們是為了還當新朝的開國之臣，我就為了保一家老小性命罷。

於是，他在家中稍作逗留後，便去了牛金星的丞相府。

史可程想攀同鄉其實是一廂情願、自作多情——五年前，牛金星因被人陷害，削去了舉人功名。為此，他一度上京夤緣，找河南同鄉為他說話，並開復處分，他也找過史可程，那時，他在史府遞的是門生帖子，落款是「鄉弟子」，熱臉皮蹭史可程的冷屁股，看了多少顏色。可三十年河東又河西，今天，終於輪到史可程這個「前輩鄉賢」來求見牛金星這「鄉弟子」了。他豈知道，在天佑閣大學士牛金星眼中，哪有他這個同鄉。

他們一行來到以前的成國公朱純臣的府第、眼下的牛丞相府，只見裡三層外三層站滿了人，都是昨天大明朝的忠臣。既然來到這裡，所為何事不言自明，老鴰子莫說豬墨黑，一個個打著招呼，目光中，沒有羞愧，只有慶幸，慶幸自己、也恭賀對方能劫後餘生。

牛金星已入朝議事，留下三個幕僚在二門接待這班人，讓他們留下職名狀就走人。其實，大順朝廷並未給所謂「職名狀」規定統一的格式，這以前，官場通行的是手本——名片而已，上寫自己姓名、籍貫、科名及職銜，這是當官的見上司，或弟子初見座師時，必備的個人檔案。萬曆年後，手本興用青殼和紅綾殼黏前後葉六扣兩種，青殼為見上司用，紅綾殼則為弟子初見座師用。眼下舊官向新朝投到，很多人為表示要改換門庭，不怕肉麻，投的多是門生帖子，認牛金星為老師，自稱弟子，落款自然是「大順永昌元年」字樣。

金之俊來到牛府時，這班人早走了，他無人可商量。心想，自己不但年紀比牛金星大，且畢竟兩榜及第，要在牛金星這個削籍舉人面前稱「弟子」，實在拿不下這個身段，於是，他投的是那種青殼手本。

投完之後，如釋重負。他生怕被人看見，一人悄悄地溜進一條小巷，脫離了這班人。耳邊清靜了許多，羞恥心隨即上來了，細細一想，還是有不少熟悉的面孔沒有來，像曾應麟就是，他們是和自己志同道合的朋友和同僚，他們沒來，自己怎麼就急不可耐了呢？

想到這裡，他便想轉回去索回手本，可一望見牛府兩邊站立的、手持刀槍的士兵，便又害怕了。

第二天天剛亮，史可程就差人來關照說，眼下百官已齊集宮門，由曾任首輔的陳演、魏藻德率領上表勸進，問他去不去。

勸進不就是勸新皇帝從速登基麼？金之俊想，新皇帝登基豈待我們這班人勸，他只怕早已急不可耐了。他不知這班人勸進是單銜還是聯銜，自己也沒有準備表文，正在猶豫，究竟去不去湊這個熱鬧，但一望見老母妻兒，想著那一十五顆血肉模糊的人頭，他的心又軟了，心想，肉已麻過了一回，又何妨再麻一回。

天濛濛亮，大明門前，就擠滿了前明的文武百官。此時宮門緊閉，九重宮闕靜寂無聲，但有人指與金之俊看，那就是上寫「大明門」的金匾上，「明」字已被人用紅紙寫的「順」字蓋住了，真是新朝新氣象，連大明門也改稱大順門了，只是一時還來不及重新做匾而已。

大順門兩邊站了許多士兵，正虎視眈眈地盯著他們，但他們這班人卻像有鬼驅趕著似的，爭先恐後地趕來，由陳演和魏藻德帶頭，像一群企鵝一樣，鵠立門前，翹首以待。

天大亮了，宮門還未開。一陣「得得」的馬蹄聲傳來，眾人回頭望去，只見一隊身著甲冑的護衛，擁著一夥人過來了，為首的是個黑臉漢子，威風凜凜，殺氣騰騰，他在前邊下馬後，便將轡繩往身邊衛士一丟，自己邁著方步往這邊走了過來，那馬靴走在地上，「咯噔、咯噔」地響著，顯得很是沉重。

這時，身邊有人悄悄地告訴金之俊說，此人就是大名鼎鼎的汝侯劉宗敏。

金之俊偷眼瞧劉宗敏，果真是武將樣子，身披大紅戰袍，足蹬馬靴，一副五大三粗、膀闊四圍的身軀，濃眉大眼，燕頷虎鬚，顯得十分高大威武。眼下他正昂首闊步、旁若無人地走過來，金之俊不由低頭退在一邊。

劉宗敏是為拷掠百官事來向李自成請示的，因見宮門尚未打開，門前卻圍了一大圈人，這班人雖未穿官服，但從外表上也可看出，他們絕不是普通百姓，而是有身分的人，他們來這裡幹什麼？他不由用詫異的目光打量這班人，然後在陳演身邊停下來，像瞧一匹牲口一樣，上下左右地看了看，突然發問道：「你是誰，來此何事？」

陳演也從旁人口中聽到介紹了，知道此人就是崇禎皇帝懸賞五千金，求購他的首級的流寇的二號頭目劉宗敏。那時，他雖也跟著崇禎痛罵無父無君的流寇，詛咒他們不得好死，可那時是那時，現在是現在，現在他心中，「流寇」二字早變成了「新朝」二字；崇禎皇帝只是一個背時鬼，而劉宗敏自然是大順朝的開國大元勳，能不刮目相看？於是他恭敬地朝劉宗敏一揖到底，且從袖中取出一個名片遞上，說：「鄙人姓陳，名演，字贊皇，號憲台，四川井研人氏。萬曆十七年鄉試解元，天啟二年進士及第，殿試……」

陳演尚未把他的履歷說完，劉宗敏早已不耐煩了。他不意自己正在準備嚴懲前明官員，而這班官員卻先找上門來，這真是自投羅網啊！想到此，他不由興奮起來，也不接陳演的手本，只瞪著陳演說：「陳演？就是那個被崇禎勒令致仕的宰相？」

陳演連連點頭，又一揖到底，說：「正是正是。崇禎有眼無珠，不識賢愚，鄙人因犯顏直諫，被其放逐，今幸遇明主，想大將軍軍務倥傯，居然能記住鄙人，足見大將軍不是凡人……」

陳演是靠吹捧當上輔臣的，到了新朝，打算故伎重演，不想米湯也才灌了一小口，劉宗敏便不吃這一套了，竟不耐煩地短他道：「好了好了，再吹，爺便不能騎馬了。」

陳演不知劉宗敏是說反話，仍恭維說：「大將軍久經沙場，馬上馳騁，定然控馭有方，豈有不能騎馬之理。」

劉宗敏說：「原先自然不在話下，但碰上你後便不行了，馬也不能騎。」

陳演還不明白，茫然問道：「這是為何？」

劉宗敏望著他，把肚子一挺，笑著說：「就怪你這張鳥嘴，把爺的卵脬吹腫了，卵脬腫脹，還能上得馬、打得仗？」

這時，百官都不由討好地大笑，陳演情知上當，只好紅著臉不作聲，退避一邊。劉宗敏卻不放過，手一伸，扣住陳演後領，將他拉過來，又好奇地說：「話未說完你走什麼？爺問你，來此做甚？」

陳演躲不開，只好又仰天朝上一揖，咬文嚼字地說：「朱明失德，致使九州沉淪、江山易主；我大順皇上順應天命，龍飛九五，今天下已定，四海歸心，天下臣民，嚮往久矣，有道是國家不可一日無君，故此，我等特懷勸進之表，勸我大順皇上早登大寶，以孚薄海臣民之望。」

劉宗敏費了好大的勁，總算把他這一番話的意思弄明白，還怕不真，又問道：「勸進？勸進就是勸皇上早當皇上嗎？」

陳演連連點頭說：「正是正是。」

劉宗敏說：「勸人當皇帝也掉什麼書袋，乾脆明說不就得了，說說看，你們為什麼要勸皇上當皇上？」

陳演尚未開口，一邊的魏藻德馬上說：「臣等認為，大順朝新立，當務之急是正名，所謂名不正則言不順，言不順則事難成，為此，皇上應早日行登極大典，並以此號令天下。」

這時，李岩、宋獻策也匆匆趕來了，同來的還有李錦、高一功、劉芳亮等人。

劉宗敏一見他們，不由高興，乃說：「你們來得正好，你看，這班人是來勸皇上登極的，說他們不勸，就名不正言不順，你們說說，真是這麼回事嗎？」

李岩和宋獻策尚未答言，高一功見劉宗敏在眨眼睛，便知有好戲看，他不願說破，只說：「聽著也是新鮮。」

陳演和魏藻德也已瞥見劉宗敏在眨眼睛，他們不知這位大將軍的用意，有些害怕，一下待在那裡。劉宗敏又環視眾人說：「這麼說，你們都是來上勸進表的？」

眾人忙一齊點頭說：「正是。」

劉宗敏見天色尚早，宮門還未開，便有心逗弄這班無恥的傢伙，他故意問道：「這勸進怎麼個勸法？」

魏藻德忙說：「自堯舜禪讓天下，數千年來，但凡改朝換代，新君登基，必先由大臣勸進，這表示上天雖有意除舊布新，但新君本人，應示以謙虛遜謝，待眾臣三勸，新君三讓，最後勉為其難，才欣然接受。」

劉宗敏心想，這不是演戲嗎，自成想當皇帝都想瘋了，就是我們這班人也急不可耐地要把他推上去，還用你們這班鳥人來勸？真是拍馬屁拍到家了。他忍住氣，又問道：「那麼，你們是一個個地勸，還是聯名上表勸？」

眾人說：「有聯名的，也有單銜上奏的。」

劉宗敏說：「本將軍要看看，到底誰的勸進表寫得最好，本將軍便代為上奏。」

一聽大將軍願代奏，陳演於是把他和魏藻德聯銜寫的勸進表拿出來，他怕劉宗敏看不懂，就念與他聽，且也有些在眾人面前賣弄的意思。

這表先從堯舜的禪讓說起，又說朱明失德，大順皇帝上應圖讖，下順民心，應早登大寶，以安天下臣民之心，因用典太多，佶屈聱牙，念了一段，劉宗敏不覺煩了，乃揮揮手說：「得了得了，咱沒時間聽你們掉書袋，還有誰是單銜，也讓咱見識見識。」

周鍾也是個自我表現欲極強的人，但他官卑職微，只能跟在這班大臣的背後。在陳演念時，他便有些急不可耐，眼下一聽要單銜的，且代奏，便擠上前，說：「大將軍，鄙人的可是單銜。」

劉宗敏見他年少英俊，一表人才，心中有幾分憐惜，便問道：「你是誰？」

周鍾尚未開言，一邊的龔鼎孳忙代答道：「他是江南才子、復社領袖周介生周鍾。」

劉宗敏又問道：「復社？復社可就是東林黨的後代？」

龔鼎孳連連點頭說：「正是正是，先有東林，後有復社，都是一班浩然正氣的讀書人。」

劉宗敏回望龔鼎孳一眼，仍向周鍾說：「嗯，好，好個浩然正氣，我就又聽聽浩然正氣的。」

周鍾一聽，忙得意地望了眾人一眼，從懷中掏出表章，搖頭晃腦地念了起來，其實，他這表章與陳演的差不多，無非都是對李自成的稱頌，但駢四驪六的鋪排，讀來很有節奏感，尤其是中間有兩句是他最得意的，竟反覆念了兩遍，金之俊一聽，還是恭維李自成的，但上升得很高，道是「萬眾歸心，獨夫授首；比堯舜而多武功，邁湯武而無慚德。」

金之俊開先已聽出劉宗敏是在揶揄陳演，站在一起，跟著受辱，便不想待下去了，可卻被史可程死死拉住，於是他退在一邊，距這班人遠遠的，眼下一聽周鍾的表文，不由連打幾個寒噤，心中說：乖乖，大行皇帝成了獨夫，而置李自成於堯舜湯武之上了，才子吐屬，果然不凡。

可眾人一聽，連連誇好。連陳演也向周鍾翹起大拇指說：「嗨，後生可畏，後生可畏，介生果然出手不凡。」

劉宗敏卻面無表情，他望著陳演說：「你也這般年紀了，宰相都當過，崇禎亡了，你照理應為崇禎盡節，還來上什麼勞什子勸進表？」

陳演並無半點羞澀之意，反說：「鄙人不老，尚有餘勇可賈，大順皇上應運而興，鄙人願留餘生，為我大順皇上效命。」

劉宗敏不由搖頭。忽然，他記起了別人對魏藻德的介紹，於是說：「你不是崇禎最賞識的狀元宰相嗎，怎麼也來這裡湊熱鬧？」

魏藻德也朝劉宗敏深深地一揖，說：「不錯，正是鄙人。只因崇禎無道，不聽鄙人之言，終於亡國亡身，今鄙人願赤心報效新朝，致君堯舜。」

魏藻德話未說完，本是瀟瀟灑灑地甩著馬鞭、和顏悅色問話的大將軍，突然跳起來，破口大罵道：「什麼，崇禎無道？他奶奶的，你小子的良心讓狗吃了，說崇禎無道，誰都可以說，獨你這小子說不得，你小子能寫幾句馬屁文章，就被崇禎欽點狀元，沒有崇禎，你能當狀元？當狀元才幾天，你又當上了尚書，尚書還未當兩天，又當宰相，宰相不過癮還當首輔，你小子何德何能，得一日九遷？要說，崇禎還真是個有眼無珠的昏君，你小子一身軟骨頭，廉恥喪盡，他怎麼就看不出呢？眼下崇禎是無法打你這小子了，可老子要代崇禎報這個仇。」

說著，掄起鞭子，朝著魏藻德劈面就是狠狠地一連幾鞭，打得魏藻德額上流出鮮血，劉宗敏打過魏藻德還覺不過癮，又朝守大門的士兵發令說：「我們的皇上登基，要這班貪官污吏來寫什麼狗屁文章、勸什麼進，打，與老子打出去。」

眾兵士領了劉爺將令，便揮著馬鞭撲過來，眾人一看這陣勢，嚇得馬上開溜，步子慢的，無不挨了幾鞭子，金之俊站在最後，當然沒有挨上鞭子，此時趕緊往回走，一邊走一邊悔，也一邊嘆氣——他不但對陳演等人的表演反感，也為自己的行為感到慚愧，暗自說：「人無廉恥，百事可為，方孝孺死後，讀書種子絕矣！」

5 悉數難逃

金之俊不知道，自己說「方孝孺死後，讀書種子絕矣」時，這句話已有人先說了，這就是宋獻策和李岩。

明朝花已謝，順朝花正開。就這花開花落，反映了世道的滄桑，也折射出人間的冷暖——朱明曲終人散，竟是這麼風捲殘雲、煙消火滅，這麼淒涼慘澹、沒有人情味，這是他們二人做夢也想不到的。

「滿朝文武，濟濟多士，當時誰不是口談忠孝？可眼下帝后殉國，靈前卻只有和尚誦經，那些讀書人怎麼還不如僧人呢？」宋獻策首先發出感歎。

李岩連連搖頭說：「什麼讀書人，方孝孺死後，讀書種子絕矣。」

當年成祖朱棣發動「靖難之役」，率兵南下與侄子建文帝爭位，道衍和尚姚廣孝擔任燕京的留守，送行時，他竟請託於成祖之前，謂：金陵城破之後，方孝孺必不肯降，望陛下幸勿殺之，殺孝孺，天下讀書種子絕矣。成祖當時雖滿口答應，但終究沒有履行自己的承諾——不肯為他起草登極詔的方孝孺，最後還是被他殺了，且十族駢誅。黃子澄、齊泰、鐵鉉、景清等忠於建文的人，有被下油鍋的，也有被活剮了的，連妻女也充作營妓，讓那班大兵們肆意蹂躪，讀書人經此大劫，一個個學乖了，不但不願為成祖的子孫殉葬，就是冒死來哭靈的人也如此之少。

李岩提起這些往事，認為朱明是遭了報應。宋獻策卻搖了搖頭說：「話也要說回來，讀書人雖然有負崇禎，崇禎也未嘗沒有負讀書人。這些年，你看他身邊的輔臣，像走馬燈似的換來換去，十七年換了五十個。所謂政貴有恆，如此走馬燈似的換宰相，又怎麼能做到行政的一貫呢，他執政這十七年間，上下相疑，君臣之間，下情不能上達，就如人體血脈不通，所以我說崇禎之失，莫過於不能識人，不能用人，加之賞罰不公，也就難怪讀書人平日緘口不言，臨危不肯授命了。」

二人於一邊評論崇禎的得失，說的雖是崇禎，希望的卻是自己的皇上，殷鑑不遠，覆轍長存，吸取這些教訓，做一個開明有道之君。

這一來，自然而然說到進京三天的感受，按說，此時該安頓的，都應該安頓好了，就是九城秩序，也應該做到井然，可不知為什麼，二人都覺得有點不對頭，此番宋獻策更顯得矜持，他見周圍無人，仍盡量壓低音量，神祕兮兮地說：「任之，不知怎麼的，山人我覺得有些不對頭。」

李岩不由詫異地說：「哪裡不對頭呢？」

宋獻策說：「那天皇上首次進宮，你未必沒發現什麼地方不對嗎？」

李岩不由更加莫名其妙，望著宋獻策的臉，說：「你是指哪方面呢？」

宋獻策臉上顯出難以捉摸的光，遲疑少頃，吞吞吐吐地說：「皇上正處壯年，龍行虎步，精力充沛，這些年多少雄關要隘、多少艱難險阻，他都一步步跨過了，為什麼不早不遲，偏偏在跨進皇極殿時，要重重地摔一跤呢，這可是最後一道門檻了，距龍椅只差一步之遙，卻沒有跨過，這可是一個最不好的兆頭。」

原來如此，李岩不由笑了。四年前，宋獻策向李自成獻圖讖，說什麼「十八子，主神器」、「紅顏老，李繼朱」。因此，宋獻策在大順軍中，深受重視。李岩事後聽說，雖也感歎不已，但大概也只有他口不應心——他平日是最不信這些烏七八糟的東西的，但明白神道設教的功能，所以，雖識破，卻不說破，何況若說穿，自己還有性命之虞呢。不想今天，宋獻策又提起了「兆頭」一說，十分看重皇上摔這一跤，李岩覺得好笑，這有什麼呢，走路不小心，有時難免跌跤，這與朝廷、政權乃至個人命運有什麼關聯呢？他想，宋獻策是該關心的事不關心，像昨天議及吳三桂，自己極力攛掇他進言，宋獻策卻欲言又止，雖開口就說吳三桂，可說得不深不透，沒有說到點子上，就是後來擬派唐通去，明知不對，也不作聲，想起他曾經對自己的忠告，李岩明白，宋獻策久在江湖，未免世故，真該好好地嘲笑他一番，於是，微微笑著，說：「你這裝神弄鬼的牛鼻子道人，這以前還獻圖讖，說什麼十八子主神器，李繼朱，既然事有前定，為什麼又有兆頭不好一說呢？」

誰知宋獻策露出幾分狡獪的笑，且滔滔不絕地說：「任之，圖讖之說，何必深究？山人不是告訴過你麼，世間事物是無時無刻不在變化中的，沒有固定不變的吉卦，也沒有固定不變的凶卦，福兮禍所伏，禍兮福所倚，所以，六十四卦中，有困卦也有解卦，相生相剋，相輔相成，可以說，一部易經，就是一部專談變易的書，所以，看相的也說『相隨心轉』，卜筮的常說卦中有變數，這是合乎人世常情的，試問：誰哪能丟開個人的道德修養和後天的努力，卻去專恃命中注定呢？」

李岩不由點點頭，心想，這還像人話，但細細琢磨，便發現了宋獻策那笑臉後面藏著的鬼，於是說：「老宋，我原以為真正不信菩薩的，就是廟裡那些和尚道士，因為只有他們明白，菩薩其實沒有向他們預示什麼，可沒料到，你這個裝神弄鬼一輩子的人，居然有被鬼嚇著的事。」

宋獻策瞪他一眼，說：「什麼意思？」

李岩說：「什麼意思，你自己明白，不過，我告訴你，要說應變，你應該把目光盯在朝廷的大事上，不要放在這些偶然發生的小事上，該你關心的你不去關心，只去鑽牛角尖，真不知你是何居心？」

宋獻策望著李岩吞了一口口水，無可奈何地說：「你又來了，任之，山人知道你想說什麼，進城不是才三天嗎，急什麼呢？」

李岩冷笑說：「不急不急，吳三桂擁重兵，居雄關，背後還有滿清，此事非同小可，應該一刻也不敢耽擱，可我們舉朝上下，對此不以為然，議來議去，竟指派唐通去，這不是小孩子在玩過家家的遊戲嗎？吳三桂未必不清楚，這唐通只是個降將，無權無位，他說的能信嗎？萬一有個萬一，我們可要措手不及。」

宋獻策淡淡地說：「這在你看來當然是急，可你急他不急，你有什麼辦法？」

李岩又說：「還有，眼下已三天了，大局已定，這十多萬人馬應撤出城，不能再這麼兵民不分，攪在一起，不然會出大亂子的，據我所知，就在昨天夜裡，東城一條胡同裡，因拒姦，就有三百多名婦女不堪受辱而死，這麼下去，如何收場？」

宋獻策終於默默不語了，好半天才歎了一口氣說：「任之，這麼吧，我們若當面講，皇上或許聽不進，不如上一個條陳，把要說的全寫上。」

這正是李岩所想的，當下連連點頭。

不想走出東華門，才到大街上，便看見前面來了大隊人馬，一個個手持明晃晃的快刀，押了一長串犯人。二人不由加快了腳步，趕到前面，終於看清了被抓的犯人，正是崇禎帝派守德勝門的成國公朱純臣。其實，朱純臣也是開門迎降的大臣之一，只因他深受崇禎信任，崇禎臨死時留下遺詔，讓他輔佐太子，這時城已破，這遺詔無法送達他之手，宣詔的太監就將它拿回來，置於內閣的案上，被大順軍清宮時發現了，於是，劉宗敏認定朱純臣是崇禎的親信，有意與大順朝對抗，當時便將他逮捕，並於今天滿門抄斬。

眼下朱純臣被五花大綁，脖子被繩子勒得緊緊的，面色蒼白，五指發烏，頭上插著斬標，人已現出了死相，一隊如狼似虎的士兵押著，踉踉蹌蹌地走在大街上，跟在他身後的，是一長串囚車，上載朱氏滿門，包括才幾個月的孫子，囚車經過之處，行人不但面色驚恐，且紛紛閃避，就是兩邊已開門的店鋪，也拉上了鋪門板。

望著這一切，李岩不斷地搖頭，說：「老宋，我想寫的條陳，包括這些，為了京城秩序的安定，穩定人心，殺人的事也應該緩一步，且要避免罰不當罪。」

宋獻策說：「好的，寫好後，我也署個名字。」

可不待宋獻策、李岩上條陳，京城已開始了大逮捕，凡轂門大宅的官員，果真在數難逃，一個個解送吳襄府中，因為大將軍要親自在這裡審犯人、拷供。

金之俊也是被捕最早的人之一，因為他不但是劉宗敏要抓的人，而且陸之祺見他一直未來找自己，便也向劉芳亮作了報告，劉芳亮立即派人來抓他，於是，他從宮門回來後，才進家門，一根繩索兜頭撒下，將他綁了個嚴嚴實實，並立即解送吳襄府中。

只見寬敞的侯府大廳，眼下已成了閻羅殿，堂上設案桌，堂下列刑具，一班兵士，手持明晃晃的刀杖，虎視眈眈地站立兩旁；正中跪著黑鴉鴉的一批人，領頭的，便是清晨還率眾勸進的大學士陳演，及雖未勸進卻想逃走的大學士方岳貢，兩廊還綁了好些待審的前明官員，其中便有曾應麟和史可程等人。

自進城後，劉宗敏一直覺得憋屈，想殺人，想和牛金星等文官吵架，想盡情地向眾人發洩，可沒有機會，沒有藉口，今天，機會終於來了，雖然對象轉移，卻是可以盡興。於是他親自坐堂，陪坐一邊的，是劉芳亮和谷大成。他清晨在宮門口沒有留意到金之俊，此刻，因正審著陳演，見金之俊解到，在聽了解差的介紹後，睃了金之俊一眼，沒有理睬他，只把手揚了揚，押他的小卒便將他與曾應麟鎖在一起。

金之俊一眼瞅見曾應麟，便深感愧疚——大行皇帝靈前有他，牛丞相府前卻沒有他，宮門勸進更不見這位好友的影子，這才是頂天立地的男子漢，可自己面對生死，舉步赼趄，說什麼千古艱難唯一死，與其失節後仍不保首領，何如當初罵賊而死？

人呵，但凡為物欲所累，身子就失去了定力，又何怪乎赼趄？

可眼下容不得他思前想後了，隨著堂威聲大起，眾人無不凜然。首先審的是陳演。六十開外的人，可是文壇領袖，降臣班頭，宮門勸進，風流儒雅，那模樣，滿以為可以東山再起，重掌樞筆；眼下可慘了，穿一身舊黑綢夾長袍，頭上戴的唐巾已取下放於一邊，露出縐紗包頭和麻栗色頭髮，就像一個教蒙童的老儒，又像是戲文《瓦盆記》中那個冤鬼。再看高居堂上的官員，劉宗敏、劉芳亮他是認識的，但谷大成還是第一次看到，此人年約三十上下，是個瘦子，面皮黧黑，但他盯著陳演時，樣子十分凶惡，就像是看冤家對頭。

金之俊想，這有什麼可審的呢，一朝天子一朝臣，這朝不用那朝人。既然如此，就不用罷，既然要殺，那就殺罷，有什麼供可拷？但他看了很久，漸漸看出了門道——這不像是問什麼供，而僅僅是要錢，案子已審了一段時間了，此時，劉宗敏已不耐煩了，竟用洪鐘似的聲音對著陳演喝道：「沒銀子？哼，你哄鬼去吧，當宰相的沒銀子，河裡就沒水了！」

陳演此時可不敢像在崇禎面前一樣耍賴，只連連磕頭說：「大將軍，犯官認捐五千兩，再多確實沒有了。」

劉宗敏一拍桌子，大喝道：「五千兩？你是打發要飯的，哼，沒有五萬兩，老子今天叫你沒有一身好肉。」

左邊的劉芳亮也說：「不要再問了，夾起來吧。」

陳演磕頭如搗蒜，說：「將軍，犯官確拿不出多的了，犯官這大學士也沒當多久，便讓皇上，不，不，讓崇禎逼著致仕了，老臣，不，犯官，犯官已是花甲之年了，望看在這份上饒了這條賤命吧。」

劉宗敏一拍桌子，說：「花甲，花甲怎麼樣，不就是老鼈一個嗎，老子今天先拿老鼈開刀。」說著一揮手。立刻上來兩個鐵塔似的番子手，將陳演雙臂夾住，猛地一拖一扔，便像扔破麻袋片似的，將陳演扔在天井邊，只聽「鐺鋃」一聲，三根白木棍，一串皮麻繩，只幾下就將堂堂首輔陳閣老給夾了起來。陳閣老才上夾棍，便殺豬似的叫了，一邊的劉芳亮不耐煩了，向手下一個軍士說道：「這老鼈可惡，給他上銜口，夾一個時辰再問。」

番子手領命，從身上取出一小塊木頭，趁陳演叫時，一下塞在他口中，卡得陳演口中直流血水，眼淚汪汪，那身子在夾棍下直抖，卻只能發出嗚嗚的聲音。

劉大將軍不再理睬陳演，揚起手，把兩根指頭向一邊的方岳貢動了動，方岳貢知道輪到自己了，他大概已明白這所謂審是怎麼回事，所以，便爬向前一點，報過姓名後馬上就接著說：「犯官方岳貢，認助軍餉一萬兩。」

堂上的劉宗敏又「哼」了一聲，連連翻著手中的簿子，找到方岳貢的名字，看了看說：「方岳貢，你倒是痛快，一萬兩，你不也是大學士嗎，且是先當兵部尚書再當大學士，都是最撈錢的官，你的家產只值一萬，崇禎的江山也白丟了。」

左右兩邊的官員也笑了，劉芳亮說：「才一萬兩，也虧你是宰相。」

這時，又有好幾個被捕犯官解到了，谷大成一見，不由焦躁，一拍桌子說：「又當尚書又當大學士，沒有十萬，也得出八萬，少一兩也不行，不然，自己爬到一邊去。」

方岳貢不由連連磕頭說：「大將軍容稟，罪民有下情相告。」

劉宗敏說：「什麼上情下情，與老子夾！」

左右立刻又上來兩個大漢，不由分說，如法炮製。

金之俊知道方岳貢的「下情」是什麼。他平日與方岳貢往來密切，雖自己明知在劫難逃，卻還是忍不住於一邊說：「將軍，方岳貢能出一萬，已是極限了。」

劉宗敏不意下面鎖著的這人不但不怕，且還為他人說話，不覺詫異，乃指著金之俊說：「你憑什麼說他只有一萬？」

金之俊磕了一個頭，說：「方岳貢曾為松江知府，有清廉之名，天啟時，只因無力向魏忠賢行賄，被魏忠賢誣陷，說他虧空了府庫，照數要連降十三級，他才五品黃堂，降到八級便無級可降了，只好以坐牢相抵，直到崇禎初年才出獄。這以後，他無論是當御史還是當輔臣，都廉潔耿介，從不得昧心錢，能拿出一萬兩銀子，應是罄其所有了。」

劉宗敏一聽，豈肯相信，乃指著金之俊說：「胡說，他既然後來在崇禎手上又當了十七年的官，且又是尚書又是宰相，豈能沒有銀子？明朝的官，沒有一個好東西，眼下就審你，你不拿出三萬五萬也沒有你的好日子過。」

說著手一揮，兩個士兵上來，將金之俊拖到堂中，用腳踢他跪下，金之俊心想，早知是這個地步，早死就好了，於是硬著脖子站起來，昂著頭說：「將軍，有明一代，固然是貪官污吏橫行，不然也不會是這個局面，但也不見得個個都是貪官污吏，所謂亂蓬之中，不掩芳草，惡木之上，豈乏良禽？就說官員中，有同流合污、同惡相濟的，也有出污泥而不染的、清廉耿介的。貴軍既然替天行道，就應該區別對待，不應該不分青紅皂白、清官貪官一鍋熬。」

劉芳亮一拍桌子，說：「好傢伙，在居庸關沒有殺你，竟跑到這裡來賣嘴皮子了。」

劉宗敏這才知他是昌平巡撫，於是指著他說：「好你個貪官，居然還敢頂撞，怕你是活膩了。」

金之俊不屈地說：「足下差矣，鄙人可不是貪官，要鄙人助餉，只怕家中連一百兩銀子也拿不出。」

劉宗敏不意金之俊居然不怕死，不由驚訝，心想，此人倒不失為一條漢子，既然王之心說清官不怕死，倒要看看他是真清還是假清。正肚內尋思，不想一抬頭，望見還才夾起的陳演，竟臉色煞白，大汗淋漓，向著他不斷地點頭，雖說不出話，但鼻孔裡卻發出「嗚嗚」的聲音。

於是，他先撇下金之俊，轉向一邊吩咐道：「那老鼈想是要招供了，鬆掉他的轡頭，看有何說？」

手下兵士上前，將陳演口中的木塊取出來，但仍未鬆夾具，只見陳演吐出口中血水，連連說：「大將軍，饒了罪民吧，罪民願認捐白銀四萬兩。」

劉宗敏一聽，不由笑盈盈地說：「四萬，唔，這還差不多，這是你貪贓枉法得來的，還是賣官鬻爵得來的？」

陳演不肯認貪，強辯說：「大、大將軍，這是罪民這些年的俸祿。」

劉宗敏此時正咳嗽，嘴中存了一口濃痰，乃迎面吐在他臉上，說：「俸祿？你一年的俸祿才多少？要維持這大學士的排場又需多少？不貪贓能一下拿出四萬？鴨子死了嘴還硬，看你嘴硬，與老子再夾。」

說著，手一揮，又令加刑。

陳演見狀，連連說：「大將軍，貪，貪，是貪來的，是罪民貪來的。」

於是，劉宗敏又令他說說貪贓的手段，陳演只好說了一二件例子，無非是賣官鬻爵的故事，劉宗敏聽著，不由笑了，說：「如何，沒有冤枉你吧？你們這班狗官，自己做賊，卻說別人是賊，不愧是賊喊捉賊。」

陳演只好點頭，說：「是，是，我們是真賊。」

直到他說出這句，劉宗敏才點頭，雖不下令放人，卻示意鬆刑，轉而又指著金之俊鼻子說：「看見沒有，你們都是這樣的賤骨頭，看來，你也是想嘗嘗。」

谷大成也說：「夾起來，看他還硬。」

金之俊卻不屈地說：「鄙人可從不做賊，就是將鄙人夾死，鄙人既不改口，也拿不出一百兩銀子。」

劉宗敏一拍桌子，說：「你說不是賊，可你當了官，還是巡撫，當官的十個就有九個是賊，你說家中沒有一百兩銀子，假如老子搜出來不止一百兩呢？」

金之俊說：「任打任殺，悉聽尊便。」

劉宗敏轉念一想，便又說：「老子不中你的奸計，你一定是把銀子藏起來了，老子這一去，豈不撲空？」

金之俊笑著說：「銀子可藏，其他東西不能藏，真是寒素之家，看屋宇、看擺設，看廚中飲食和穿戴，看是否僕婦成群、細皮嫩肉。」

劉宗敏說他不過，不由恨得牙癢癢的，說：「你嘴硬，老子不信當巡撫的人，家中會沒有一百兩銀子，若果是真，老子讓你官復原職。」

說著，立刻就要派人去他家。這時，一邊的劉芳亮已記起在昌平時，陸之祺說他是個清官，他也敬重清官，本想順水推舟將他釋放的，不想後來他卻私自逃走，且還去崇禎靈前痛哭，心中有氣，便向劉宗敏使個眼色，說：「大將軍，先不忙著搜，此人或許早將家產轉移，搜不著反中了他的奸計，不如先將他夾起來，等搞清事實再說。」

劉宗敏見說，只把頭一擺，於是，剛夾好方岳貢的兩人回過身，又將金之俊夾起。此時的金之俊，一邊由著這些人上刑，一邊望了方岳貢一眼，方岳貢已是六十出頭的人了，身體又不好，士兵才將他夾起，他便慘叫一聲，昏暈過去。

這裡兩個大漢不容他細想，已將他摁在地上，雙腳伸直，一人將夾具拖來，這是三根長約三尺的木棍，一頭用鐵條連貫，一頭鬆開，將他的雙腳夾住後，這頭便用麻繩束緊，每挽一箍金之俊便感到鑽心的痛。

大漢緊挽繩子，便用一根木棍敲足脛，敲一下，問一句，他咬緊牙關不回答。每敲一下，就像是被人割肉似的，那疼痛直達腦門，他只好拼命地咬住嘴唇，嘴唇立刻被咬出鮮血了，待敲到第十下，只覺眼前一黑，天旋地轉，立刻就人事不知了。

也不知過了多久，他終於被涼水潑醒了，起眼望去，周圍站了好多手持刀劍的兵，自己已被鬆了夾棍，被人拖到了吳家左邊的廊下，曾應麟正蹲在身邊，他一見金之俊甦醒過來，忙將他的頭扶起，低聲地、欣喜地說：「豈凡兄，你終於醒過來了。」

金之俊見了他，無力地說：「玉書兄，早知今日，悔不當初。」

曾應麟知他是說沒有早早盡節，自己也有同感，他在金之俊被捕後不到半個時辰便也被捕了，只因抓的人太多，還來不及審他，只好如待宰的羔羊，在一邊等候。他明白自己的處境，說：「這個時候了，說什麼都沒用。」

說著，他將身邊一隻痰盂移過來，悄悄說：「豈凡兄，喝幾口吧，這是回龍湯，小弟為你，也為自己預備的。喝了可止痛，且可不落下殘疾。」

金之俊知道，所謂「回龍湯」就是人尿。據說，這是前人傳下來的祕方，這以前受了廷杖的大臣，就用這東西止血消腫。他望了痰盂一眼，見裡面有半盂黃黃的清尿，不由噁心，乃皺起了眉頭。

曾應麟看在眼中，細言勸道：「此時此刻，顧不得這麼多了，這是好東西，喝下它，可就讓你少受一點痛楚。」

金之俊聽了他的話，又看一看自己的雙腿，雙腿此時已腫得像水桶一般粗，那烏青色的痞塊，東一塊，西一塊，手一觸到，便火辣辣地痛。於是在曾應麟的力勸下，他終於閉著又眼，端起痰盂，將那「回龍湯」喝了一大口，一股騷膻氣直衝腦門，他心中一堵，竟把剛喝下的又全吐了出來。他一推痰盂，呻吟著說：「玉書，算了，到了這個地步，不如速死，」

曾應麟似是自言自語地咕噥說：「能死是好事，就怕一時半刻死不了。你看見嗎，用刑的都是東廠的太監和錦衣衛的校尉，這班人是很有辦法的，他可以叫你立刻就死，也可以叫你求生不得，求死不能。」

一聽用刑的是東廠和錦衣衛的人，金之俊這才記起，怪不得這些面孔很熟悉，原來他們是東廠的，東廠的劊子手，大概是牛頭馬面轉世，這以前是奉皇帝之命刑大臣，眼下居然又奉流寇之命刑降臣，像是命中注定似的，而朱明一朝的讀書人真是犯賤，就是朝廷亡了，卻仍無法逃脫刑杖的命運。這真是一個沒有是非，沒有善惡之分，忠臣該死、奸臣也沒有好日子過的混帳世界，想到此，金之俊喃喃地說：「唉，楊文孺（漣）、左遺直（光斗）等輩死於閹黨，尚有平反昭雪之日，我輩就這麼死了，真是比草木不如。」

曾應麟不想被邊上的人聽見，乃湊近來低聲說：「不要想這些了，這是遭劫啊，黃巢殺人八百萬，在數者難逃。」

金之俊聽他這麼一說，不由勉強抬起頭，向周圍掃了一眼，只見四處都是人，而大廳上下，已跟朝會似的，不但六部九卿的官員被陸續抓來不少，連不經常上朝的皇親國戚、功臣貴冑也來了。東西花廳、走廊甬道上，全是這些誠惶誠恐的人。老的、少的，一臉富態的、清癯灑脫的，大腹便便的、衣冠楚楚的——全是平日出門便坐轎，走路要人攙扶的人上人，眼下他們有的已被夾起，或上了其他刑具，東一個西一個地躺在那裡，叫喚著，呻吟著。

這些人中，一般官員表現略好一點，最不堪的是那班皇親國戚，他們依仗皇權，平日錦衣玉食，呼奴喚婢，過的是衣來伸手，飯來張口的日子，只有吆三喝四訓斥人的，哪有皮鞭夾棍受折磨的？又幾時吃過這樣的苦？所以才夾起便鬼喊鬼叫，甚至上刑不久便一命嗚呼；有些人知趣，才上刑就吐口，願出銀子，可掌刑的有時也裝作沒聽見，讓他多受一點罪，所以，堂下哇哇大叫的多是這班人。

最苦的是平日操行好的官員，一生清貧，淡泊自甘，家中奴僕可能知道你沒錢，同僚也很佩服你的操守，但到這裡可說不清了，官做得那樣大，沒銀子誰肯信？說清廉都說清廉，你的頭上可沒刻字；那句俗話：有錢錢擋，沒錢命擋用在這裡可最切貼不過了，一聽拿不出銀子，立刻大刑伺候——平日笙歌聒耳的吳侯府，眼下已是鬼哭狼嚎的閻羅殿了。

這時，右邊又有一陣慘叫聲傳來，金之俊一看仍是陳演，此刻正被拶指，兩個大漢已將他十指拶起，用力在扯繩子，每扯一下，他便殺豬似的大叫。金之俊不由納悶，乃忍住自己的傷痛，呻吟著問道：「那個陳閣老不是交出銀子後，已沒事了嗎，怎麼又拶起了？」

曾應麟低聲告訴他，陳演交出四萬白銀後，本是沒事了，不想去他家取銀子時，他的僕人出首，竟悄悄地告訴取銀子的官員，說陳演家後花園有一個窖，藏了不少黃白之物。劉宗敏一聽火了，立刻派人去挖，在這僕人指引下，果然挖出一個窖，裡面單黃金就有三萬多兩，白銀二十多萬兩，還有珠寶數斗。這一下，劉宗敏不能饒恕陳演了，除取盡財寶，還把他重新夾起來，看來，陳演是只能等死了。

金之俊想，怪不得陳演致仕後不肯立即返鄉，原來是這一頭放不下，可崇禎勸他帶頭捐輸時，為什麼連一萬兩銀子也不願拿出呢？

曾應麟又說，剛才吏部尚書李遇知被追贓八萬，李只交了三萬。兒子在前門大柵欄商號的同鄉那裡借來兩萬，可劉宗敏還是不依不饒，於是，先是被杖責，後來又上了腦箍，李因年邁，才一箍便被箍死了；翰林衛胤文，也是因體弱多病，才上夾具便立時斃命。

金之俊不意才短短的半天時間，便刑死了兩人，正歎息間，堂上又傳來劉宗敏的怒喝聲、拍打桌椅聲，隨即陣陣哀號聲傳來，聲音慘烈，縱是無關痛癢的人聽了，也很是揪心。因隔著一棵老槐樹，他看不見堂上的情形，曾應麟告訴金之俊，正審著的這人是首輔魏藻德。

一聽是魏藻德，金之俊雖全身仍是火燒似的疼痛，卻爬起來倚在門邊看。此時，劉宗敏坐堂久了，自覺疲倦，乃走下堂來，他已把魏藻德點狀元的來歷搞清楚了，乃指著魏藻德鼻尖問道：「聽說，你小子能點狀元就是因『知恥』二字，投合了崇禎的味口，於是，點了狀元又當宰相，可你當了崇禎的宰相，卻如此貪生怕死，崇禎死了你也不死，這就是你的『知恥』？可見你是個不知廉恥的傢伙，眼下老子可不管你知不知恥，你不獻出十萬銀子，老子饒不了你。」

魏藻德說：「臣這首輔是今年二月才當，受命於危城之中，皇朝已是不保旦夕，哪還有心斂錢？又有誰來送錢呢？」

金之俊想，這倒也是實情，魏藻德為人操守並不好，如果當的是太平宰相，有機會斂錢，他一定是當仁不讓的，可惜他行大運時，崇禎敗局已定，誰還去送錢與他。可劉宗敏懶得聽他的，只一聲斷喝：「沒銀子？夾起！」

這時，眾兵士上來夾人。手忙腳亂中，只聽魏藻德忽然大聲說：「大將軍，請不要動怒，罪民只有一小女，略有姿色，願奉將軍為箕帚妾。」

劉宗敏尚未明白何為「箕帚妾」。但劉芳亮卻聽明白了，不由大怒，正拍著桌子喝令加刑，一邊看審的小校王旗鼓也火了，一邊用腳尖踢魏藻德，一邊連連罵道：「這般無恥，還說『知恥』，你那小女也只能去當婊子了。」

這時，兩個用刑的校尉上來，將魏藻德拖下，隨即便聽到「拍、拍、拍」的打嘴巴聲和魏藻德的哀號聲。

想到審過魏藻德後，不知又輪到誰，候審的犯官們不由個個股顫起來……

大地叢書介紹

作者：張程
定價：320 元

南北朝從420年到589年，群雄並起、社會動盪、能人輩出、怪胎不斷、民族融合、文化碰撞……

南北朝是一個大破壞的亂世，也是一個大融合的盛世；是一個分裂了兩百年的鐵血時代，也是一段英雄輩出你方唱罷我登場的光輝歲月。

本書再現了5到6世紀，中國南北對峙、東西分裂，到最終走向統一的歷史。

書中有草原民族拓拔鮮卑的崛起、衰落與滅亡，有一代代被權力擊垮的南朝皇帝的變態，有邊關小兵高歡的艱難奮鬥與失意，有江南的煙雨柔情和在溫柔鄉的魂斷命喪，更有一個民族的掙扎、迷茫與蛻變。這是一曲中華民族形成的關鍵時期的悲歌壯曲，值得每一位中國人重溫與銘記。

大地叢書介紹

作者：張程
定價：320 元

魏晉南北朝（西元220年—589年），是中國歷史上一段分裂的時期。這個時期由220年曹丕強迫東漢漢獻帝禪讓，建立曹魏開始，到589年隋朝滅南朝陳重新統一結束，共400年。可分為三國時期、西晉時期（與東晉合稱晉朝)、東晉與十六國時期、南北朝時期。另外位於江南，全部建都在建康（孫吳時為建業，即今天的南京）的孫吳、東晉、南朝的宋、齊、梁、陳等六個國家又統稱為六朝。

189年漢靈帝死後，東漢長期混亂，誕生了曹魏、蜀漢、孫吳三國。到後期曹魏逐漸被司馬氏取代，265年被西晉取代。263年蜀漢亡於魏，280年孫吳亡於晉，三國最後由晉朝統一。

魏：是指曹丕建立的魏國，屬三國時期朝代，與蜀、吳三國鼎立。

晉：即指司馬炎建立的西晉。

西晉皇朝短暫的統一，於八王之亂與五胡亂華後分瓦解，政局再度混亂。在304年因為成漢與劉淵的立國，使北方進入五胡十六國時期。316年西晉亡於匈奴的劉曜後，司馬睿南遷建康建立東晉，南北再度分立。東晉最後於420年被劉裕篡奪，建立南朝宋，南朝開始，中國進入南北朝時期。然而北朝直到439年北魏統一北方後才開始，正式與南朝宋形成南北兩朝對峙。

大地叢書介紹

作者：醉罷君山
定價：320 元

西元前三世紀，秦王朝的暴政天下大亂，使得秦王朝以短時間滅亡，起而代之的是由漢高祖劉邦所創立的漢王朝。

西漢（前206年～9年），與東漢合稱漢朝。西元前206年劉邦被西楚霸王分封為漢王，而後經過歷時四年的楚漢戰爭，劉邦取勝後，西元前202年最終統一天下稱帝，建國號為「漢」，定都長安。史稱西漢。至西元9年1月10日王莽稱帝，改國號為新，西漢滅亡，一共210年。

劉邦一統天下建立漢王朝，自此帝國進入一個長期的空前繁榮，由文景之治到漢武帝，文治武功達到巔峰。

西漢極盛時的疆域東、南到海，西到今巴爾喀什湖、費爾干納盆地、蔥嶺一線，西南到今雲南、廣西以及今越南中部，北接大漠，東北至今朝鮮半島北部。

項羽以「巴蜀漢中四十一縣」封劉邦，以治所在漢中稱「漢王」，稱帝後遂以封地名為王朝名。又劉邦都城長安位於劉秀所建漢王朝都城洛陽之西，為加以區別，故史稱「西漢」 。而劉邦建立的漢王朝在劉秀所建漢王朝之前，因此歷史上又稱前者為「前漢」。

大地叢書介紹

作者：醉罷君山
定價：320 元

東漢（西元25年－西元220年）與西漢合稱兩漢，又稱後漢。東漢與西漢之間為新朝，新朝末年王莽改制失敗引發內戰，其時身為漢朝宗室的漢景帝後裔劉秀乘勢而起，在綠林軍的協助下推翻新莽而即位，是為光武帝。復國號漢，因洛陽為其軍事根據地，而西漢舊都長安亦逢多次戰亂而日殘，所以定都於東方的洛陽，並復名雒陽，史稱東漢。建武二年（26年），光武帝下令整頓吏治，設尚書六人分掌國家大事，進一步削弱三公（太尉、司徒、司空）的權力；同時清查土地，新訂稅賦，振興農業，使人民生活逐步穩定下來，史稱光武中興，之後明帝與其子章帝在位其間為東漢的黃金時期，史稱明章之治。

自漢安帝以後至漢末近百年間，外戚宦官輪流執政，互相殘殺，把東漢朝廷弄得靡爛不堪。董卓引兵到洛陽，趕走袁紹，廢少帝劉辯，殺何太后，立漢獻帝。長期左右東漢皇室的外戚、宦官一起被消滅，但東漢朝廷實際上也名存實亡。

大地叢書介紹

作者：姜狼
定價：250 元

三國時代從東漢末年算起，長不過百年，卻英雄紛起，豪傑遍地。一代風流才子蘇東坡迎風高唱：「大江東去，浪淘盡，千古風流人物。」

雖然三國是漢末唐初三百年天下大亂的開始，但畢竟就整個歷史發展階段而言，三國處在了歷史上升時期。三國是亂世，不過卻亂得精彩，因此三國熱自然就歷久不衰。

也許是受到了《三國演義》的影響，我們心中的那個近乎完美的三國，更多的是指西元184年東漢黃巾起義以來，到西元234年諸葛亮病逝五丈原，這五十年的精彩歷史。尤其是東漢末年那二十多年時間，幾乎包攬了三國歷史最精華的部分。比如孫策平江東、官渡之戰、三顧茅廬、赤壁之戰、借荊州、馬超復仇、劉備入蜀，失荊州、失空斬、星落五丈原等。

其實要從嚴格意義上來講，三國真正開始於西元220年曹丕代漢稱帝，曹操、孫策、袁紹、呂布、劉表、荀彧、荀攸、龐統、法正、郭嘉、周瑜、魯肅、呂蒙、關羽都是東漢人。

三國之氣勢，足以傾倒古今，嘗臨江邊，沐浩蕩之風煙，歎一身之微渺；慕鳥魚之暢情，悲物事之牽錮。滾滾長江東逝水，浪花淘盡英雄……

大地叢書介紹

作者：王者覺仁
定價：360 元

唐朝是中國歷史上強盛的朝代之一，隋末民變留守太原的李淵見天下大亂，隋朝的滅亡不可扭轉，遂產生取而代之的念頭，率兵入關中擁立楊侑為帝，是為隋恭帝，西元618年迫隋恭帝禪位，建立唐朝，即唐高祖。

李淵建立唐朝後以關中為基地逐步統一天下，唐朝歷史可以概略分成數期，大致上以安史之亂為界。初唐時期，唐太宗勵精圖治國力逐漸強大，且擊敗強敵突厥，創造了貞觀之治。唐高宗與武后時期擊敗高句麗等強敵建立永徽之治。唐高宗去逝，武則天主政建國號周，女主政治達巔峰，西元705年唐中宗復辟國號恢復唐，一直到唐玄宗繼位女主政治才完全結束。至此進入盛唐，是唐朝另一高峰與轉折，唐玄宗即位革除前朝弊端，政治開明，四周鄰國威服，是為開元盛世。

天寶時期，政治逐漸混亂西元755年爆發安史之亂，唐朝由盛轉衰。中唐時期受河朔三鎮，吐番的侵擾，宦官專權，牛李黨爭等內憂外患的影響國力逐漸衰落。其中雖有唐憲宗的元和中興、唐武宗的會昌中興、唐宣宗的大中之治，都未能根治唐朝的內憂外患。晚唐時期政治腐敗爆發了唐末民變，其中黃巢之亂更是破壞了江南經濟，使唐朝經濟瓦解，導致全國性的藩鎮割據。唐室最後被藩鎮朱全忠控制，他迫使唐昭宗遷都洛陽，並於西元907年逼唐哀帝禪位，唐亡。

明朝最後的那些事兒：1644, 帝星升沉 / 果遲著.
-- 一版.-- 臺北市：大地, 2015.02
面： 公分. --（History：75-76）

ISBN 978-986-402-001-0（上冊：平裝）
ISBN 978-986-402-002-7（下冊：平裝）

1. 明史 2. 通俗史話

626 103027766

明朝最後的那些事兒：1644，帝星升沉（上）

HISTORY 075

作　　者	果遲
發 行 人	吳錫清
主　　編	陳玟玟
出 版 者	大地出版社
社　　址	114台北市內湖區瑞光路358巷38弄36號4樓之2
劃撥帳號	50031946（戶名　大地出版社有限公司）
電　　話	02-26277749
傳　　眞	02-26270895
E-mail	vastplai@ms45.hinet.net
網　　址	www.vastplain.com.tw
美術設計	普林特斯資訊股份有限公司
印 刷 者	普林特斯資訊股份有限公司
一版一刷	2015年2月

大地

定　　價：300元